A DIMENSÃO SUBJETIVA DO PROCESSO EDUCACIONAL
uma leitura sócio-histórica

EDITORA AFILIADA

Dados Internacionais de Catalogação na Publicação (CIP)
(Câmara Brasileira do Livro, SP, Brasil)

A Dimensão subjetiva do processo educacional / Wanda Maria
Junqueira de Aguiar, Ana Mercês Bahia Bock, (orgs.). – São
Paulo : Cortez, 2016.

Vários autores.
ISBN 978-85-249-2506-1

1. Pesquisa - Metodologia 2. Professores – Formação 3. Psicologia – Teoria, métodos etc. 4. Psicologia educacional 5. Psicologia
social I. Aguiar, Wanda Maria Junqueira de. II. Bock, Ana Mercês
Bahia.

16-07608   CDD-302

Índices para catálogo sistemático:

1. Psicologia sócio-histórica   302

Wanda Maria Junqueira de Aguiar
Ana Mercês Bahia Bock
(Orgs.)

A DIMENSÃO SUBJETIVA DO PROCESSO EDUCACIONAL

uma leitura sócio-histórica

A DIMENSÃO SUBJETIVA DO PROCESSO EDUCACIONAL: uma leitura sócio-histórica
Wanda Maria Junqueira de Aguiar e Ana Mercês Bahia Bock (orgs.)

Capa: de Sign Arte Visual
Preparação de originais: Ana Paula Luccisano
Revisão: Maria de Lourdes de Almeida
Editora-assistente: Priscila F. Augusto
Composição: Linea Editora Ltda.
Coordenação editorial: Danilo A. Q. Morales

Nenhuma parte desta obra pode ser reproduzida ou duplicada sem autorização expressa das organizadoras e do editor.

© 2016 by Autores

Direitos para esta edição
CORTEZ EDITORA
Rua Monte Alegre, 1074 – Perdizes
05014-001 – São Paulo – SP
Tels. (55 11) 3864-0111 / 3611-9616
cortez@cortezeditora.com.br
www.cortezeditora.com.br

Impresso no Brasil – outubro de 2016

Sumário

Apresentação
AGUIAR, Wanda Maria Junqueira de;
BOCK, Ana Mercês Bahia 11

Introdução   Tecendo redes de colaboração no ensino e na pesquisa em Educação sobre a dimensão subjetiva da realidade escolar
AGUIAR, Wanda M. J. de,
CARVALHO, Maria V. C. de,
FUMES, Neiza de L. F. e
BARBOSA, Sílvia M. C. 19

PARTE I
TEORIZANDO SOBRE A PERSPECTIVA SÓCIO-HISTÓRICA

Capítulo 1   A perspectiva sócio-histórica: uma possibilidade crítica para a Psicologia e para a Educação
GONÇALVES, Maria da Graça M. e
FURTADO, Odair 27

Capítulo 2   A dimensão subjetiva: um recurso teórico para a Psicologia da Educação
BOCK, Ana M. B. e
AGUIAR, Wanda M. J. de 43

AGUIAR • BOCK

Capítulo 3   Pesquisa colaborativa no Procad: criação de nova
paisagem na cooperação acadêmica
IBIAPINA, Ivana M. L. de M. e
CARVALHO, Maria V. C. de 61

PARTE II

PESQUISANDO A PARTIR DA PERSPECTIVA SÓCIO-HISTÓRICA

Capítulo 4   Análise do movimento de produção de uma pesquisa:
a importância da crítica teórica e metodológica para a
construção do conhecimento científico e compromissado
AGUIAR, Wanda M. J. de,
ALFREDO, Raquel A.,
ARANHA, Elvira G. e
PENTEADO, Maria Emiliana L. 89

Capítulo 5   A atividade pedagógica vivida na escola: significações
produzidas em iniciação à docência
SOARES, Júlio R.,
BARBOSA, Sílvia M. C. e
ALFREDO, Raquel A. 109

Capítulo 6   Análises mediadas pela dialética objetividade
e subjetividade: as múltiplas determinações da
identidade docente
CARVALHO, Maria V. C. de e
ALFREDO, Raquel A. 129

Capítulo 7   Atividade docente e estilo em contexto de precarização
na ótica da clínica da atividade
ARAUJO, Isabela R. L. de e *PIZZI, Laura C. V.* 151

Capítulo 8   Formação inicial docente na compreensão das
necessidades formativas
BANDEIRA, Hilda M. M.,
SILVA, Clara C. A. da e *SARAIVA, Tayná da C.* 167

A DIMENSÃO SUBJETIVA DO PROCESSO EDUCACIONAL   7

Capítulo 9   A dimensão subjetiva da gestão escolar: uma análise a partir dos sentidos e significados de participantes de equipes gestoras sobre a atividade desenvolvida

ARANHA, Elvira G. e AGUIAR, Wanda M. J. de 181

Capítulo 10   A dimensão subjetiva da desigualdade social no processo de escolarização

BOCK, Ana M. B., KULNIG, Rita de Cássia M., SANTOS, Luane N., RECHTMAN, Raizel, CAMPOS, Brisa B. e TOLEDO, Rodrigo 207

Capítulo 11   Significações sobre escola e projeto de futuro em uma sociedade desigual

BOCK, Ana M. B., PERDIGÃO, Solange A., SANTOS, Luane N., KULNIG, Rita de Cássia M. e TOLEDO, Rodrigo 229

Capítulo 12   Formação continuada do docente para a inclusão: as mediações produzidas pela consultoria colaborativa e a autoconfrontação

DOUNIS, Alessandra B. e FUMES, Neiza de L. F. 249

Sobre os autores 265

COMISSÃO CIENTÍFICA

Profa. Dra. Agnes Maria Gomes Murta — Universidade Federal do Vale do Jequitinhonha e Mucuri (UFVJM)

Profa. Dra. Andreia Rezende Garcia Reis — Universidade Federal de Juiz de Fora (UFJF)

Prof. Dr. Antonio Carlos C. Ronca — Pontifícia Universidade Católica de São Paulo (PUC/SP)

Profa. Dra. Bader B. Sawaia — Pontifícia Universidade Católica de São Paulo (PUC/SP)

Profa. Dra. Clarilza Prado de Sousa — Pontifícia Universidade Católica de São Paulo (PUC/SP)

Profa. Dra. Deise J. Francisco — Universidade Federal de Alagoas (UFAL)

Prof. Dr. Joaquim Gonçalves Barbosa — Universidade do Estado do Rio Grande do Norte (UERN) e Universidade Federal de São Carlos (UFSCar)

Profa. Dra. Maria Salonildes Ferreira da Silva — Universidade Federal do Rio Grande do Norte (UFRN)

Profa. Dra. Maria Susana Vasconcelos Jimenez — Universidade Estadual do Ceará (UECE)

Profa. Dra. Vera Maria Nigro de Souza Placco — Pontifícia Universidade Católica de São Paulo (PUC/SP)

APRESENTAÇÃO

Este livro é produto do encontro de um grupo de pesquisadores guiados pela convicção de que a escola, apesar de suas contradições, é uma instituição com função social extremamente relevante e essencial à democratização e à diminuição das desigualdades sociais e que a realização das tarefas que lhe competem se faz, especialmente, pela transmissão do saber histórico e socialmente produzido.

A escola é uma instituição constituída por contradições e isso exige que frisemos, nesta Apresentação, que nossa intenção, como pesquisadores, é a de nos empenharmos para não cairmos na armadilha da ingenuidade, da visão simplista e aparente sobre as possibilidades dessa instituição. Se quisermos tê-la como espaço a ser pesquisado, com vista à sua transformação, devemos apreendê-la na sua contraditoriedade, ou seja, nas suas possibilidades de reprodução da desigualdade e, ao mesmo tempo, de superação. Desse modo, temos uma escola que, se por um lado tem a função de servir ao capital, por outro, constitui-se como espaço gerador de críticas e de possibilidades de questionamento das relações autoritárias, produzindo, nesse movimento, a criação do novo.

Outro aspecto que marca o encontro deste grupo é a opção pela perspectiva teórica e metodológica expressa na Psicologia Sócio-histórica, que tem seus fundamentos no Materialismo Histórico dialético. Tal perspectiva, adotada pelos pesquisadores que, aqui, apresentam suas pesquisas, indica o consenso de que a apreensão do real só é possível no dialético movimento que o constitui. Assim, as várias questões e os diversos fenômenos que foram analisados, foram-no pelo crivo da noção de historicidade. Os sujeitos históricos que vivem e fazem a escola, nesse ponto de vista, jamais poderão ser compreendidos de modo patologizante, naturalizado, descolado da realidade social e da história que os constituem.

No entanto, mesmo tendo em conta todos esses elementos favorecedores da aproximação destes pesquisadores — que há algum tempo faziam parcerias para a realização de artigos, participação em bancas e congressos —, eles não seriam suficientes para a efetivação de um encontro que resultasse nos desdobramentos alcançados. Referimo-nos às necessárias condições objetivas alcançadas pelo grupo por meio do recebimento de auxílio do Programa Nacional de Cooperação Acadêmica — Procad/Capes (Edital 2013).

O PROCAD tem por objetivo "apoiar projetos conjuntos de ensino e pesquisa, em instituições distintas, que estimulem a formação pós-graduada e, de maneira complementar a graduada, e também a mobilidade docente e discente. O Programa atende ao disposto no Plano Nacional de Pós-Graduação 2011-2020, o qual prevê ações que visem à diminuição das assimetrias regionais observadas no Sistema Nacional de Pós-Graduação" *Edital — 071/2013-Programa Nacional de Cooperação Acadêmica.*

No caso, as instituições envolvidas nesse programa e que estão representadas neste livro são: a Pontifícia Universidade Católica de São Paulo (PUC/SP, coordenadora nacional deste Procad), a Universidade Federal de Alagoas (UFAL), a Universidade do Estado do Rio Grande do Norte (UERN) e a Universidade Federal do Piauí (UFPI). Os cursos de pós-graduação envolvidos no projeto são de Educação.

Dada a organicidade possibilitada pelo programa Procad, foi possível aos pesquisadores (professores e alunos) envolverem-se num movimento de transformação qualitativa no que diz respeito ao trabalho de pesquisa a ser realizado e na própria publicação de artigos decorrentes. Considerando que, no nosso caso, já possuíamos interesses comuns, não foi difícil implementarmos um trabalho de pesquisa e um de planejamento de publicações articulados, realizados de modo coletivo, em que as questões teóricas e metodológicas foram debatidas e as temáticas pesquisadas decididas a partir de um eixo orientador e articulador dos interesses do grupo. Esse eixo está apresentado como o estudo da Dimensão Subjetiva da Realidade Escolar.

Importante, ainda, destacar que a viabilização deste livro só foi possível pelo financiamento proveniente do Edital PIPEq/PUC/SP para publicação de livros e pela colaboração de um conjunto de pesquisadores que contribuíram com a leitura de capítulos e a apresentação de sugestões e pareceres que qualificaram a publicação. Estes docentes pertencem a diversas universidades e estão destacados no início do livro como Comissão Científica.

Para este livro, foram escolhidos tanto artigos que expressam as perspectivas teóricas e metodológicas orientadoras das pesquisas realizadas, como artigos que têm em comum a discussão de resultados das pesquisas realizadas no âmbito do Procad e da área da Educação. No entanto, apesar de todos terem a escola como foco de atenção, os temas abordados e os procedimentos de pesquisa adotados são diversos, enriquecendo o conjunto das produções.

Esta publicação tem o valor de expressar a síntese de um trabalho coletivo, democrático, teórico e metodologicamente fundamentado e articulado, além de compromissado com as necessárias transformações da educação brasileira.

Resta-nos convidar o leitor para esta incursão sobre questões da Educação, em especial da escola, e debates teórico-metodológicos que visam produzir conhecimento histórico vinculado a um projeto de compromisso da academia e da ciência com a produção de condições dignas de vida e de educação para todos.

Organizamos o livro em duas partes; na primeira, relacionamos os textos que teorizam sobre a perspectiva histórico-dialética adotada pelos autores e, na segunda, apresentamos relatos de pesquisas coerentes com a perspectiva apresentada e debatida na primeira parte.

A Parte I está composta por três capítulos:

O capítulo 1, *A perspectiva sócio-histórica: uma possibilidade crítica para a Psicologia*, é de autoria de Maria da Graça Marchina Gonçalves e Odair Furtado. O capítulo apresenta o referencial teórico e metodológico da Psicologia Sócio-histórica, considerando que foi a partir dele que surgiram as condições objetivas para a construção da categoria Dimensão Subjetiva da Realidade. Gonçalves e Furtado apresentam os fundamentos da abordagem e já anunciam neste capítulo o valor heurístico da categoria em questão, não só para área da Educação, mas também para outras áreas do conhecimento, como a Psicologia Social.

O capítulo 2, *A dimensão subjetiva: um recurso teórico para a Psicologia da Educação*, é de autoria de Ana Mercês Bahia Bock e Wanda Maria Junqueira de Aguiar e, dando continuidade ao que foi discutido pelos autores do capítulo 1, aponta, mais especificamente, a relevância da categoria Dimensão Subjetiva da Realidade para as pesquisas em Educação. As autoras, em primeiro lugar, buscam explicitar, explicar e criticar a presença de concepções psicologizantes, patologizantes e a-históricas nos processos educacionais, para, a seguir, considerando os pressupostos da Psicologia Sócio-histórica, apresentar a categoria dimensão subjetiva com recurso teórico capaz de dar visibilidade aos processos e aos fenômenos educacionais. A utilização desse recurso categorial, aliada a outras categorias, como sentidos e significados, aponta um caminho promissor para a expansão do nosso conhecimento sobre a totalidade constitutiva dos processos educativos, ou seja, da dimensão subjetiva de tais processos.

O capítulo 3, *Pesquisa colaborativa no Procad: criação de nova paisagem na cooperação acadêmica*, é de autoria de Ivana Maria Lopes de Melo Ibiapina e Maria Vilani Cosme de Carvalho e tem como proposta discutir possibilidades de criar novas paisagens nas pesquisas de cooperação acadêmica, que se organizam para ser colaborativas e que se apropriam dos princípios da Psicologia Sócio-histórica como definidores de marca diferencial na e para a condução da produção acadêmica de trabalho na interface Educação e Psicologia. Para tanto, as autoras entrelaçam a vivência com a pesquisa-formação, com a Psicologia Sócio-histórica e com a Cooperação Acadêmica e demarcam o campo de discussão a partir dos princípios do Materialismo Histórico dialético, da Filosofia Monista de Espinosa, da Psicologia Sócio-histórica de Vigotski e da Pedagogia Histórico-crítica de Saviani para explicar princípios, procedimentos e conceitos no planejamento e na execução das pesquisas de caráter formativo, que realizam e que podem orientar as ações conjuntas da rede Procad tecida com a PUC/SP, UFPI, UERN e UFAL no estudo sobre a dimensão subjetiva da realidade escolar. Nos apontamentos conclusivos, as autoras reiteram que a perspectiva enfatizada neste texto e a possibilidade real apresentada referem-se à pesquisa-formação, em especial, a Colaborativa, seja no âmbito da cooperação acadêmica ou não.

A Parte II está composta por nove capítulos que apresentam relatos das pesquisas que foram ou estão sendo desenvolvidas e que têm a perspectiva teórico-metodológica e histórico-dialética.

O capítulo 4, *Análise do movimento de produção de uma pesquisa: a importância da crítica teórica e metodológica para a construção do conhecimento científico e compromissado*, é de autoria de Wanda Maria Junqueira de Aguiar, Raquel Antonio Alfredo, Elvira Godinho Aranha e Maria Emiliana Lima Penteado e tem como foco de análise uma pesquisa ainda em andamento. Nele, as pesquisadoras objetivam discutir as dificuldades e os desafios enfrentados no próprio movimento de produção da pesquisa. A pesquisa em tela tem como finalidade criar zonas de inteligibilidade sobre as mediações constitutivas da atividade docente e dos processos educacionais. Para o recorte analítico que apresentam, consideram a crítica e a autocrítica como princípios metodológicos, a não neutralidade da produção científica, as mediações constitutivas da realidade e o compromisso social da pesquisa fundamentada pela Psicologia Sócio-histórica, neste caso, direcionada para a área da Educação. As pesquisadoras também destacam como relevante a utilização da categoria dimensão subjetiva da realidade, dada a possibilidade de se criar condições para produzir, a partir das significações dos sujeitos, sínteses reveladoras sobre processos educacionais existentes na escola.

O capítulo 5, *A atividade pedagógica vivida na escola: significações produzidas em iniciação à docência*, é de autoria de Júlio Ribeiro Soares, Sílvia Maria Costa Barbosa e Raquel Antonio Alfredo e tem como foco de análise a atividade de iniciação à docência, sendo que os autores destacam que este intento só pode ser realizado se empreendido um esforço analítico de apreensão das múltiplas determinações da atividade em questão. Análise essa pautada na Psicologia Sócio-histórica, cujos fundamentos encontram sede no Materialismo Histórico dialético. Como síntese importante, os autores destacam a categoria Mediação, defendendo-a como meio teórico-metodológico pelo qual seja possível chegar a uma análise interpretativa, que evidencia as múltiplas determinações constitutivas da atividade da professora, afirmando-a como ser histórico, ativo e, portanto, não como expressão direta da realidade.

No capítulo 6, *Análises mediadas pela dialética objetividade e subjetividade: as múltiplas determinações da identidade docente*, de autoria de Maria Vilani Cosme de Carvalho e Raquel Antonio Alfredo, as pesquisadoras analisam determinações da identidade docente, destacando a centralidade de análises objetivadas por integrantes do Núcleo de Estudos e Pesquisas em Educação na Psicologia Sócio-histórica (NEPSH), da Universidade Federal do Piauí (UFPI). Ressaltam o trabalho como fundante do processo de desenvolvimento histórico-social do indivíduo e da sociedade humana, teorizando sobre o valor heurístico das categorias trabalho, totalidade, historicidade, singularidade, particularidade e universalidade na explicação sobre o processo constitutivo do ser humano e, em específico, sobre a identidade docente. Destacam a relevância da desnaturalização da concepção de ser humano e de suas relações para o processo educativo que se pretenda promotor do desenvolvimento omnilateral do ser humano, por conseguinte, para o processo de análise das múltiplas determinações que constituem a identidade docente. Reiteram, ainda, que tais análises contribuem para ampliação da produção de pesquisas e debates subsidiados no Materialismo Histórico dialético e na Psicologia Sócio-histórica.

No capítulo 7, *Atividade docente e estilo em contexto de precarização na ótica da clínica da atividade*, de autoria de Isabela Rosália Lima de Araujo e Laura Cristina Vieira Pizzi, as autoras apresentam uma pesquisa desenvolvida com uma professora dos anos iniciais em uma escola pública de Maceió (AL), observando o seu estilo predominante durante o desenvolvimento de sua atividade docente. As categorias centrais da pesquisa e as estratégias de coleta de dados são da clínica da atividade, de Yves Clot, cujos pressupostos estão na teoria sócio-histórica. Os dados observados apontam que a precarização extrema da escola onde a professora atua tende a produzir um estilo pouco criativo e a exacerbar a dimensão subjetiva da atividade docente, com consequências pouco produtivas para o seu desenvolvimento profissional e para a qualidade do seu trabalho em sala de aula.

No capítulo 8, *Formação inicial docente na compreensão das necessidades formativas*, Hilda Maria Martins Bandeira, Clara Caroline Andrade da Silva e Tayná da Cunha Saraiva explicam que o conhecimento em colaboração manifesta necessidades formativas como possibilidade de transformação da realidade, criando as condições necessárias e suficientes para que discentes e professores iniciantes compreendam a ação docente. O estudo teve por objetivo a compreensão das necessidades formativas de discentes e docentes iniciantes do curso de Pedagogia da Universidade Federal do Piauí. Nessa perspectiva, foi realizada entrevista reflexiva com discentes da disciplina de Pesquisa em Educação e professores iniciantes do curso de Pedagogia. Para este texto são destacados dois momentos: o encontro com o curso de Pedagogia e a inserção na docência. A análise dos dados está fundamentada na tipologia de necessidades formativas segundo Bandeira (2014) e nos estágios de consciência segundo Vieira Pinto (1969), assim como no diálogo com Afanasiev (1968), para a compreensão dos fundamentos do Materialismo Histórico dialético; e Guarnieri (2000), Lima (2006) e Nono (2011) para o conhecimento do eixo formação inicial.

No capítulo 9, *A dimensão subjetiva da gestão escolar: uma análise a partir dos sentidos e significados de participantes de equipes gestoras sobre a atividade desenvolvida*, Elvira M. G. Aranha e Wanda Maria Junqueira de Aguiar discutem as sínteses teóricas e metodológicas, alcançadas a partir de uma pesquisa de doutorado ancorada nos pressupostos teóricos da Psicologia Sócio-histórica. A pesquisa trabalhou com três equipes gestoras escolares, de três escolas públicas da Grande São Paulo. De forma coerente com a fundamentação teórica, a análise das informações foi baseada no procedimento teórico-metodológico denominado "núcleos de significação" (Aguiar e Ozzela, 2013, 2015). Nesse enquadre teórico, as significações expressam a síntese da objetividade e da subjetividade, de modo que a análise interpretativa realizada apresenta elementos da dimensão subjetiva dessa realidade. O texto está organizado para mostrar como a perspectiva adotada, simultaneamente, permite o acesso à dimensão subjetiva da realidade estudada e contribui para a formação de educadores como possibilidade de apontar formas de superação das dificuldades educacionais encontradas.

No capítulo 10, *A dimensão subjetiva da desigualdade social no processo de escolarização*, Ana Mercês Bahia Bock, Rita de Cássia Mitleg Kulnig, Luane Neves Santos, Raizel Rechtman, Brisa Bejarano Campos e Rodrigo Toledo apresentam resultados parciais de uma pesquisa que visa dar visibilidade à dimensão subjetiva da desigualdade social e sua expressão na escola. Entrevistas, realizadas com jovens de escolas públicas de regiões pobres da cidade de São Paulo e jovens de escolas particulares de regiões ricas da cidade, permitiram apontar aspectos subjetivos (de significação) relativos ao processo de escolarização. São dados sobre a relação com a escola, sua função, a relação e a presença do saber nas significações, a relação com professores e amigos, a importância da escola, enfim, vários aspectos que permitem compreender os sentidos e os significados constituídos por jovens que vivem realidades escolares diferentes (e desiguais).

O estudo pretende contribuir para a compreensão da expressão da desigualdade no processo de escolarização de nossa sociedade.

No capítulo 11, *Significações sobre escola e projeto de futuro em uma sociedade desigual*, Ana Mercês Bahia Bock, Solange Alves Perdigão, Luane Neves Santos, Rita de Cássia Mitleg Kulnig e Rodrigo Toledo explicam, inicialmente, que este estudo nasce da confluência de interesses dos autores em compreender as significações constituídas por jovens estudantes sobre o futuro de uma escola que, ao aceitar o trabalho de pesquisa de um grupo vinculado ao Procad, indicou o interesse em um programa para estudantes poderem pensar seus projetos de futuro. Assim, o grupo de pesquisadores desenvolveu, com alunos de uma escola pública de São Paulo, várias atividades que tinham o "projeto de futuro" como temática e puderam, neste trabalho, recolher informações e dados para a pesquisa sobre o tema. Outras pesquisas têm indicado que os jovens veem a escola como necessária para a garantia de um futuro melhor. Que valores e significações expressam quando dizem isso? Essa questão deu origem ao estudo e ao programa aqui relatados.

O capítulo 12, intitulado *Formação continuada do docente para a inclusão: as mediações produzidas pela consultoria colaborativa e a autoconfrontação*, é de autoria de Alessandra Bonorandi Dounis e Neiza de Lourdes Frederico Fumes. O objetivo do capítulo foi refletir sobre as possibilidades da Consultoria Colaborativa e da Autoconfrontação como dispositivos a serem utilizados nas ações de formação continuada de professores, com vista à inclusão escolar. Para isso, trouxeram os recortes de uma pesquisa qualitativa, com abordagem sócio-histórica, e que envolveu uma professora do ensino fundamental que tinha em sua sala de aula um aluno com paralisia cerebral. Os resultados apresentados permitiram concluir que a Consultoria Colaborativa pode ser mediadora do processo de formação em serviço, em que se necessita abarcar um conhecimento plural, e a Autoconfrontação mediou a tomada de consciência da atividade docente e provocou a passagem de habilidades e competências antes situadas no nível de desenvolvimento potencial para o nível de desenvolvimento real.

Wanda Maria Junqueira de Aguiar
Ana Mercês Bahia Bock
Organizadoras

Introdução

Tecendo redes de colaboração no Ensino e na Pesquisa em Educação sobre a dimensão subjetiva da realidade escolar

Wanda Maria Junqueira de Aguiar (PUC-SP)
Maria Vilani Cosme de Carvalho (UFPI)
Neiza de Lourdes Frederico Fumes (UFAL)
Sílvia Maria Costa Barbosa (UERN)

Produzido num processo de atividade regulada por leis, princípios e categorias teóricas, o conhecimento pode ser considerado científico quando resulta de um processo metodológico confiável, aceitável e que também acata o questionado com o igual rigor do método. Se assim não for, deixa de ser conhecimento, na ciência, e vira dogma.

Assim também é o modo pelo qual se configura a produção de conhecimento científico na interface de duas áreas, Psicologia e Educação, sem dúvidas, alicerçado em desafios que devem ser enfrentados pelo pesquisador no intuito de cumprir as exigências necessárias ao referido processo.

Ancorado numa perspectiva histórico-dialética que considera a realidade como um sistema vivo, mediado por forças materiais que vão se produzindo nas relações sociais dos seres humanos, este livro aglutina algumas reflexões realizadas por pesquisadores de quatro instituições de ensino superior em torno do projeto de pesquisa "Tecendo redes de colaboração no Ensino e na Pesquisa em Educação: um estudo sobre a dimensão subjetiva da realidade escolar".

As reflexões produzidas no desenvolvimento desse projeto de pesquisa são oportunas, porque trazem à tona questões sobre determinações que constituem a realidade da Educação brasileira. São oportunas também porque permitem analisar e interpretar tais determinações, tendo como base um referencial teórico-metodológico que, ao romper com o imobilismo que caracteriza as explicações deterministas, favorece a produção de sínteses, sempre provisórias, que se produzem a partir do movimento dialético e histórico de teses e de antíteses sobre a realidade.

Há, contudo, além dessas exigências metodológicas, um aspecto que merece ser destacado sobre esse processo de elaboração de sínteses, não apenas na interface Psicologia e Educação, mas também em outras áreas de estudo sobre a atividade humana — o processo de produção de conhecimento na ciência em geral: trata-se da dimensão afetiva que fundamenta a relação do pesquisador com o fenômeno em estudo. No entanto, sem retirar a relevância de tal dimensão cumpre no processo de pesquisa, que não se reduz à relação do pesquisador com o seu objeto de investigação, mas contempla o encontro e a articulação de pesquisadores e de grupos de pesquisa que se unem e se fortalecem no intuito de realizar um projeto de cooperação acadêmica sobre a realidade escolar. Em poucas palavras, pontuamos que este livro resulta desse processo, que estamos aqui relatando, ou seja, esta é uma obra produzida sob a coerência teórico-metodológica dos seus autores, tendo como eixo norteador o interesse pelo estudo de questões advindas da realidade escolar, na perspectiva histórico-dialética da Psicologia, da Educação, dentre outras áreas do conhecimento.

Ressaltamos, contudo, que só foi possível materializar esta obra com esta configuração, articulando docentes e discentes de diferentes instituições e regiões do país numa discussão plural e, ao mesmo tempo, singular, porque somos fundamentalmente mediados por essa dimensão afetiva que nos conecta em torno de um objeto e que nos motiva a estudá-lo. Com isso, não seria exagero afirmar que essa dimensão afetiva também respalda o rigor e a coerência teórico-metodológica que nos agrupa nesta obra. Mas, como todas essas questões, afetivas e cognitivas, plurais e singulares, teóricas e metodológicas produzidas por diferentes grupos de pesquisadores se articulam nesta obra, formando apenas um grupo de pesquisa, sem perder a riqueza de suas singularidades.

Na área da Educação, defrontamo-nos com um campo imenso de possibilidades de pesquisa e de atuação e, desse modo, de aportes teóricos e metodológicos que respalda diferentes vertentes e propostas e diversos rumos a serem seguidos. Porém, dentre tantas possibilidades, o desafio aqui apresentado é o de pensar a produção de conhecimento em Educação sob a perspectiva histórico-dialética. E, por isso, afirmamos a necessidade de nos fundamentar, como garantia de existência de nossas propostas, em pressupostos teórico-metodológicos do Materialismo Histórico Dialético e, mais especificamente, em contribuições de autores da Psicologia Sócio-Histórica, tais como Vigotski e Leontiev e da Pedagogia Histórico-Crítica, como Saviani.

No intuito de contribuir com o entendimento desse movimento de produção de sínteses que pretendem explicar a realidade escolar, é importante considerarmos que a educação escolar brasileira pode ser analisada a partir de diferentes fatos políticos, pedagógicos e ideológicos. Se, ao longo do século XX, ocorreram diversos enfrentamentos ideológicos em torno da questão educacional, havendo, contudo, uma inclinação pela Pedagogia Nova, que, em favor do desenvolvimento espontâneo da criança, colocava a aprendizagem no centro do processo educativo, o século XXI vem sendo fortemente marcado por algumas abordagens teóricas que, mesmo utilizando 'roupagem' diferente da Pedagogia Nova, continuam propagando a ideia de que o processo educativo escolar é uma atividade pragmática e pedagogicamente neutra, descolada das contradições sociais e políticas que a fundamentam. Essa comparação consiste em chamar a atenção, mesmo que rapidamente, para o fato de que a educação escolar é uma atividade humana, portanto, social e histórica, e que não pode ser analisada negligenciando-se as forças políticas e ideológicas que, dialeticamente, respaldam a sua dimensão pedagógica.

É, portanto, assumindo o fenômeno educativo como uma atividade social e histórica, que este livro foi se configurando. Partimos do pressuposto de que a educação ou, mais especificamente, o ato educativo é sempre uma atividade coletiva e participativa, por isso, social. Não há educação, no sentido de transformação do indivíduo e da sociedade, fora de condições de participação e de intervenção na vida do outro. Ainda que alguns animais se agrupem e se organizem de forma gregária, tal como nossos ancestrais também se organizaram, destacamos que, no nosso caso, o processo não se reduziu a uma simples junção de indivíduos. Para o ser humano, o social diz respeito à complexa rede de mediações que constituem as relações que, uma vez subjetivadas, podem se objetivar como funções psicológicas superiores, as quais passam a mediar o seu modo de pensar, de sentir e de agir, numa perspectiva qualitativamente diferente da forma como ocorria anteriormente, especialmente no início da vida.

É nessa perspectiva, portanto, de apropriação e de objetivação do social como fenômeno estritamente humano, que a educação se caracteriza como atividade não apenas social, mas também histórica. É do ponto de vista da historicidade que a educação, atividade especificamente humana, não se reduz ao presente, ao futuro ou ao passado. Ela engloba a totalidade do tempo, permitindo, assim, a transformação do ser humano, membro da espécie humana, também, em ser humano histórico cultural. Esse processo de constituição do homem como sujeito histórico cultural, é possível somente pela mediação do ato educativo, uma vez que apenas esse ato, escolar ou não, permite tanto a apropriação da cultura como a objetivação do sujeito, convertendo os bens históricos, culturalmente produzidos pela humanidade em órgãos da sua individualidade.

Mediante a exposição teórico-metodológica já realizada, podemos afirmar que, nós, autores deste livro, visamos ressaltar a educação como atividade humana, histórica e cultural, considerando que a grande preocupação, que nos tem impulsionado no movimento de pesquisar, é a de produzirmos melhores condições para apreensão de determinações constitutivas da dimensão subjetiva da realidade escolar, concordando com Gonçalves e Bock (2009, p. 143):

> A dimensão subjetiva da realidade estabelece a síntese entre as condições materiais e a interpretação subjetiva dada a elas. Ou seja, representa a expressão de experiências subjetivas em um determinado campo material, em um processo em que tanto o polo subjetivo como o objetivo transformam-se.

Defendemos que esta tarefa, entendida como de produção de conhecimento, resulta na interlocução de pesquisadores, por meio de um diálogo crítico e colaborativo, tendo como base comum um suporte teórico-metodológico capaz de explicitar os caminhos de produção de uma modalidade especial de conhecimento. Referimo-nos a um conhecimento que não se compreenda como neutro, que busque a essência dos fenômenos, a apreensão das múltiplas determinações que os constitui. Assim, orientados pelo Materialismo Histórico Dialético, defendemos que a realidade é histórica, é movimento, por isso, nossa intenção é a de criar condições teórico-metodológicas para acompanhar, explicitar, apreender e produzir sínteses sobre este movimento, contribuindo para o avanço na produção de conhecimento na área da Educação.

Nesse percurso, um desafio é reiterado constantemente, e significado como eixo de nossas preocupações teórico-metodológicas, como motivo do nosso empenho no campo da pesquisa, a saber: a necessidade de aprofundamento e/ou a criação de categorias que tenham o valor heurístico de explicitar e de explicar a dialética objetividade-subjetividade, necessidade esta que defendemos como essencial na perspectiva da Psicologia Sócio-Histórica.

Afirmamos que a categoria metodológica historicidade, articulada a outras, como mediação e contradição, forma o pilar das nossas pesquisas, dado que elas nos permitem destacar o sujeito a ser pesquisado, seja o professor, o aluno, o gestor, os pais etc., sem apartá-los da sociedade, formada pelos sujeitos que ela, reciprocamente, constitui, afirmando o movimento de objetivação e de subjetivação como constitutivo do sujeito e da sociedade.

Tais proposições nos permitem tratar da realidade educacional sem ter que "optar" pelo foco da objetividade ou da subjetividade, do indivíduo ou do social. Como nos alerta Heller (1972), em "O cotidiano e a história", o homem é a substância histórica da sociedade, na medida em que contém a objetividade social, sem, no entanto, conter a totalidade das relações sociais. Nessa condição, de ser histórico constituído por múltiplas determinações, o sujeito não deve ser entendido como reflexo especular do social, pois tem possibilidades de produzir o novo, que produz sua subjetividade e, ao mesmo tempo, a dimensão da subjetiva da realidade.

A partir de tais pressupostos, torna-se possível analisarmos os sujeitos de pesquisa, superando tendências à naturalização, à patologização e a concepções que compreendem o indivíduo descolado do social e da história, que apreendem a relação professor-aluno de modo a oscilar na resposta à seguinte questão: "De quem é a culpa"? Consideramos que o processo de culpabilização, tanto pode recair nos ombros dos professores como dos alunos, pois tal análise considera cada um dos polos separadamente, desconsiderando a dialeticidade, o movimento de transição, no qual um elemento só se realiza na relação com o outro.

Mediante o exposto, reunimos algumas ideias que anunciam o modo por meio do qual enfrentamos o desafio da dialética objetividade-subjetividade, e, assim, de apreendermos determinações constitutivas da realidade escolar, entendendo que o enfrentamento desta tarefa, no nosso caso, se dá a partir da consideração das significações produzidas pelos sujeitos, entendendo-as como caminho para produção de explicações sobre subjetividades historicamente produzidas.

Como já explicitado, a perspectiva histórico-dialética norteia as produções apresentadas nesta publicação, que tem como objeto a dimensão subjetiva da realidade escolar e, como base empírica, as falas dos sujeitos, sendo nossa meta ultrapassar a pseudoconcreticidade que elas nos oferecem e buscar as mediações constitutivas, de modo a produzirmos sínteses explicativas sobre a realidade em foco. No entanto, é importante explicarmos que, apesar de partir dos mesmos pressupostos teórico-metodológicos, a depender das condições de desenvolvimento das pesquisas pelos pesquisadores que compõem a rede Procad, podem ser destacados princípios, leis, conceitos e categorias diferentes, sem, com isso, necessariamente, desconsiderarmos a centralidade da historicidade, da dialeticidade e da mediação constitutiva dos fenômenos educacionais. A depender do objetivo da pesquisa, podemos ter a análise das significações como eixo ou podemos partir das significações e teorizar sobre a dimensão subjetiva de determinado fenômeno da realidade escolar.

A escolha por determinada categoria como caminho para produção do conhecimento, na área da Educação, é uma das alternativas possíveis e tem seu valor heurístico, pois, mesmo que de diferentes formas, abre possibilidades de apreensão de determinações constitutivas da sociedade e do sujeito histórico que a produz.

PARTE I

Teorizando sobre a Perspectiva Sócio-Histórica

Capítulo 1

A perspectiva sócio-histórica:
uma possibilidade crítica para a Psicologia e para a Educação

Maria da Graça Marchina Gonçalves (PUC-SP)
Odair Furtado (PUC-SP)

A RADICALIDADE DA LEITURA E A CONCEPÇÃO DE HOMEM

A perspectiva sócio-histórica em psicologia radicaliza, frente a outras teorias da psicologia, a importância do fenômeno social e de sua relação com a constituição da subjetividade. Historicamente a psicologia, ao definir seu objeto, em diferentes e diversas abordagens, desconsiderou o fenômeno social como produtor da subjetividade ou reduziu-o a algo dado, que influencia de alguma maneira a subjetividade, mas de um ponto de vista interacionista que produz dicotomia entre o fenômeno social e a produção do psiquismo.

A radicalização promovida pela perspectiva sócio-histórica impõe considerar o fenômeno social como processo, como realidade constituída por sujeitos, como algo que só pode ser compreendido plenamente quando se considera os sujeitos e suas possibilidades de agir, relacionar-se, produzir bens necessários à sua vida e produzir e registrar representações do objeto e de sua relação com ele.

Ao mesmo tempo, impõe considerar a subjetividade também como processo, sem nenhum atributo originário que seja natural e/ou universal, a não ser a capacidade de vivenciar, registrar e comunicar as vivências e utilizar esses registros. Entretanto, as vivências, os registros, a comunicação, a utilização das experiências são elementos da subjetividade também eles configurados e delimitados a partir da realidade objetiva, do fenômeno social constituído historicamente.

Esses atributos e essa configuração de sujeito foram produzidos na modernidade como experiências e potencialidades de um indivíduo assim concebido e que deveria assumir a responsabilidade por sua própria existência. Assim, desde o século XIII com o tomismo (doutrina de Santo Tomás de Aquino, 1225-1274) e mais adiante, com René Descartes (1596-1650), vai se moldando uma nova noção de indivíduo que subentendia que ele deveria se responsabilizar por suas decisões (tomismo); e, ao mesmo tempo, poderia ter uma ciência e seu método livres do

A DIMENSÃO SUBJETIVA DO PROCESSO EDUCACIONAL

controle clerical, em uma afirmação do sujeito que produziu a conhecida dicotomia mente e corpo (Descartes). Essa mudança na visão de mundo do período medieval era acompanhada do processo de acumulação primitiva do capital e fortalecimento da burguesia como classe social, e tal processo histórico preconizava para o futuro um sujeito com maior liberdade e capacidade de decisão que ganhará maior expressão na interpretação do filósofo prussiano Immanuel Kant (1724-1804). A revolução burguesa (Revolução Francesa de 1789, a Americana de 1776 e a Revolução Industrial na Inglaterra a partir de 1760) consolida politicamente a nova configuração de sujeito e de expressão de subjetividade que, doravante, concebe esse sujeito como livre e autônomo. Estas são as condições materiais e políticas que inauguram a modernidade e o modo de produção capitalista.

Ou seja, devemos compreender que as experiências subjetivas não foram sempre as mesmas, não estiveram organizadas, estruturadas, concebidas e registradas sempre da mesma forma. Interessa-nos, nesse sentido, para compreender o homem contemporâneo, ter em conta essa configuração histórica do sujeito dada pela modernidade.

Para continuar, vale esclarecer que os pressupostos teórico-metodológicos dessa leitura fundamentam-se no materialismo histórico e dialético. Dentro dessa concepção, entende-se que as ideias de um tempo histórico expressam, de maneira mediada e contraditória, a realidade material vivida de forma concreta pelos homens. No caso da modernidade, compreendida como conjunto de formulações filosóficas e epistemológicas, deve ser considerada como representações (mediadas e contraditórias) do modo de produção capitalista, juntamente com a forma de organização da produção, as relações sociais e as expressões superestruturais que ele engendra.

Assim, a afirmação do homem como sujeito, na modernidade, deve ser referida a um tipo de experiência histórica, possibilitada pelo desenvolvimento das forças produtivas capitalistas. Por isso mesmo, trata-se de uma concepção contraditória, que, ao mesmo tempo, afirma e nega ao indivíduo (outra configuração da experiência subjetiva histórica) a possibilidade de se constituir como sujeito.

A afirmação do homem como sujeito e da Psicologia como ciência se dá no bojo da modernidade, entendida como o conjunto de ideias e concepções que representam o modo de produção capitalista. Entretanto, a modernidade afirmou o sujeito de maneira contraditória. Afirmou-o como individual, racional e natural. E afirmou-o como social, ativo e histórico. As contradições presentes na modernidade engendraram a afirmação e a negação do sujeito, explicitando sua historicidade (Gonçalves, 2015a, p. 48).

Contraditoriamente, tal configuração do homem como sujeito indicou a possibilidade de uma plena realização, mas também limitou essa possibilidade. As possibilidades que se apresentavam ao indivíduo, de ser livre e dono de seu destino, estavam atreladas à sua participação no mercado capitalista, fosse como produtor ou consumidor. E, desde sempre, o capitalismo impôs limites: para os despossuídos dos meios de produção, a venda, na concorrência do mercado, da força de trabalho definia seu lugar de produtor; para todos, o consumo, mediado pelo dinheiro e disciplinado pela produção de massa, definia seu lugar de consumidor.

Essa estruturação de base, brevemente referida, indica as condições históricas dadas a esse sujeito. Em função delas, as proposições do liberalismo, principal ideologia do modo de produção capitalista, se mostram ilusórias. O indivíduo "livre" é o que participa "livremente" do mercado e está, nesse sentido, submetido a suas leis. Por isso a formulação liberal, do sujeito como individual, racional e natural, mostrou muito cedo seus limites.

Que sujeito individual é esse, cuja realização está totalmente atrelada às condições sociais e políticas impostas pelos interesses do mercado? A resposta liberal é de que se trata do sujeito natural, igualado, na sua origem, a todos os outros. Ou seja, o liberalismo proclama a igualdade de origem entre os sujeitos, individualizando e naturalizando a concepção de homem. O que se concretiza, entretanto, é uma experiência condicionada pelo contexto social e histórico, o que, em função de posições ideológicas, entre elas o liberalismo, termina por ser ocultado na compreensão dessa experiência concreta. Exemplo disso, até hoje presente na sociedade, é a meritocracia, como explicação para as desigualdades produzidas, na verdade, pelo contexto histórico e social.

No clássico texto de Karl Marx (2004 [1844], p. 80), *Manuscritos econômico-filosóficos*, o autor aponta:

A DIMENSÃO SUBJETIVA DO PROCESSO EDUCACIONAL

O trabalhador se torna tanto mais pobre quanto mais riquezas produz, quanto mais a sua produção aumenta em poder e extensão. O trabalhador se torna uma mercadoria tão mais barata quanto mais mercadorias cria. Com a valorização do mundo das coisas aumenta em proporção direta a desvalorização do mundo dos homens. O trabalho não produz somente mercadorias; ele produz a si mesmo e ao trabalhador como uma mercadoria, e isto na medida em que produz, de fato, mercadoria em geral.

Assim, a expressão subjetiva produzida pelo trabalhador a partir dessa condição ocorre como sua desefetivação do que produz (objetivação) e se realiza como estranhamento e alienação da produção. Essa, segundo Marx, é a condição concreta de vida dos trabalhadores e assim será mediada sua vida material. O trabalhador se conceberá como sujeito que estará alheio ao que produz e só terá como critério de ser no mundo o que será possível consumir a partir do seu salário. São essas as condições materiais que determinam a forma de sua inserção no mundo e a sua produção de vida.

Entretanto, as contradições históricas aparecem também na formulação de ideias, como indica a perspectiva materialista dialética. Se a modernidade expressa tais concepções como representações do modo de produção capitalista, expressa, também, as concepções que representam o contraponto dialético a essa forma de organização da sociedade. Isso também é uma experiência concreta que surge no âmbito da sociedade de classes no capitalismo, por meio da expressão de interesses contrários aos da burguesia. As contradições entre capital e trabalho que se evidenciam no anúncio da necessidade do fim do capitalismo, já em meados do século XIX, momento das primeiras crises desse modo de produção, criam as condições para o questionamento das ideias dominantes e o estabelecimento de novas concepções.

Dessa forma, a noção liberal de sujeito, como individual e natural, é questionada e contraposta à ideia de sujeito social e histórico. Que sujeito social é esse? É aquele que, para se tornar indivíduo, um indivíduo humano, deve se apropriar da história e da cultura, no âmbito de relações sociais historicamente constituídas (Leontiev, 1978). Isso significa considerá-lo concretamente, no interior do lugar social definido pelo trabalho, como indica a concepção materialista histórica e dialética. Significa, portanto, considerá-lo como ser histórico.

Como aponta Furtado (2011, p. 93):

Há, de fato, uma contradição que reflete a contradição de classe ocultada na relação social e de trabalho na forma como se apresenta no atual modo de produção. O campo de sentidos é artificialmente separado do campo de significados, e a crença e valores se apresentam como dados, como valores extraterrenos que parecem valer desde todo o sempre. Essa contradição está expressa, como apontamos quando discutimos relações de trabalho, na consciência fragmentada e é a fonte dessa fragmentação. A superação da fragmentação não ocorre no plano do sujeito e só é possível na experiência concreta do conjunto no confronto com as forças que subjugam as classes em condição de dominação.

Tais concepções fundamentam-se no marxismo, que se apresenta no século XIX como leitura crítica do capitalismo. Leitura crítica que começa por um posicionamento filosófico e epistemológico que opõe, às concepções idealistas e/ou metafísicas, o materialismo dialético.

Pela concepção materialista, nada existe além da matéria; e a matéria da vida humana é o substrato social produzido historicamente. Ou seja, a materialidade da vida humana começa pela existência de um organismo biológico que, entretanto, só se torna humano por meio da produção da própria existência, no âmbito de relações sociais historicamente constituídas, incluindo a produção de bens materiais e imateriais, físicos e simbólicos. Pela concepção dialética, o ser de todas as coisas inclui, necessariamente, o não ser, unidade de contrários que resulta no vir a ser; ou seja, o processo real da vida é a transformação constante. Isso pensado na concretude da vida humana remete à noção de história. Em síntese, a materialidade da vida humana se constitui em um processo de transformação constante da própria vida, processo que resulta na produção da história (Kahhale e Rosa, 2009).

Quais as implicações dessas diferentes concepções de sujeito para a delimitação do objeto da Psicologia, a ciência que é também fruto da modernidade e que, poderíamos dizer, *grosso modo*, se propõe a investigar a subjetividade, ou seja, aquilo que é próprio do sujeito? Podemos identificar, ao longo do desenvolvimento dessa área de conhecimento, pelo menos duas concepções de subjetividade, uma liberal e outra histórica.

Considerando o que foi apontado anteriormente, a concepção liberal de sujeito pode ser sinteticamente colocada da seguinte forma: o sujeito é racional, possuidor de consciência e livre-arbítrio; é natural, em função da presença, autonomia e universalidade da razão; e é individual, ou seja, a individualidade é o modo de ser do homem racional. As implicações para a noção de subjetividade são de que o homem tem desenvolvimento natural e uma subjetividade intrínseca; e de que o meio social pode agir sobre isso, impedindo o desenvolvimento natural dessa subjetividade.

Por outro lado, a concepção histórica de sujeito coloca que ele é, para além de racional, ativo, pois se constitui no trabalho que transforma a natureza e o próprio homem; social, porque a realização do trabalho é necessariamente social e nesse processo é que ele se torna indivíduo; e histórico, pois nada que pertence ao homem, desde suas produções até seus atributos, características, o físico e o simbólico, nada pode ser considerado à parte da ação social, entendida como *práxis*.

As implicações para a subjetividade que derivam dessa concepção de sujeito questionam a subjetividade natural e supostamente intrínseca ao sujeito da concepção liberal. Diferentemente disso, compreende-se que existe uma dialética subjetividade-objetividade, em um processo que se constitui no sujeito inserido em relações sociais e históricas. E que é necessário considerar o conteúdo histórico que esse processo carrega, em função das características do contexto cindido pela divisão da sociedade em classes:

> O papel do próprio sujeito na constituição de sua subjetividade é reconhecido tanto na concepção liberal como na concepção histórica. [...] Todavia, duas possibilidades de compreensão dessas capacidades se apresentam: podemos compreendê-las como inerentes ao homem, como processos naturais, universais que se desenvolvem em oposição às determinações sociais e que buscam uma "verdadeira" realização das potencialidades individuais; ou podemos compreender essas capacidades como produções históricas, isto é, surgidas em um processo histórico contraditório e produzido ativamente pelos homens em relações sociais concretas (Bock e Gonçalves, 2005, p. 114).

As diferentes concepções de sujeito e subjetividade irão aparecer na Psicologia e suas diversas abordagens. Como ciência surgida na modernidade, a Psicologia será pautada pelas formulações desse período sobre o homem e o conhecimento. Boa parte dessas formulações leva a leituras dicotômicas, desde a discussão sobre a relação sujeito-objeto até relações caras à Psicologia e que são baseadas nessa dicotomia no âmbito epistemológico. Por sua vez, as dicotomias implicam um processo de naturalização dos fenômenos sociais e humanos.[1] A leitura do desenvolvimento da Psicologia por esse viés permite uma crítica que considera o caráter histórico do conhecimento, suas possibilidades e limites.

> Tanto nas visões objetivistas como nas subjetivistas da Psicologia ocorrem a separação e a naturalização desses aspectos [aspectos objetivos e subjetivos da vivência humana] [...]. Assim, as visões objetivistas absolutizam os fatores objetivos e submetem o sujeito, e a subjetividade, à realidade externa a ele. E, nas visões subjetivistas, sujeito e subjetividade são ilusoriamente tornados autônomos e absolutos.
>
> No primeiro caso, o resultado é uma subjetividade desconsiderada na sua complexidade, seja por sua redução ao comportamento observável ou aos aspectos racionais-cognitivos. No segundo caso a subjetividade é ilusoriamente tomada em sua complexidade, já que, embora apresentada como complexa, termina por ser limitada por uma realidade hostil que impede sua realização (Gonçalves, 2015a, p. 60).

Estes breves apontamentos têm por objetivo indicar as bases metodológicas (incluindo concepção de mundo, de homem, de história e de conhecimento) da perspectiva sócio-histórica. Derivam dessas bases as categorias centrais da abordagem. Categorias teórico-metodológicas, como historicidade, contradição, totalidade, mediação. E categorias teóricas, que delimitam, junto ao objeto da Psicologia campos de investigação de processos constantes de transformação.

O objeto da Psicologia, para além de conceituações objetivistas ou subjetivistas, resultantes das dicotomias produzidas pela modernidade, pode ser configurado como a dialética subjetividade-objetividade; as

---

1. Trata-se da discussão epistemológica sobre a relação sujeito-objeto, surgida também na modernidade e que configura todo o debate a respeito das possibilidades de conhecimento; derivam dessa questão as formulações da ciência moderna e as definições de métodos científicos. É um debate complexo, mas que termina por produzir reducionismos que marcam o desenvolvimento das ciências nos séculos XIX e XX e que estabelecem dicotomias, a principal entre sujeito e objeto. Tais dicotomias alimentam as perspectivas naturalizadoras, pois desconsideram o processo de constituição e de transformação constante de sujeito e objeto, considerando-os "em si". A breve apresentação que fizemos sobre os pressupostos materialistas históricos e dialéticos da perspectiva sócio-histórica apontam para a crítica dessa dicotomia. A esse respeito ver Gonçalves (2015a; 2015b).

A DIMENSÃO SUBJETIVA DO PROCESSO EDUCACIONAL

categorias teóricas, que conferem visibilidade aos principais processos dessa dialética, são atividade, consciência, identidade, afetividade, dimensão subjetiva da realidade, noções que serão brevemente apresentadas no próximo tópico.

CATEGORIAS DA PERSPECTIVA SÓCIO-HISTÓRICA

Na perspectiva sócio-histórica, a compreensão a respeito do psiquismo e dos fenômenos psicológicos está pautada pela categoria historicidade, que implica considerar que a subjetividade, conjunto de todos os aspectos psicológicos, produzidos pelo psiquismo, é constituída em um processo ativo de relação entre o sujeito e a realidade objetiva. A compreensão desses processos e aspectos pela via da historicidade impõe considerar de forma dialética a relação subjetividade-objetividade, formulação que aponta exatamente para a atividade do sujeito sobre o objeto, transformando a ambos e constituindo as experiências que são registradas a partir dessa dinâmica.

Esse processo complexo tem sua gênese na atividade, definida a partir do trabalho, que define o homem em sua humanidade, historicamente produzida. Embora tenha sua gênese na atividade, o processo apresenta outras dimensões articuladas com ela e que apontam para a formatação de uma compreensão consciente do homem sobre a realidade, sobre os outros homens e sobre si mesmo. Apontam ainda para os registros afetivos e emocionais, que acompanham todas as experiências. E para a constituição do sujeito como um ser social que se singulariza a partir das experiências sociais historicamente determinadas. Dito de outra forma, o processo de constituição da subjetividade pode ser apreendido por meio das categorias atividade, consciência, afetividade e identidade.

O processo ativo, consciente, afetivo e identitário que constitui o sujeito e sua subjetividade tem uma dimensão simbólica e fica dessa maneira registrado e pode ser comunicado. Isso é possível por meio da linguagem que, articulada dialeticamente com o pensamento, tem uma função mediadora da relação do indivíduo com a realidade objetiva e social (Vigotski, 2009). Ou seja, o trabalho da consciência com os signos amplia as possibilidades de ação histórica e social, de compreensão do mundo e da sociedade, as possibilidades de compreensão de si mesmo, de criação e transformação do objeto pelo sujeito. E resulta em uma dinâmica de *construção social da realidade social*, na qual a subjetividade está dialeticamente articulada com a objetividade. A ação do sujeito sobre o objeto agrega subjetividade ao objeto; aí está a historicidade.

Nesse sentido, a linguagem desempenha papel central na constituição da dialética subjetividade-objetividade. Conforme Vigotski (2009), a palavra com significado é a unidade de análise na qual se deve deter o pesquisador que procura captar esse processo de constituição da subjetividade em sua complexidade.

> Dentre essas mediações, a linguagem é a que melhor representa a síntese entre objetividade e subjetividade. Isso porque o signo é, ao mesmo tempo, produto social que designa a realidade objetiva; construção subjetiva compartilhada por diferentes indivíduos por meio da atribuição de significados; e construção subjetiva individual, que se dá pelo processo de apropriação do significado social e da atribuição de sentidos pessoais (Gonçalves, 2015a, p. 63).

A linguagem é considerada no que representa como processo de atribuir significação, capacidade humana desenvolvida historicamente dentro do processo de constituição da vida social. As significações produzidas pelos sujeitos sociais referem-se à imbricação entre significados e sentidos.

É importante perceber que a dimensão dos sentidos traz mais claramente o sujeito na sua singularidade, sem, entretanto, deixar de considerar o contexto social e histórico no qual se constitui. Por isso, ao se considerar as significações pretende-se identificar os significados, dado que são mais explícitos na imediaticidade da apresentação social compartilhada. Mas, também, alcançar os sentidos subjetivos, ou pelo menos elementos de sentidos, que revelariam as zonas mais amplas do que o significado (Vigotski, 2009; González Rey, 2005), produzidas a partir do sujeito e suas vivências.

Outra categoria teórica desenvolvida pela perspectiva sócio-histórica é a dimensão subjetiva da realidade. A noção de dimensão subjetiva apresenta uma compreensão da relação indivíduo-sociedade decorrente do uso da categoria historicidade. Com esse recurso teórico e metodológico, trabalha-se na direção de superar a dicotomia indivíduo-sociedade, quando as explicações da Psicologia, especificamente da Psicologia Social, tomam cada um dos polos da relação em si mesmos, para em seguida tratar das relações entre eles. São as concepções sociológicas e psicológicas presentes na Psicologia Social. As concepções sociológicas colocam a ênfase da relação nos aspectos sociais; as concepções psicológicas colocam a ênfase nos aspectos individuais, estabelecendo dicotomias.

As implicações da visão dicotômica são: naturalizar fenômenos sociais (Gonçalves e Bock, 2003; Gonçalves e Bock, 2009; Gonçalves, 2015a); desconsiderar os fenômenos sociais como tal, reduzindo-os à condição de mero contexto em que acontecem os fenômenos da individualidade; deixar de perceber as mediações que produzem, efetivamente, os fenômenos sociais e que devem ser consideradas para sua transformação.

Torna-se necessário, então, superar os limites de visões subjetivistas e objetivistas, psicológicas ou sociológicas, e examinar a noção de subjetividade trabalhando sua compreensão como dialética subjetividade-objetividade. Esse processo, compreendido de forma materialista histórica e dialética, obriga a considerar dialeticamente a relação subjetividade-objetividade e a relação indivíduo-sociedade. Nesse sentido, a realidade social é vista como uma construção que resulta dessa imbricação, em uma *construção social da realidade social.*[2] Para designar esse processo, utiliza-se a categoria dimensão subjetiva da realidade, a fim de indicar que se trata de uma dimensão constitutiva da realidade social.

Nessa perspectiva, consideram-se subjetividade e objetividade como elementos contraditórios, mas inseparáveis no processo. A noção de contradição vinda da dialética indica isso: é uma unidade de contrários, que implica movimento e superação; e o que resulta é algo objetivo e subjetivo, ao mesmo tempo. Ou seja, uma realidade na qual a subjetividade ganha objetividade e a objetividade se subjetiva. A compreensão do sujeito deve ter isso presente. Mas também os fenômenos sociais

---

2. Esta formulação pretende dar conta da superação de outra dicotomia, promovida por autores que tentam superar a dicotomia indivíduo-sociedade: a construção social da realidade (Berger e Luckman) *versus* a construção da realidade social (Searle). Furtado (2002) faz essa discussão propondo sair dessa dicotomia pela via da historicidade.

devem ser assim considerados, superando dicotomias e "referindo-se a âmbitos diferentes da realidade: um âmbito subjetivo/do sujeito e um âmbito objetivo/das coisas" (Gonçalves e Bock, 2009, p. 141).

Com essa formulação teórica, aponta-se para a relação indivíduo--sociedade procurando identificar os aspectos oriundos da relação que terminam por constituir a própria realidade, sem priorizar o âmbito do indivíduo ou o âmbito da sociedade. Isso que assim se identifica é o que se denomina *dimensão subjetiva da realidade*, categoria teórica da Psicologia Sócio-histórica. A elaboração dessa e de outras categorias teóricas tem, como dissemos anteriormente, o apoio das categorias metodológicas da dialética materialista e histórica.

O aspecto fundamental dessa elaboração é apontar para os produtos de natureza subjetiva que são compartilhados no âmbito social, sem cair em reducionismos que levem a visões psicologizantes da sociedade e da história. Contudo, sem também deixar de reconhecer que são os sujeitos que, objetivamente, produzem a sociedade e a história. Dessa forma, evidencia-se que os fenômenos sociais são marcados pela presença dos sujeitos; há neles uma dimensão subjetiva que é produzida, no capitalismo, pela inversão da relação do valor-de-uso e o valor-de-troca. Assim, como aponta Furtado (2011, p. 87):

> Este mecanismo de inversão, permitido pela relação já discutida de causalidade/teleologia/ontologia, produz um valor ético e estético descolado da própria realidade. A relação necessidade/consumo, como apontou Heller (1986), mantém sua base econômica (causalidade), mas subjetivamente é compreendida de outra forma e sua relação material permanece ocultada por um viés ideológico. Toda produção de valores e crenças, de referências simbólicas que fazem parte da realidade e, no caso do capitalismo, justificam a forma aparente do consumo (e também nos convence da inversão) é o que chamamos de *dimensão subjetiva da realidade*.

Compreender a vida sem nos remetermos às suas bases concretas (reconhecimento e identificação da mais-valia e real valor da força de trabalho), através de uma inserção estranhada/alienada nas relações de produção, ocasiona uma falsa dicotomia entre os processos objetivos e subjetivos de produção da vida. A dimensão subjetiva da realidade aparece como descolada de suas bases materiais. A noção de liberdade, tão importante para justificar a democracia, garante a ordem constituída no capitalismo e é uma crença muito importante nas nossas relações sociais, mas a base material de exploração do trabalhador (a mais-valia) nega essa condição. Assim, é preciso uma justificativa descolada do real processo objetivo, que se apresenta como a liberdade de procurar emprego. A cisão artificial entre o campo objetivo e subjetivo produz uma dimensão subjetiva da realidade que se apresenta contaminada pela ideologia e justifica as formas de dominação.

O objetivo das leituras críticas é o de superar visões que separaram o indivíduo de seu mundo social; é enfrentar concepções naturalizadas e a-históricas da subjetividade humana e de sua presença nos fenômenos sociais, em um esforço de desnaturalização.

A forma de pesquisar deve ser coerente com essa compreensão do fenômeno. Partindo-se de uma leitura da realidade social e do sujeito materialista histórica e dialética, recorre-se às categorias metodológicas da dialética: totalidade, mediação, singular-particular-universal para fazer a abordagem do real.

Para isso, seguem-se as orientações da epistemologia qualitativa definida por González Rey (2005). O autor apresenta uma crítica, na pesquisa em Psicologia, ao que chama de *instrumentalismo* (pesquisa limitada e definida pelas características dos instrumentos de coleta de dados) e de *epistemologia da resposta* (quando uma concepção objetivista produz respostas em função da forma como busca informações, em vez de criar condições para o levantamento de aspectos das vivências subjetivas dos indivíduos).

González Rey discute também que essas posturas empiricistas desconsideram o papel da produção teórica, a partir do trabalho de reflexão do pesquisador, o que termina por estabelecer dicotomias entre o empírico e o teórico, entre a objetividade e a subjetividade, entre o objeto e o sujeito. Na direção de superar as dicotomias, enfatiza o caráter construtivo-interpretativo do conhecimento, em que o dado empírico é a base do conhecimento, o qual, entretanto, só se configura como tal a partir do trabalho de construção e interpretação do pensamento, na produção teórica. Nessa perspectiva, as categorias teóricas permitem, por um trabalho do pensamento, dar visibilidade ao que se observa empiricamente.

A POSSIBILIDADE E A NECESSIDADE DA CRÍTICA

A perspectiva sócio-histórica em Psicologia apresenta-se como uma perspectiva crítica. Segundo Furtado (2009), é possível dizer que ainda não temos uma Psicologia crítica e que a Psicologia somente atingirá esse estatuto quando ela for reconhecida como referência para o pensamento crítico em geral. Entretanto, entendemos que essa possibilidade está sendo construída através da elaboração dos recursos teórico-metodológicos da abordagem que apontam para a historicidade dos fenômenos sociais humanos, indicando que tudo que é como é poderia ser diferente. Ou seja, tudo que existe na vida social é fruto da atividade humana, desse homem, ele próprio, constituído social e historicamente.

Esse ponto de partida, agregado das categorias que orientam o pensamento no movimento de desnaturalização, de busca da gênese dos fenômenos, de reconhecimento das contradições que movimentam a realidade, permite uma leitura crítica, propicia tomar a racionalidade produzida pela modernidade na sua possibilidade autorreflexiva, mas, para além disso, permite tomar a racionalidade como elemento da práxis histórica, em que a atividade é elemento fundante (Konder, 2000).

Ou seja, os recursos da leitura materialista histórica e dialética e das proposições, a partir disso, da perspectiva sócio-histórica, permitem uma leitura crítica da realidade; ela é possível.

Para além disso, é uma leitura necessária.

Os filósofos limitaram-se a interpretar *o mundo diferentemente, cabe* transformá-lo (Marx, 1978).

Se a Psicologia apenas descrever o que é observado ou enfocar o Indivíduo como causa e efeito de sua individualidade, ela terá uma ação conservadora, estatizante — ideológica — quaisquer que sejam as práticas decorrentes. Se o homem não for visto como produto e produtor, não só de sua história pessoal mas da história de sua sociedade, a Psicologia estará apenas reproduzindo as condições necessárias para impedir a emergência das contradições e a transformação social (Lane, 1984, p. 15).

A DIMENSÃO SUBJETIVA DO PROCESSO EDUCACIONAL

REFERÊNCIAS

BOCK, A. M. B.; GONÇALVES, M. G. M. O sujeito e a dimensão subjetiva dos fatos. In: GONZÁLEZ-REY, F. L. (Org.). *Subjetividade, complexidade e pesquisa em psicologia*. São Paulo: Pioneira Thomson Learning, 2005. p. 109-26.

FURTADO, Odair. As dimensões subjetivas da realidade — uma discussão sobre a dicotomia entre a subjetividade e a objetividade no campo social. In: _____; GONZÁLEZ-REY, Fernando (Orgs.). *Por uma epistemologia da subjetividade*: um debate entre a teoria sócio-histórica e a teoria das representações sociais. São Paulo: Casa do Psicólogo, 2002. p. 91-105.

_____. Psicologia para fazer a crítica, a crítica para fazer a psicologia. In: BOCK, A. M. B (Org.). *Psicologia e o compromisso social*. 2. ed., 3. reimp. São Paulo: Cortez, 2009.

_____. *Trabalho e solidariedade*. São Paulo: Cortez, 2011.

GONÇALVES, M. G. M. A psicologia como ciência do sujeito e da subjetividade: a historicidade como noção básica. In: BOCK, A. M. B.; GONÇALVES, M. G. M.; FURTADO, O. (Orgs.). *Psicologia sócio-histórica*: uma perspectiva crítica em psicologia. 6. ed. São Paulo: Cortez, 2015a. p. 47-66.

_____. Fundamentos metodológicos da psicologia sócio-histórica. In: BOCK, A. M. B.; GONÇALVES, M. G. M.; FURTADO, O. (Orgs.). *Psicologia sócio-histórica*: uma perspectiva crítica em psicologia. 6. ed. São Paulo: Cortez, 2015b. p. 139-53.

_____; BOCK, Ana M. B. Indivíduo-sociedade: uma relação importante na psicologia social. In: BOCK, A. M. B. (Org.). *A perspectiva sócio-histórica na formação em psicologia*. São Paulo: Cortez, 2003. p. 41-99.

_____; _____. A dimensão subjetiva de fenômenos sociais. In: _____; _____ (Orgs.). *A dimensão subjetiva da realidade*: uma leitura sócio-histórica. São Paulo: Cortez, 2009. p. 116-57.

GONZÁLEZ-REY, Fernando L. *Pesquisa qualitativa e subjetividade*: os processos de construção da informação. São Paulo: Pioneira Thomson Learning, 2005.

KAHHALE, E. M. P.; ROSA, E. Z. A construção de um saber crítico em psicologia. In: BOCK, A. M. B.; GONÇALVES, M. G. M. (Orgs.). *A dimensão subjetiva da realidade*: uma leitura sócio-histórica. São Paulo: Cortez, 2009. p. 19-53.

KONDER, L. *Os sofrimentos do homem burguês*. São Paulo: Senac, 2000.

LANE, S. T. M. A psicologia social e uma nova concepção de homem para a psicologia. In: _____; CODO, W. (Orgs.). *Psicologia social*: o homem em movimento. São Paulo: Brasiliense, 1984. p. 10-9.

LEONTIEV, A. O homem e a cultura. In: _____. *O desenvolvimento do psiquismo*. Lisboa: Livros Horizonte, 1978.

MARX, K. Teses contra Feuerbach. In: _____. *Manuscritos econômico-filosóficos e outros textos*. Seleção de textos de José Arthur Giannotti. São Paulo: Abril Cultural, 1978. p. 55-6. (Col. Os Pensadores.)

_____. Trabalho estranhado e propriedade privada. In: _____. *Manuscritos econômico-filosóficos*. Tradução de Jesus Ranieri. São Paulo: Boitempo, [1844] 2004. p. 79-90.

VIGOTSKI, Lev S. *A construção do pensamento e da linguagem*. São Paulo: Martins Fontes, 2009.

Capítulo 2

A dimensão subjetiva:
um recurso teórico para a Psicologia da Educação

Ana Mercês Bahia Bock (PUC-SP)
Wanda Maria Junqueira de Aguiar (PUC-SP)

O encontro da Psicologia com a Educação, que é antigo, nem sempre tem trazido contribuições que poderíamos considerar relevantes, no sentido de uma leitura ou compreensão crítica do processo educacional. A história da Pedagogia tem apontado que a educação, pensada como controle, exigiu um conhecimento maior sobre a criança "para classificá-la e, assim, moldá-la para um exercício estreito de cidadania e para diferentes carreiras escolares. Daí o seu encontro com uma Psicologia evolutiva de cunho normativo, indispensável a esse projeto" (Patto, 1999, p. 33).

É ainda Patto (2003) que nos indica aspecto importante para nossa reflexão, ao afirmar que a maneira de contar a história dessa relação da Psicologia e da educação não é neutra nem ingênua, e pode-se escolher uma perspectiva que seja crítica, que aponte os interesses que havia e ainda existem nessa relação.

> O que se está dizendo de modo cada vez mais claro é que a invenção da Psicologia acompanha uma necessidade historicamente posta de justificação da desigualdade estrutural e de controle do corpo social com procedimentos compatíveis com a ideologia liberal e a serviço dos que querem reproduzir a ordenação social em vigor porque se beneficiam dela. Como parte desse controle, a patologização dos comportamentos indesejáveis (Patto, 2003, p. 33).

Dessa forma, no momento em que a Pedagogia e o campo da Educação em sua totalidade empreenderam um movimento crítico em relação às visões patologizantes e universalizantes, a Psicologia foi considerada companheira indesejável, pois contribuía, com seus saberes, para a ocultação de aspectos da realidade educacional que não deveriam nem poderiam ser analisados somente a partir de seus conceitos e teorias. Este movimento se deu na segunda metade do século XX, no Brasil, quando a sociedade brasileira avança em seus debates sobre a democratização social e a politização dos fazeres e saberes em educação, culminando com a discussão e aprovação da LDB n. 9.394/96. A chamada "psicologização" do processo educacional foi ampla e largamente criticada, gerando mesmo certo sectarismo que impediu a participação da Psicologia nos debates. A área da Psicologia da Educação passou a ter dificuldades para oferecer suas contribuições e ficou vista como uma área mais da Psicologia do que da Educação.

Saviani (2015, p. 15) traz aportes interessantes para pensarmos a relação Psicologia e Pedagogia quando discute a importante e necessária relação entre Psicologia Histórico-cultural e a Pedagogia Histórico-crítica. O autor, ao apresentar o que denomina "minhas provocações aos psicólogos", corrobora a discussão feita por Patto ao afirmar que: "na forma como a psicologia vem sendo praticada pondo o foco no indivíduo empírico e não no indivíduo concreto, suas contribuições para a educação resultam praticamente neutralizadas".

São contribuições como as de Maria Helena Patto, Saviani e muitos outros, que escolheram seguir o mesmo caminho, que vão permitir que a Psicologia comece a apresentar leituras críticas do processo educacional e de sua própria contribuição para a educação. Nosso trabalho, neste texto, tem exatamente esta intenção: apresentar as contribuições da Psicologia Sócio-histórica para a leitura do processo educacional, rompendo definitivamente com as leituras ideológicas e psicologizantes que marcaram a presença da Psicologia no campo educacional.

Começamos, então, por apontar um aspecto importante das construções teóricas a-históricas e acríticas, de inspiração liberal e positivista, que aqui pretendemos superar: a dicotomia indivíduo — sociedade ou subjetividade — objetividade.

A ciência moderna afirmou-se como objetiva e neutra. Precisava superar o pensamento do senso comum que era visto como tendencioso, sem parcimônia, sem objetividade e contaminado pelos afetos do sujeito pensante. O método de investigação foi a grande aposta da ciência: um método rigoroso e objetivo que permitisse o distanciamento necessário do sujeito em relação ao objeto que investigava. "Produzir conhecimento científico era manter-se, como sujeito, externo ao objeto a ser investigado, fosse qual fosse esse objeto" (Gonçalves e Bock, 2003, p. 42). Este distanciamento, epistemologicamente, se configurará como uma dicotomia.

"É nesse contexto que o conhecimento que se produz se isenta de questões sociais concretas, aparece apartado dos problemas considerados mais relevantes, afasta-se das questões da realidade social" (Gonçalves e Bock, 2009, p. 121).

A crítica feita pela perspectiva sócio-histórica aponta que a dicotomia subjetividade — objetividade é responsável por uma concepção naturalizante do humano e do psicológico, na medida em que separados um do outro, cada um se constitui devido a suas próprias forças; naturaliza-se o humano e naturaliza-se a sociedade. O sujeito aparece concebido como alguém dotado de potencialidades naturais, decorrentes de seu pertencimento à espécie, que lhe permitem constituir-se como indivíduo. O desenvolvimento humano fica concebido como atualização de potencialidades, desenvolvimento de possibilidades e maturação.

Já em 1999, Bock apresentava na publicação *Aventuras do barão de Münchhausen na psicologia* a visão abstrata e universal que os psicólogos tinham do fenômeno psicológico.

> O fenômeno psicológico aparece, assim, como algo dado; algo que o homem já possui aprioristicamente; algo que pertence à natureza humana. Esse fenômeno é visto como pertencendo ao mundo interno; é privado e íntimo. O fenômeno é, além disso, a essência do homem; refere-se ao eu, a um verdadeiro eu. É o que há de mais individual e particular no homem. O fenômeno psicológico mantém, no entanto, uma relação com o mundo externo, que estimula ou impede, ajuda ou dificulta seu desenvolvimento (Bock, 1999, p. 170).

O humano não está, nas perspectivas hegemônicas da Psicologia, conceituado como histórico. Não está pensado como um sujeito ativo que, em relação com o mundo material e social, se constitui. As visões patologizantes marcam a Psicologia, pois, se há um caminho natural a seguir ou a tomar como referência da normalidade no desenvolvimento, qualquer diferença nesta trajetória será tomada como incomum, anormal ou patológica. A criança que vai à escola e se submete a um ensino que é igual para todos, mas ela é a única que "não aprende", passa a ser vista como alguém com "dificuldades de aprendizagem". Somente uma leitura que descola o sujeito de seu cenário, de suas relações, das experiências, das significações, enfim, dos aspectos que marcam a vida vivida, pode adotar e utilizar uma visão reducionista que tenha como ferramenta teórica básica a ideia de "dificuldades de aprendizagem". Também é fácil compreender por que a Psicologia psicologizou a educação, pois não foi capaz de contribuir com leituras que dessem visibilidade aos diversos e múltiplos aspectos e determinações de um processo de ensino-aprendizagem. Apresentou este processo exclusivamente a partir de aspectos individuais e natureza psicológica.

"A naturalização dos fenômenos, decorrente da visão dicotômica, leva a formulações abstratas e universais sobre os indivíduos e as sociedades; parece falar do todo, ou de tudo, mas termina por falar de quase nada" (Gonçalves e Bock, 2009, p. 121).

A perspectiva sócio-histórica, fundada em princípios do materialismo histórico e dialético, vai conceber os fenômenos humanos como produzidos no processo histórico de constituição da vida social. A vida se constitui na materialidade das relações entre os humanos e de sua relação com a natureza; relações estas que garantem a sobrevivência, transformando a natureza e produzindo bens necessários. É na atividade transformadora do humano sobre a natureza, sustentada em relações com os outros humanos, que se produz a humanização. Assim, o que reconhecemos como subjetividade e objetividade são âmbitos de um processo de transformação realizado pelos humanos (coletivamente) enquanto atuam no mundo.

Evidencia-se, desse modo, a noção de processo, de movimento e historicidade como essenciais para a apreensão da realidade e, por que não, do humano.

> Será, portanto, [...] a partir da compreensão de que o real é contraditório, de que nada é fixo, imutável, que nosso pensamento, como aponta Lefevbre (1969), também deverá se colocar em movimento e ser pensamento deste movimento, ser um pensamento consciente da contradição constitutiva da historicidade humana (Aguiar e Machado, 2016, p. 7).

Assim, para compreender o homem, se faz necessário entender sua história, e na produção de conhecimento sobre a dialética relação sujeito — realidade social, objetivo — subjetividade, "o que é" deixa de ser a pergunta principal para dar lugar à questão de "como surgiu", "como se movimentou e se transformou" (Aguiar e Ozella, 2013, p. 303), permitindo que se apreendam a gênese e o processo constitutivo. Para produzir conhecimento sobre a realidade e o sujeito, "os fatos só nos interessam na expressão do seu dinamismo, da sua sucessão, da posição relativa de seus momentos" (Cury, 1985, p. 32). Desse modo, a necessidade de expor a dialética dos processos de objetivação e subjetivação deve dar-se não pela intenção de optarmos por um lado ou outro, ou por tentarmos equilibrar os dois polos, mas justamente para evidenciar o processo de determinação existente, e a síntese possível expressa na forma de superação.

Nesta busca de compreensão do real utilizam-se categorias metodológicas do materialismo histórico e dialético que orientam o pensamento do pesquisador, como contradição, unidade de contrários, totalidade, mediação e historicidade. Criam-se/utilizam-se também categorias teóricas, de análise, que expressam processos e nos ajudam a pensar as relações que são constitutivas dos fenômenos. São categorias que permitem ir além do imediato, da aparência dos objetos para compreendermos sua gênese e seu movimento. São sínteses teóricas ou construções ideais (abstrações) que representam as determinações constitutivas do fenômeno; que expressam processos e têm a intenção de explicitá-los e explicá-los, nos ajudando a pensar as relações que constituem os fenômenos. Atividade, consciência, identidade, afetividade, linguagem, pensamento, sentidos e significados, e dimensão subjetiva são categorias que permitem compreender a subjetividade, saindo do imediato e aparente.

Sair da aparência não é trabalho fácil, implica um esforço de análise teórico e metodológico que, dentre outras considerações, releve a preocupação de Mészáros sobre o quanto foi importante a "luta" empreendida por Lukács, para a explicitação da "ausência de significado da imediaticidade" (Mészáros, 2013, p. 59). São as categorias que permitem ir além do imediato, da aparência dos objetos, para compreendermos sua gênese e seu movimento; elas "carregam o movimento do fenômeno estudado, suas contradições e sua historicidade" (Aguiar, 2001, p. 95).

E aqui queremos então destacar a categoria da *dimensão subjetiva*.

É na dialética objetividade — subjetividade que destacaremos essa dimensão, sem dúvida constitutiva da realidade e de todos os seus fenômenos.

A discussão a ser desenvolvida se baseia na proposição de que subjetividade, mesmo tomada como individual, é constituída socialmente, em um processo objetivo com conteúdo histórico, e a objetividade é constituída historicamente a partir da ação humana que agrega a ela elementos de subjetividade. Subjetividade e objetividade como polos dialéticos que se constituem mutuamente sem se diluírem um no outro. Uma subjetividade de natureza social; uma objetividade marcada por uma dimensão subjetiva.

A categoria da dimensão subjetiva da realidade nos permite, a partir do campo da Psicologia, dialogar com a educação considerando que a realidade objetiva e material que encontramos na educação, como processo social, possui uma dimensão constituída por elementos de natureza simbólica ou psicológica. Essa dimensão é caracterizada por elementos de significação (valores, sentimentos, ideias, significados) que encontram-se ancorados na subjetividade e objetivados na realidade social e nas relações vividas entre os humanos.

> A dimensão subjetiva da realidade estabelece a síntese entre as condições materiais e a interpretação subjetiva dada a elas. Ou seja, representa a expressão de experiências subjetivas em um determinado campo material, em um processo em que tanto o polo subjetivo como o objetivo transformam-se (Gonçalves e Bock, 2009, p. 143).

O esforço teórico é poder pensar a subjetividade e a objetividade em permanente relação, ou melhor, como dois âmbitos de um mesmo processo. Furtado (2001, p. 91) afirmava:

> [...] a realidade é a expressão do campo de valores que a interpretam (suas bases subjetivas) e ao mesmo tempo o desenvolvimento concreto das forças produtivas (suas bases objetivas). Há uma dinâmica histórica que coloca os planos subjetivo e objetivo em constante interação, sem que necessariamente se possa indicar claramente a fonte de determinação da realidade.

A dimensão subjetiva é uma dimensão da realidade e não dos sujeitos, mas é exatamente a dimensão da realidade que afirma a presença e a contribuição dos sujeitos na construção dela. São construções individuais e coletivas que resultam em determinados produtos, na objetividade, reconhecidos como de natureza subjetiva. Esses produtos são sempre sociais e subjetivos; são a marca da presença dos indivíduos no mundo coletivo e são decorrentes da ação humana sobre o mundo. Importante frisar que são elementos de natureza subjetiva, mas que estão postos no mundo e, portanto, são uma dimensão da realidade objetiva.

Nosso interesse, no campo da Educação, é exatamente poder analisar o processo educacional na sua objetividade, reconhecendo nele a existência de aspectos ou produtos que são subjetivos.

Dois pontos devem ser ainda abordados: o primeiro diz respeito às formas de acesso, como pesquisadores, a esta dimensão. Como estudá-la? O segundo diz respeito à importância de, no estudo do processo educacional, darmos visibilidade a essa dimensão.

COMO APREENDER A DIMENSÃO SUBJETIVA DOS FENÔMENOS?

Sendo coerentes com as proposições teórico-metodológicas anteriormente destacadas, reafirmamos o necessário empenho do pesquisador em ultrapassar a imediaticidade dos fenômenos, de modo a apreendê-los em sua forma mais totalizante, carregada das contradições próprias da realidade social e das determinações que os constituem. Neste movimento serão criadas as condições de apreensão do sujeito histórico, requisito essencial para a visibilidade da dimensão subjetiva da realidade. E aqui cabe pontuarmos que, no processo de apreensão da dimensão subjetiva da realidade, é essencial o momento de apreensão do sujeito histórico da atividade e, não de sua produção linguística, ou do texto/discurso por ele produzido. Nosso objeto de estudo, aquilo que deve ser analisado e interpretado, é o humano, ou seja, focamos o sujeito em suas relações. Esta pontuação nos distancia das análises linguísticas e nos coloca no campo da análise da subjetividade do sujeito historicamente constituído. Distancia-nos também das análises monocausalistas, muitas vezes erroneamente atribuídas a Marx. José Paulo Netto (1989), apoiado em Lukács, critica tal posição ao afirmar que na concepção materialista da história os processos sociais jamais serão explicados a partir de uma única causa ou fator, mesmo o econômico, pois, "é o ponto de vista da totalidade e não a predominância das causas econômicas na explicação da história que distingue de forma decisiva o marxismo da ciência burguesa" (Lukács, 1974, p. 41).

Mas como apreender a dimensão subjetiva que se constitui no movimento de transformação e construção da realidade?

A DIMENSÃO SUBJETIVA DO PROCESSO EDUCACIONAL

Sem dúvida, as contribuições de Vigotski são de grande valia nesta empreitada. Referimo-nos, mais especificamente, às categorias sentido e significado.

Com o intuito de introduzir e situar as categorias anunciadas, vemos como necessário reafirmar que, na perspectiva adotada, o homem constitui sua humanidade nas relações históricas e sociais e, como desdobramento, na atividade significada. Será na atividade com outros homens, no processo de satisfação das suas necessidades, que a linguagem e pensamento se constituirão, tornando-se categorias que permitem dar visibilidade à dimensão subjetiva, que constitui o real.

A citação a seguir explicita de modo inequívoco o movimento constitutivo da relação pensamento linguagem:

> Por sua estrutura, a linguagem não é um simples reflexo especular da estrutura do pensamento, razão por que não pode esperar que o pensamento seja uma veste pronta. A linguagem não serve como expressão de um pensamento pronto. Ao transformar-se em linguagem, o pensamento se reestrutura e se modifica. O pensamento não se expressa, mas se realiza na palavra (Vigotski, 2001, p. 412).

Pelo exposto, evidencia-se a importância do significado como mediador na relação pensamento-linguagem. Assim,

> Se quisermos apreender o humano e seu processo de constituição, temos de compreender esse processo de relação do humano com o mundo fundamentado nas atividades transformadoras e mediado pela linguagem. O processo é, como afirma Vigotski, de "colossal revolução" representada pela organização do pensamento que se dá pelo desenvolvimento da linguagem (Aguiar et al., 2009, p. 56).

Contribuindo com tais proposições, Newman e Holzman (2002, p. 64) afirmam: "a qualidade única do trabalho humano não se encontra na realização de um propósito preconcebido, mas na significatividade da atividade humana".

Desse modo, podemos concluir que para compreendermos o sujeito, precisamos apreender as maneiras como o pensamento se realiza na palavra, objetivada na forma de significações.

As categorias sentido e significado irão, como nos indica Aguiar et al. (2009, p. 60), "cumprir o papel de dar visibilidade a esta determinada e importante zona do real, [...] condensando aspectos dessa realidade e, assim, destacando-os e revelando-os". A realidade a que nos referimos são as objetivações de pensamentos e sentimentos ou, como afirma Vigotski (2001), do "pensamento emocionado".

Nesta direção, a análise da fala é essencial, e para isso partimos das significações, aqui entendidas como a articulação de sentidos e significados.

Entretanto, qual o entendimento destas categorias?

Como um primeiro aspecto, é essencial a compreensão de que as categorias sentido e significado compõem o que se denomina "unidade de contrários". São, de modo inseparável, momentos do processo de construção do real. Afastando-se, dessa maneira, qualquer concepção dicotômica da relação entre elas.

Apoiados no materialismo histórico e dialético, afirma-se que sentido e significado apesar de não serem iguais, de não manterem relação de identidade, de explicitarem e explicarem diferentes momentos de construção do homem, só podem ser concebidos no dialético movimento de mútua constituição, em que um não é sem o outro, sem ser o outro, sendo apreendidos somente no movimento de transição em que dialeticamente se constituem.

Frente a tais explicações, é possível destacarmos, inicialmente, a categoria significado com o intuito de defini-la.

Como afirma Vigotski (2001, p. 398), a "palavra desprovida de significado não é palavra, é um som vazio". Os significados são produções históricas e sociais, isto é, produções humanas e culturais que permitem a comunicação e a socialização de nossas experiências. Nessa perspectiva, pode-se afirmar que são os significados que possibilitam a comunicação mais universal, que se materializa na generalização da palavra.

Seguindo o pensamento de Vigotski (2001, p. 398), explicita-se que o significado é, "ao mesmo tempo, um fenômeno de discurso e intelectual", sendo a unidade constitutiva da contraditória relação entre pensamento e linguagem.

Feitos tais esclarecimentos sobre a categoria significado, trazemos o outro polo da dialética relação discutida, a categoria sentido. Para isso, retomamos a concepção de que o pensamento muitas vezes fracassa. Tendo isso em conta, Aguiar e Ozella (2006, p. 226) afirmam que os "significados contêm mais do que aparentam e que, [por isso,] por meio de um trabalho de análise e interpretação, pode-se caminhar para as zonas mais instáveis, fluidas e profundas, ou seja, para as zonas de sentido".

Para nos ajudar a compreender esta categoria, vemos como muito oportuna uma afirmação de Vigotski, extraída da obra *A tragédia de Hamlet: o príncipe da Dinamarca*, qual seja: "o que ocorre em cena é apenas uma parte da projeção e do reflexo de outros acontecimentos que se desenvolvem nos bastidores" (Vigotski, 1999, p. 4). Reiteramos, a partir dessa citação, a importância de não nos contentarmos com a aparência dos fatos e que o pensamento analítico não pode se apropriar da realidade de forma imediata, ignorando o processo dialético entre as partes e o todo que a constitui.

Essa compreensão também é enfatizada por Clot (2006) ao analisar a atividade de trabalho, pois, segundo o autor, é preciso pensá-la não em termos de "atividade realizada", chamando a atenção para o fato de que a atividade é muito mais do que aquela que se realiza, e propõe analisá--la a partir do conceito "real da atividade". Esse conceito envolve aquilo que se fez, mas também aquilo que não se fez, aquilo que se gostaria de fazer, enfim, o autor explicita que a atividade contrariada tensiona a atividade visível, constituindo o sujeito da atividade. Depreende-se daí que, a partir do método adotado, não nos detemos na simples descrição dos significados, mas, a partir deles, avançaremos em direção a uma análise que busca explicar a imensa riqueza oculta nos "bastidores", caminhando para as zonas de sentido.

Para Vigotski (2001, p. 466), "sentido é um agregado de todos os fatos psicológicos que surgem na nossa consciência como resultado da palavra [...]. O sentido real de cada palavra é determinado, no final das contas, por toda a riqueza dos momentos existentes na consciência e relacionados àquilo que está expresso por uma palavra". Entendemos que o autor considera para elaboração de tal raciocínio a categoria totalidade, mas não como um "todo" constituído por partes que se articulam funcionalmente, em relações causais, lineares, mas como uma unidade plena de contradições que se autoconstituem, em um movimento historicamente determinado.

Assim, como afirmam Aguiar et al. (2009, p. 63), os sentidos: "Constituem-se a partir de complexas reorganizações e arranjos, em que a vivência afetiva e cognitiva do sujeito, totalmente imbricadas na forma de sentidos, são acionadas e mobilizadas".

Frisamos, assim, a natureza individual, histórica e social dos sentidos, constituídos num processo em que o sujeito revela seu lado ativo, único que, ainda segundo Aguiar et al. (2009), se objetivará a partir da mobilização interna ocorrida e da qualidade de arranjos e rearranjos possíveis neste processo o qual, seguramente, vai depender tanto do momento específico do sujeito, como das condições objetivas geradoras da mobilização.

Tais afirmações evidenciam que os sentidos dizem mais respeito à singularidade, por isso são mais flexíveis, fluidos, com maior propriedade expressam a síntese afetiva e cognitiva, individual e social, constituída no plano da subjetividade do sujeito histórico. Sua natureza social nos permite, metodologicamente, utilizá-los como suporte ou fonte da dimensão subjetiva da realidade que se ancora e é produzida no e pelo sujeito.

Para completar nossa discussão sobre as categorias significado e sentido, retomamos a ideia de que elas compõem uma unidade de contrários e que, só nesta condição, nos ajudam a apreender elementos constitutivos e reveladores do sujeito. Para explicitar didaticamente a unidade de sentidos e significados, temos utilizado a denominação de significações, sem que se desconsidere suas particularidades. Desse modo, no movimento de apreensão da singularidade do sujeito, "a categoria sentido pode se tornar instrumento valioso, na medida em que se apresenta como suporte para a criação de zonas de inteligibilidade do movimento singular e histórico de constituição do homem" (Aguiar et al., 2009, p. 69).

A categoria sentido, portanto, implica movimento de síntese, sempre afetiva e cognitiva, em processos vividos pelo sujeito na relação com a realidade social e histórica, por meio da subjetivação dos significados.

Dessa forma, será por meio da significação que o sujeito colocará o novo no social, afirmando seu *status* criativo.

Apresentadas tais considerações sobre sentidos e significados, reunimos subsídios necessários para a tarefa de apreensão da dimensão subjetiva dos processos educacionais.

A DIMENSÃO SUBJETIVA DO PROCESSO EDUCACIONAL

Esses processos, tomados por nós como fenômenos sociais, acontecem na cena social, na qual um conjunto de sujeitos os produzem ativa e dialeticamente, ou seja, transformam a realidade e transformam-se a si mesmos nesse mesmo processo. Vários aspectos podem ser identificados pelo pensamento teórico que pretende compreender e explicar esse fenômeno: relações entre agentes, técnicas e procedimentos de trabalho, a atividade em si de educar, regras, leis, materiais, projetos pedagógicos, espaço físico, aspectos econômicos, ideologia, políticas públicas para a educação e, entre esses aspectos, afirmamos a presença da dimensão subjetiva, para fazer referência ao conjunto de significações que esses sujeitos produzem ou reproduzem e que caracteriza, como todos os outros elementos e em relação com eles, o fenômeno estudado.

Entendemos que com isso estamos criando as condições para expandir nosso conhecimento sobre a totalidade constitutiva dos processos educativos. Para isso, torna-se necessária a retomada da noção de totalidade. Segundo Mészáros (2004, p. 238), "[...] não há fatos isolados, apenas complexos interagentes", e desse modo, ainda segundo o pensamento do autor, para que possamos apreender "a realidade sócio-histórica", temos de transcender a imediaticidade dada pelos fatos isolados, por meio de "uma avaliação totalizante que traga à tona seu 'significado oculto' inerente às suas conexões estruturais gerais, por um lado, e a trajetória histórica das próprias estruturas fundamentais, por outro". Vemos, dessa maneira, a importância de serem considerados nesse processo analítico tanto os elementos da totalidade mais complexa, estrutural e ampla, como as políticas públicas para educação, ideologia, condições sociais e econômicas, até as mediações institucionais; as características da escola, como: população, espaço, normas, valores, propostas pedagógicas, corpo docente etc. Cremos que, dessa forma, reuniremos melhores possibilidades de explicitarmos e explicarmos, por meio das mediações constitutivas do fenômeno, esta dimensão própria da realidade escolar, a sua dimensão subjetiva, de modo a superar explicações idealistas, dicotômicas e a-históricas.

Resta-nos pensar a importância de, no estudo do processo educacional, darmos visibilidade à dimensão subjetiva.

Defendemos a proposição, inclusive por conta da área de conhecimento em que estamos, de que para contribuir com a qualificação da escola e com a melhoria dos processos educativos é essencial que se produza um conhecimento que dê conta da totalidade da instituição/ processo, nos seus mais diversos ângulos e possibilidades, considerando, inclusive seu "devir", suas possibilidades de desenvolvimento.

Vários dos estudos que se seguem, nesta publicação, são esforços para dar esta visibilidade. Mas por que isso é importante? Vários são os argumentos:

Primeiro, a Psicologia rompeu com sua tradição ideológica. Começamos este capítulo retomando e criticando as contribuições da Psicologia à Educação. Apontamos como esta parceira contribuiu para manter o controle e adestrar os sujeitos, encobrindo estas finalidades com um discurso produzido na Psicologia e que enaltecia o indivíduo, ao mesmo tempo que o responsabilizava por seus fracassos. A Psicologia passou a ser mal recebida pelo campo da Educação, afastamento este necessário para que se superasse definitivamente a leitura psicologizante do processo de ensino-aprendizagem. O campo educacional avançou em leituras políticas, de um pensamento crítico sobre as finalidades da Educação; pensou-se como um processo de controle e buscou as formas libertadoras de pensar e realizar a Educação. A Psicologia, em seu campo, fez, por sua vez, o esforço de superar suas visões naturalizadoras e universalizantes. Uma das leituras formuladas foi a da Psicologia Sócio-histórica, que compreendeu a importância e a necessidade epistemológica de pensar a subjetividade como produzida na dialética com a objetividade. Assim, o sujeito da educação e o próprio processo educacional (que é social) acontecem ao mesmo tempo, imbricados, produzindo um ao outro. A realidade educacional possui uma dimensão subjetiva que precisa ser visibilizada.

Segundo, as leituras da realidade educacional tornam-se mais completas e complexas. A dimensão subjetiva do processo educacional traz para a reflexão a dimensão do sujeito, agente do processo educativo, dando visibilidade a produtos de natureza subjetiva, como os afetos, os valores, as significações. Qualquer temática na Educação merecerá, de nossa parte, uma leitura que apresente os conteúdos que caracterizam a presença dos sujeitos no processo. Como pensam a escola? Que importância a escola tem em suas vidas? E o conhecimento que a escola ensina? Como se relacionam com ele? Escola e um bom futuro estão muito relacionados nos projetos dos estudantes: como se dá esta relação? Como percebem esta relação? E os professores, que significações (sentidos subjetivos e significados) constituem sobre seu papel social? Sobre seu trabalho? Que significados constituem sobre seus alunos? Sua prática? Seu trabalho na sociedade? Sua inserção nesta sociedade? Como todos estes aspectos constituem e modificam a realidade escolar e do processo educacional? A dimensão subjetiva da realidade educacional permite compreendê-la incluindo elementos que são subjetivos e que estão ali, aliados e em relação com aspectos objetivos e materiais.

A leitura no campo da Educação ganha contribuições teóricas analíticas que se somam àquelas que vêm, de forma crítica, sendo produzidas; dialoga com elas e as enriquece.

Terceiro, os agentes e os atores educacionais, em instituições ou não, podem lançar mão de um recurso teórico e analítico que organiza e nomeia aquilo que, de certa forma, já se davam conta em seu trabalho cotidiano. Isso quer dizer que a dimensão subjetiva é uma interpretação analítica de uma realidade vivida. Muitos professores/educadores lidam com aspectos subjetivos em suas classes. Não queremos dizer aqui que os docentes lidam com aspectos individuais (isso lidam também). Queremos afirmar que muitos professores/educadores sabem que, no processo que coordenam, há a participação ativa de sujeitos estudantes. Eles sabem que devem esforçar-se por interessar seus alunos, e sabem disso porque conhecem o resultado de um processo em que os estudantes se engajam e se sentem desafiados e estimulados. Ora, estamos falando exatamente da dimensão subjetiva do processo de ensino-aprendizagem. Nesse processo constituem-se valores, afetos, ideias, significações que contribuem no direcionamento das práticas educativas. Os professores/educadores explicam diariamente a seus alunos a importância de aprender, de estudar e de saber. Estão oferecendo elementos para a constituição da dimensão subjetiva do processo de ensino-aprendizagem.

Se os professores/educadores já "sabiam" disso tudo, então por que trazer a categoria para nossos estudos e intervenções? Porque precisamos ajudar os educadores a superarem visões meritocráticas e patologizantes, que responsabilizam apenas o estudante no processo. É preciso ajudar o educador a se entender protagonista no processo e que ele possa ver seus estudantes como parceiros no processo de ensino-aprendizagem. A aula é algo que se constrói junto e não algo que se dá. A ideia de que o professor sabe e ensina e o aluno aprende foi superada por Paulo Freire em toda sua obra. Novas formas de leitura desta realidade, a partir daí, devem ser oferecidas aos educadores. A Psicologia Sócio-histórica pretende, com sua categoria de dimensão subjetiva da realidade educacional, contribuir para este avanço.

REFERÊNCIAS

AGUIAR, W. M. J. Consciência e atividade: categorias fundamentais da psicologia sócio-histórica. In: BOCK, A. M. B.; GONÇALVES, M. G. M.; FURTADO, O. (Orgs.). *Psicologia sócio-histórica (uma perspectiva crítica em psicologia)*. São Paulo: Cortez, 2001. p. 95-110.

AGUIAR, W. M. J.; MACHADO V. Psicologia sócio-histórica como fundamento para a compreensão das significações atividade docente. *Estudos de Psicologia*, Campinas, v. 33(2), p. 7, abr./jun. 2016.

_____; OZELLA S. Núcleos de significação como instrumento para a apreensão da constituição dos sentidos. *Psicologia: Ciência e Profissão*, v. 26, n. 2, p. 222-47, 2006.

_____; _____. Apreensão dos sentidos: aprimorando a proposta dos núcleos de significação. *Revista Brasileira de Estudos Pedagógicos*, Brasília, v. 94, n. 236, p. 299-322, jan./abr. 2013.

_____ et al. Reflexões sobre sentido e significado. In: BOCK, A. M. B.; GONÇALVES, M. G. M. *A dimensão subjetiva da realidade*: uma leitura sócio-histórica. São Paulo: Cortez, 2009. p. 54-72.

BOCK, A. M. B. *Aventuras do barão de Münchhausen na psicologia*. São Paulo: Cortez; Educ, 1999.

CLOT, Y. *A função psicológica do trabalho*. Petrópolis: Vozes, 2006.

CURY, C. R. J. *Educação e contradição*: elementos metodológicos para uma teoria crítica do fenômeno educativo. São Paulo: Cortez, 1985.

FURTADO, O. O psiquismo e a subjetividade social. In: BOCK, A. M. B.; GONÇALVES, M. G. M.; FURTADO, O. (Orgs.). *Psicologia sócio-histórica (uma perspectiva crítica em psicologia)*. São Paulo: Cortez, 2001. p. 75-93.

GONÇALVES, M. G. M.; BOCK, A. M. B. Indivíduo-sociedade: uma relação importante na psicologia social. In: BOCK, A. M. B. (Org.). *A perspectiva sócio-histórica na formação em psicologia*. Petrópolis: Vozes, 2003. p. 41-99.

_____; _____. GONÇALVES, M. G. M.; BOCK, A. M. B. A dimensão subjetiva dos fenômenos sociais. In: _____; _____ (Orgs.). *A dimensão subjetiva da realidade*: uma leitura sócio-histórica. São Paulo: Cortez, 2009. p. 116-57.

LUKÁCS, G. *História e consciência de classe*. Porto: Escorpião, 1974; edição brasileira: São Paulo: Martins Fontes, 2003.

MÉSZAROS, I. *Poder e ideologia*. São Paulo: Boitempo, 2004.

_____. *O conceito de dialética em Lukács*. São Paulo: Boitempo, 2013.

NETTO, J. P. O serviço social e a tradição marxista. *Serviço Social & Sociedade*, São Paulo: Cortez, ano X, n. 30, abr. 1989.

NEWMAN, F.; HOLZMAN, L. *Lev Vygotsky*: cientista revolucionário. São Paulo: Loyola, 2002.

PATTO, M. H. S. O que a história pode dizer sobre a profissão do psicólogo: a relação psicologia — educação. In: BOCK, A. M. B. (Org.). *Psicologia e o compromisso social*. São Paulo: Cortez, 1999. p. 29-35.

SAVIANI, D. O conceito dialético de mediação na pedagogia histórico-crítica em intermediação com a psicologia histórico-cultural. *Germinal: Marxismo e Educação em Debate*, Salvador, v. 7, n. 1, p. 26-43, jun. 2015.

VIGOTSKI, L. S. *A tragédia de Hamlet*: o príncipe da Dinamarca. São Paulo: Martins Fontes, [1915] 1999.

_____. *A construção do pensamento e da linguagem*. São Paulo: Martins Fontes, 2001.

CAPÍTULO 3

Pesquisa colaborativa no Procad:
criação de nova paisagem na cooperação acadêmica

Ivana Maria Lopes de Melo Ibiapina (UFPI)
Maria Vilani Cosme de Carvalho (UFPI)

> *O viver e o pensar de Spinoza refletem-se como força estranha: recusam nomes, não repousam no que já é, criam nova paisagem.*
>
> (MERÇON, 2009, p. 20)

INTRODUÇÃO

A epígrafe retirada da obra de Merçon (2009) incitou a inspiração para a criação do título deste texto e representa o compromisso em discutir possibilidades de criar novas paisagens nas pesquisas de cooperação acadêmica, que se organizam para ser colaborativas e que se apropriam dos princípios da Psicologia Sócio-histórica como definidores de marca diferencial na e para a condução da produção acadêmica de trabalho na interface Educação e Psicologia.

A produção deste capítulo, portanto, representou duplo desafio. O primeiro deles foi entrelaçar a vivência com a Pesquisa Colaborativa e com a Psicologia Sócio-histórica; e o segundo, visitar vários campos de conhecimentos para explicar princípios, procedimentos e conceitos das pesquisas que realizamos.

Ao entrelaçarmos a vivência com a Pesquisa Colaborativa e com a Psicologia Sócio-histórica, fomos descobrindo possibilidades e, assim, criando novas paisagens, que articularam as pesquisas que realizamos há quase 15 anos com as discussões teórico-metodológicas previstas na cooperação acadêmica realizada, desde 2014, entre quatro Instituições de Ensino Superior (IES) associadas: a Pontifícia Universidade Católica de São Paulo (PUC/SP), instituição proponente; o Programa de Pós-graduação em Educação da Universidade Federal do Piauí (UFPI); o Programa de Mestrado em Educação da Universidade do Estado do Rio Grande do Norte (UERN), *campus* Mossoró; e o Programa de Pós-graduação em Educação da Universidade Federal de Alagoas (UFAL). As ações conjuntas dessa rede de cooperação estão sendo desenvolvidas mediante o Programa Nacional de Cooperação Acadêmica (Procad), que "[...] tem por objetivo apoiar projetos conjuntos de ensino e pesquisa, em instituições distintas, que estimulem a formação pós-graduada e, de maneira complementar, a graduada, e também a mobilidade docente e discente" (Brasil, 2013, p. 1).

Para implantação da rede de cooperação acadêmica no âmbito do Procad e das quatro instituições, tecemos ideias sobre a realidade escolar

A DIMENSÃO SUBJETIVA DO PROCESSO EDUCACIONAL

que vivenciamos, sobre a dimensão subjetiva da escola como objeto de estudo e, ainda, sobre princípios teórico-metodológicos, elaboramos e estamos desenvolvendo o projeto intitulado "Tecendo redes de colaboração no Ensino e na Pesquisa em Educação: um estudo sobre a dimensão subjetiva da realidade escolar".[1]

O segundo desafio foi o de visitar campos de conhecimentos epistemológicos, ontológicos, gnosiológicos, axiológicos, pedagógicos e políticos para explicar, nas poucas linhas das quais dispomos, princípios, procedimentos e conceitos na orientação, no planejamento e na execução das pesquisas que realizamos no âmbito dos projetos de pesquisa do Procad. O que torna necessário questionar e trazer à tona possibilidades de transformar sentidos e significados de colaboração e de reflexão crítica nas práticas de pesquisa aceitas como inquestionáveis, tanto pela cultura acadêmica quanto pela cultura escolar.

Postos os esclarecimentos e as preocupações iniciais, objetivamos o duplo desafio de não apenas escrever sobre a Pesquisa Colaborativa e os princípios orientadores dos modos como a realizamos, mas de, também, produzir necessidades que transformem sentidos e significados de pesquisar colaborativamente.

Com a afirmação de Freire (2001) de que mudar é difícil, mas é possível, associada ao nosso sentir, pensar e agir, de que na pesquisa acadêmica essa afirmação é emergente, iniciamos a abordagem pela escolha da organização textual que discute em cinco partes o objeto "pesquisa colaborativa no Procad: criação de nova paisagem na cooperação acadêmica". Na primeira parte, introduzimos a temática, apresentando, justificando e explicando como vamos abordá-la. Na segunda parte, revisitamos as perspectivas de formação docente a fim de produzir novas possibilidades para a colaboração entre professores e pesquisadores. Na terceira parte, discutimos os conceitos *Perejivanie* e *Conatus*, por serem imprescindíveis na compreensão da colaboração entre partícipes e pesquisadores. Na quarta parte, retomamos o conceito de Reflexão Crítica e abordamos o de Zona de Desenvolvimento para explicar como os pressupostos teóricos abordados podem orientar a organização da Pesquisa Colaborativa pelos integrantes da rede Procad — PUC/SP, UFPI,

---

1. Projeto Procad — PUC/SP, UFPI, UERN, UFAL, 2013.

UERN e UFAL, de modo a criar nova paisagem. Na última parte, elaboramos alguns apontamentos conclusivos sob a forma de desafios para reiterar que a perspectiva enfatizada neste texto e a possibilidade real apresentada é a pesquisa-formação, em especial, a Colaborativa, seja no âmbito da cooperação acadêmica ou não.

As escolhas apresentadas indicam o desafio de explicar o movimento dialético de transformação recíproca da atividade de pesquisa em atividade colaborativa e da atividade colaborativa em pesquisa, o que envolve a necessidade de discutirmos método e metodologia, a relação entre o pedagógico e o político, bem como os valores que guiam tal organização e edificam modos de pensar, de sentir e de agir daqueles que vivenciam essas atividades. Assim, demarcamos o campo de discussão a partir de princípios, leis e categorias do Materialismo Histórico Dialético, de Marx e Engels; da Filosofia Monista, de Espinosa; da Psicologia Sócio-histórica, de Vigotski; e da Pedagogia Histórico-crítica, de Saviani, ferramentas mediadoras das discussões e das proposições feitas ao longo do texto.

Com base no referencial exposto, perguntamos: o que precisamos aprender sobre a formação docente para propor a colaboração? Como demonstrar as possibilidades de realizar formação por meio da colaboração em pesquisas de cooperação acadêmica? Quais são os valores que necessitam ser desenvolvidos para a constituição da unidade pesquisa-formação, considerando as potencialidades e os desafios para a realização da Pesquisa Colaborativa no âmbito do Procad?

Para iniciar a discussão, recorremos às perspectivas sobre formação docente com a intenção de demonstrar que a formação crítica pode ser alcançada no desenvolvimento de pesquisas acadêmicas que se debruçam não apenas em falar sobre os professores e sobre as suas vivências pessoais e profissionais, mas, sobretudo, investigar, com eles, essas vivências, considerando suas necessidades em contexto de pesquisa-formação colaborativa.

REVISITANDO SIGNIFICADOS DE FORMAÇÃO E PRODUZINDO NOVAS POSSIBILIDADES PARA A COLABORAÇÃO ENTRE DOCENTES E PESQUISADORES

Revisitando a literatura, encontramos reflexões realizadas por Charlot (2005, p. 81) que situam a preocupação de formar professores que

A DIMENSÃO SUBJETIVA DO PROCESSO EDUCACIONAL

possam enfrentar as novas situações de ensino-aprendizagem no contexto escolar contemporâneo. O referido autor apresenta duas perspectivas pedagógicas mais recorrentes nos processos formativos e que repercutem diretamente no modo como os docentes organizam a atividade educativa na escola.

A primeira perspectiva pedagógica é aquela em que na formação há o predomínio da preocupação em transmitir conteúdos disciplinares, que não permitem aos professores resolver os problemas com os quais são confrontados na atividade educativa. A segunda perspectiva pedagógica apresentada pelo teórico é aquela que proporciona situações formativas de reflexividade e de tomada de consciência das limitações sociais, culturais e ideológicas de forma que as práticas intuitivas e tácitas são questionadas por meio dos procedimentos da reflexão crítica[2] e da unidade teoria-prática.

Na visão de Charlot (2005), essa primeira perspectiva é formativa e carrega a força institucionalizada pelos sistemas educativos que se organizam por meio dos princípios positivistas e tendem a legitimar a razão técnico-instrumental, cujo interesse é produzir contextos de ensino-aprendizagem por intermédio da relação horizontal entre docentes e discentes, entre o que propõe a teoria e o que ocorre efetivamente na prática de ensinar. Para nós, essa perspectiva de formação não possibilita o desenvolvimento da consciência crítica sobre os saberes e as práticas ensinadas e aprendidas no contexto de formação inicial e continuada de professores, tampouco sobre as possibilidades de apropriação e de objetivação desses saberes e dessas práticas no momento de organização e de regulação da atividade educativa.

Segundo Fernandes (1997), na perspectiva técnica e instrumental, o professor reflete e age para solucionar problemas, transpondo para a ação os resultados do conhecimento científico produzido pelos agentes externos, o que o impossibilita relacionar teoria e prática e realizar refle-

---

2. Reflexão crítica é compreendida como a atividade mental, o olhar para dentro de nós mesmos, em que questionamos pensamentos, crenças, a teoria formal e a experiência concreta; e é atividade material, o olhar volitivo para a realidade, o olhar para as práticas reais, em que identificamos as contradições e sobre elas refletimos e refratamos tanto os significados, interpsicologicamente produzidos, quanto os sentidos, intrapsicologicamente formados (Ibiapina, 2012, 2016; Carvalho, 2012, 2013).

xão crítica da e na atividade educativa. Nela, o saber privilegiado no desenvolvimento da profissão docente é aquele prescrito pela ciência e pelas disciplinas do currículo oficial e o processo formativo é organizado para que os alunos dominem os conhecimentos científicos. Por essa razão, há supervalorização do conhecimento teórico em detrimento do conhecimento prático, impedindo a explicitação da unidade teoria-prática.

Como tentativa de superação da formação sustentada na perspectiva técnica e instrumental, a literatura do século XXI cita também aquela que visa ao desenvolvimento de saberes práticos na própria prática de ensinar. Essa perspectiva, segundo Altet (2000, p. 37), contribui para compreendermos o que se passa realmente na sala de aula, tornando o ensino eficaz e a ação docente apropriada para enfrentar circunstâncias imprevistas e complexas que ocorrem na escola. Esse tipo de formação se fundamenta no princípio de que a prática é produtora de saberes e os professores são pesquisadores em ação, apresentando avanços em relação às proposições formativas técnicas, uma vez que retira o docente do lugar passivo de aplicador de teorias ao propor a produção de saberes práticos, decorrentes das experiências de sala de aula.

Autores, entre os quais se destacam Kemmis e Mctaggart (1988), criticam as proposições da perspectiva formativa prática, destacando o excesso que os seus defensores fazem ao rejeitar o valor da teoria e ao supervalorizar os saberes práticos. Destacam também a crítica ao favorecimento da compreensão de que é possível mudar a escola apenas propiciando mudança de individualidades, isto é, modificando-se práticas de "certos professores", que realizam "certas aulas".

Reconhecemos as contribuições da formação técnica-instrumental e da formação prática para a profissionalização docente e a consequente organização do ato educativo, mas consideramos que a formação crítica, conforme também destacou Charlot (2005), é aquela que possibilita formar o professor com capacidade de relacionar teoria e prática. Essa relação torna-se possível porque as reflexões críticas realizadas no desenvolvimento da pesquisa-formação produzem o potencial de reelaboração de conhecimentos e de práticas como condição para que os docentes criem novos fazeres (práticas) que, por sua vez, revitalizam e expandem os saberes produzidos social, histórica e culturalmente (teorias). Consequentemente, os fazeres e os saberes são revitalizados nos processos formativos que ocorrem na pesquisa, provocando transformações nos modos de investigar e de formar.

Em trabalhos anteriores, defendemos que, entre as perspectivas de formação crítica desenvolvida para profissionalizar o professor, a que efetivamente atende às suas necessidades é aquela desenvolvida em atividade de pesquisa. Isso porque o processo reflexivo cria as condições para que os professores compreendam que a docência se nutre da dependência que ocorre entre eles e outros agentes sociais, e a regulação é o que o leva a manter o padrão da docência (cultura profissional), isto é, aproxima todos os professores e os incluem na categoria de docente. Entretanto, é necessário também criar condições que permitam ao professor enfrentar as contradições da prática exercida na escola da sociedade capitalista, o que requer a produção de novos significados e sentidos,[3] novos padrões culturais, novas estruturas conceituais, novas ações e operações que permitam o desenvolvimento vital da docência (Ibiapina, 2012, 2016; Carvalho, 2012, 2013).

Na compreensão que elaboramos das vivências desenvolvendo pesquisa-formação, em especial a Colaborativa, é esse modo de pesquisar-formar para ser colaborativo que permite a organização da formação crítica que ocorre por meio da utilização de pressupostos e de procedimentos da pesquisa científica. Consideramos, pois, a unidade pesquisa--formação e a proposição de considerar as necessidades formativas dos docentes-colaboradores com a intencionalidade de promover reflexão crítica sobre essas necessidades na perspectiva de criar condições para a transformação vital do trabalho de professores, rompendo com as proposições formativas que não contemplam vivências críticas.

---

3. Para Vigotski (2001), os sentidos são a soma de todos os eventos psicológicos que a palavra desperta na consciência dos parceiros, e sua característica fundamental é a fluidez e o dinamismo. Por essa razão, os sentidos se constituem pela instabilidade e são marcados pela singularidade, isto é, representam o movimento que expressa como os significados são internalizados e externalizados por cada ser humano. Os significados são produções sociais de natureza relativamente estáveis, partilhadas pelos homens no processo de apropriação de conhecimentos e de práticas. Essa característica permite a comunicação de geração a geração da cultura de determinada sociedade. Essa perspectiva vigotskiana sobre significado se aproxima da compreensão de Espinosa (2008) de noção comum, porque a produção de noções comuns requer o compartilhamento de significados.

Por essa razão, defendemos a possibilidade de fazer pesquisa produzida com os docentes, em vez de apenas interpretar o que eles falam e fazem no desenvolvimento da sua atividade profissional. Essa mencionada proposição é defendida por outras modalidades de pesquisas, por exemplo, a pesquisa-ação,[4] a pesquisa-ação integral e sistêmica,[5] a pesquisa-ação crítico-colaborativa,[6] entre outras.

Pesquisar-formar na rede de cooperação acadêmica, que se teceu no campo de ação do Procad, torna-se significativo *à medida que* se ampliam as possibilidades de colaborar no desenvolvimento profissional, não apenas dos pesquisadores que compõem essa rede, mas também daqueles que integram as pesquisas desenvolvidas. Essa possibilidade existe porque, como rede acadêmica, o Procad dá condições objetivas e subjetivas às equipes de pesquisar formando docentes e pesquisadores.

Como, neste texto, apresentamos a Pesquisa Colaborativa desenvolvida com base nos fundamentos do Materialismo Histórico dialético, de Marx e Engels (2002); da Psicologia Sócio-Histórica, de Vigotski (1991, 1996a, 1996b, 2001); da Filosofia de Espinosa (2008); e da Pedagogia Histórico-Crítica, de Saviani (2004), passamos a discutir os termos *Perejivanie* e *Conatus* por serem conceitos-chave na explicação do objetivo da colaboração.

DISCUSSÃO DE CONCEITOS-CHAVE NA COLABORAÇÃO: *PEREJIVANIE* E *CONATUS*

Iniciamos pela compreensão da palavra *perejivanie*, que é de difícil tradução. No russo (contexto em que Vigotski a utiliza), o emprego dessa palavra denota situação que provoca fortes afecções ou afetações, o que denominamos de vivência.[7] No sentido morfológico, o substantivo neutro *perejivanie* é composto por duas partes. Assim, se recompormos *pere* e *jivanie*, temos a seguinte compreensão: "transformação vital", "vida

---

4. Conforme proposição de Barbier (2002).

5. Conforme proposição de Morin (2004).

6. Conforme proposição de Pimenta (2006).

7. Na perspectiva vigotskiana, vivência é mais do que experiência. As vivências são afetações que marcam o desenvolvimento humano e transformam qualitativamente a energia vital das pessoas.

em transformação" ou, ainda, "transição vital", "vida em transição". Assim, com *perejivanie*, Vigotski (1991, 1996a) também compreende a unidade cognição-afeto no desenvolvimento humano.

O conceito de *perejivanie* proposto por Vigotski foi inspirado no conceito espinosiano de *conatus*, que significa o esforço para perseverar na existência. Para a Filosofia de Espinosa (2008), tudo o que existe possui um *conatus*, a natureza, os objetos e as pessoas. Segundo esse autor, quanto maior a força conativa, maior o potencial para afastar aquilo que impede a existência e maior são as probabilidades de transformação vital. Compreendemos, pois, *conatus* como o poder existente em cada coisa, natureza e pessoa; o esforço pelo qual a coisa, a natureza, a pessoa (sozinha ou com outras) faz ou luta para fazer o que quer que seja no sentido de perseverar na existência.

Considerando o exposto, todas as coisas e pessoas são dotadas de potência que necessita de condições favoráveis para se desenvolver. Desse modo, nós, seres humanos, tendemos a procurar o bem-estar, isto é, procuramos perseverar, viver em constante transformação vital. Portanto, como afirma Merçon (2009), o *conatus* representa o potencial para a existência humana ético-afetiva e feliz; é o esforço que o ser humano faz para existir e resistir ao que diminui a sua potência vital. O *conatus* humano se atualiza e se amplia nas relações sociais, nas afetações que aumentam o poder de pensar e de agir.[8] Merçon (2009, p. 42) esclarece essa questão, quando pondera:

> Um cavalo, um peixe, um ser humano, ou mesmo dois seres humanos comparados um ao outro não possuem a mesma aptidão para ser afetado: eles não são afetados pelas mesmas coisas, ou não são afetados da mesma maneira pelas mesmas coisas, pois as relações que os compõem nunca são as mesmas.

Nesse caso, nas relações desenvolvidas em processo de pesquisa-formação, a condição de afetar e de ser afetado aumenta o potencial da

---

8. Para Espinosa (2008): as afetações podem ou não aumentar ou diminuir o *conatus*humano. Por exemplo, o afeto é uma afecção que faz variar positiva ou negativamente a potência do agir, isto é, aumenta ou diminui o *conatus*. Nessa perspectiva, todo afeto é uma afecção, porém nem toda afecção é um afeto, porque determinadas afetações não tornam a potência de agir nem maior nem menor. Neste texto, vamos considerar que a afecção positiva na formação crítica do docente ocorre no processo de pesquisa organizado com essa finalidade.

formação crítica e a potência vital para agir em contextos educativos, o que, para Marques e Carvalho (2014), representa a possibilidade de criar "encontros felizes", que carregam o potencial de tornar os professores e os seus alunos mais alegres. Entendemos, assim, com as autoras, que a Filosofia de Espinosa:

> [...] pode nos ajudar a refletir sobre novas possibilidades de tornar o encontro entre professores e alunos na sala de aula momentos de alegria que influenciem potências de educadores e educandos, permitindo assim a cada indivíduo um aprendizado ético e, acima de tudo, feliz (Marques e Carvalho, 2014, p. 46).

Conforme Espinosa (2008), os afetos ativos[9] são oriundos das ideias adequadas, nascem da alegria que aumenta a nossa potência, o nosso *conatus*. É por intermédio dessas ideias que avançamos do estado passivo ao ativo. Nesse caso, quando elaboramos ideias adequadas, a transformação vital tem mais chance de se desenvolver. As relações sociais desenvolvidas na Pesquisa Colaborativa são consideradas afetos ativos que geram ideias adequadas quando se desenvolve a reflexão crítica, que aumenta o poder dos participantes de pensar, de agir e de sentir. Entendemos, assim, que os afetos ativos geradores de ideias adequadas e, portanto, reflexão crítica, são o que Vigotski (1996a) denominou *perejivanie* e o que denominamos colaboração. Considerando a perspectiva em foco, cada pessoa envolvida na Pesquisa Colaborativa contribui para ampliar as possibilidades de compreensão das outras pessoas, bem como aquelas oferecidas pelo social (Moran e John-Steiner, 2003). Nesse caso, para pensar, sentir e agir colaborativamente em processos de pesquisa que visam à formação crítica de docentes, é preciso ter como referência, conforme propõem Marx e Engels (2002), a vida real de docentes, pesquisadores e/ou estudantes e com eles organizar situações de reflexão crítica que permitam a produção de ideias adequadas e a formação da consciência crítica. Essa compreensão está sustentada na concepção de que não é a consciência dos partícipes de uma pesquisa que determina seus

---

9. Conforme Espinosa (2008), os afetos podem ser ativos e passivos. Como os afetos passivos dependem do concurso das coisas exteriores a nós e, geralmente, restringem ou diminuem a nossa condição de existir, destacamos no texto apenas os afetos ativos, porque eles aumentam a condição de vida real dos professores e as possibilidades de transformação do seu trabalho.

A DIMENSÃO SUBJETIVA DO PROCESSO EDUCACIONAL

modos de ser no mundo; ao contrário, são as relações sociais que determinam essa consciência e, por essa razão, elas precisam ser questionadas, para serem compreendidas.

Considerando essa afirmativa, as condições de investigação são produzidas para que os partícipes sejam sujeitos ativos de produção da sua vida pessoal e profissional e tenham condições para mudar e transmudar aquilo de que necessitam para serem mais felizes. Isto é, ao produzirem suas histórias, criam, no transcurso da pesquisa-formação, condições para se transformarem e para transformarem as próprias relações sociais vivenciadas na sociedade e na escola. Tornam-se conscientes das necessidades que os compelem a agir de determinada forma, bem como das causas de suas ações e compreendem a necessidade de produzir ideias adequadas, aumentando o potencial de perseverar.

Três são os pressupostos que orientam a organização da pesquisa-formação, para que sejam atingidos os intentos apresentados. Primeiramente, propomos que o processo de reflexão crítica seja organizado para privilegiar a análise de processos, em vez da análise apenas dos produtos. O que implica compreender o movimento constitutivo do objeto reflexivo. Analisar determinado objeto, considerando esse movimento, significa estudá-lo no processo de mudança, uma vez que somente em movimento ele mostra o que é. Essa compreensão gera explicações que partem do estágio mais avançado do objeto da reflexão, entretanto, recua na história para entender a sua gênese. É assim que compreendemos processo e produto, o objeto em desenvolvimento (Vigotski, 2001).

O segundo pressuposto é de que a reflexão crítica deve ser organizada de modo a revelar as relações dinâmico-causais, reais. O que significa que, em vez de simplesmente enumerar as características externas de determinado processo-produto, é necessário, além de descrever e informar, sobretudo, confrontar e reelaborar, passando da descrição à explicação. O que nos leva ao entendimento de que é preciso conhecer a essência do objeto foco de reflexão, para deduzir a relação entre o universal, o particular e o singular, tanto sob seus aspectos materiais quanto nos seus aspectos cognitivos e afetivos. Para passar da descrição à explicação, é necessário compreender a gênese do objeto, sabendo distinguir a essência da aparência. Esse movimento reflexivo e crítico permite relacionar teoria-prática e distinguir o que é conhecimento científico do que é senso comum (Afanasiev, 1968; Kopnin, 1978; Vigotski, 2001).

O terceiro pressuposto envolve diretamente a reelaboração, ação reflexiva que requer dos partícipes da pesquisa que a reflexão retorne à origem do desenvolvimento do objeto, resgatando-se o processo histórico que o constituiu e detectando-se os produtos que se apresentam como estanques e/ou que, aparentemente, não têm gênese.

Em síntese, a Pesquisa Colaborativa é organizada para promover reflexão crítica que almeja análise, e não avaliação de práticas educativas, não decompondo essa totalidade, que é complexa, em elementos não representativos do todo. O que requer organizar situações reflexivas que permitam reconhecer as propriedades do todo (por exemplo, das práticas educativas) e não as propriedades das partes em separado (ações de sala de aula). Isso significa analisar as propriedades das práticas educativas que se conservam nas salas de aula e a elas constituem como unidades.

A discussão dos conceitos de *Perejivanie* e de *Conatus*, para compreender o potencial da pesquisa-formação, em especial da Colaborativa, faz-nos refletir acerca da possibilidade de os encontros ocorridos e de as ações desenvolvidas no âmbito da Rede do Procad se transformarem em ideias adequadas para metamorfosear a cooperação acadêmica em colaborativa entre as instituições, os docentes e os discentes envolvidos, pois os encontros entre os envolvidos na Rede têm possibilidade de se tornar vivências alegres que aumentam o potencial de existir de todos, tornando-os capazes de desenhar novas paisagens.

Com isso, passamos a discutir como esses pressupostos teóricos podem orientar a organização da Pesquisa Colaborativa pelos integrantes da rede do Procad.

O ENCONTRO COM A PESQUISA COLABORATIVA: NOVA PAISAGEM NO CAMPO DE AÇÃO DO PROCAD

Na Pesquisa Colaborativa desenvolvida no Procad, a vivência dos partícipes coaduna com a compreensão elaborada por Espinosa (2008) do agir ético-afetivo, vez que, na pesquisa-formação, o poder de reflexão e de ação individual é afetado ativamente pelo poder de reflexão e de ação coletiva, isto é, os partícipes agem ativamente de modo a compreender as causas das ideias adequadas, tornando os seus efeitos claros e distintos. Portanto, agem pelas regras da razão, alcançando a essência quando conhecem ativamente as causas de determinado agir e das necessidades que os mobilizam a fazer escolhas na ação. Desse modo, os partícipes agem de forma ético-afetiva, ao formularem ideias adequadas e ao desenvolverem valores e atitudes que aumentam o potencial de existir de todos os envolvidos na pesquisa.

A colaboração consiste, portanto, em provocar afecções positivas e desvelar aquelas que representam fontes de escravidão. Nesse sentido, Espinosa (2008) nos esclarece: agir pela razão é bem saber que tudo deriva da necessidade e acontece segundo as leis e as regras da natureza. Decerto, quem age pela razão nunca encontrará nada que seja merecedor de ódio e de desprezo, tampouco terá compaixão de ninguém; no que compete à virtude humana, esforçar-se-á por agir bem e por ser feliz e fazer os outros felizes.

Nessa ótica, ao refletirem criticamente, os partícipes podem se tornar felizes porque agem pela razão, o que significa ser ativo e ter ideias adequadas, porque se conhece as razões das ideias confusas. É por meio desse conhecimento e dessa vivência que passam a compreender o que os leva a agir de determinada forma e não de outra, e tornam-se conscientes do que os aprisionam, tendo, assim, mais poder para conhecer as causas das ideias confusas e transformá-las em ideias adequadas.

Na Pesquisa Colaborativa, a pretensão de compreender as causas das ideias inadequadas como condição para aumentar a potência de existir ideias adequadas e, logo, de transformar a realidade, é o que representa a essência do trabalho investigativo. Nesse tipo de trabalho, os partícipes, ao refletirem criticamente sobre a realidade em questão, aproximam-se das ideias adequadas, conforme compartilham uns com os outros necessidades e conflitos, negociam as ideias e as práticas, potencializam as suas vidas pessoais e profissionais.

Em síntese, para Espinosa (2008), a potência em afetar e ser afetado, de transformar e de ser transformado, aumenta quando duas ou mais pessoas unem suas forças para a realização de um objetivo comum. Nesse caso, elas terão mais poder para refletir e agir em prol do bem comum, no caso, a formação crítica.

Organizando a pesquisa para que ela proporcione a formação crítica, estamos colaborando com o desenvolvimento de noções comuns (significados) e de ideias adequadas (sentidos), aumentado o poder de afetar e ser afetado e de transformar a energia vital dos partícipes. No processo reflexivo, é necessário demonstrar que, na vida real, somos afetados de muitas maneiras pelas causas exteriores; semelhantemente às ondas do mar, somos agitados por ventos contrários, que nos fazem, às vezes, atuar sem plena consciência das múltiplas determinações constitutivas do fenômeno. Nesse caso, é preciso trazer à tona as causas exteriores, o que diminui o nosso *conatus*, a nossa energia vital. Criar novas paisagens na pesquisa em educação é desenvolver pesquisa-formação. Do mesmo modo, criar novas paisagens no campo de ação do Procad é transformar cooperação acadêmica em colaboração.

Nesse sentido, as escolhas dos procedimentos de pesquisa recaem na possibilidade de reflexão dos conhecimentos, dos significados e dos sentidos, de modo que se possam compreender também as próprias emoções e se passe a agir com vista a superar o que diminui o potencial para existir, tendo consciência daquilo que nos leva a agir de determinada forma e não de outra.

Nesse caso, é primordial dialogar com o conceito Zona de Desenvolvimento em Vigotski (2001), por nos favorecer o entendimento das possibilidades de transformação vital que a pesquisa colaborativa pode promover.

Prestes (2010) nos faz compreender que um dos conceitos vigotskianos mais disseminados e, ao mesmo tempo, mais banalizados, por conta das traduções, é o de Zona de Desenvolvimento. A autora ressalta que as compreensões produzidas na atualidade se fixaram ora na tradução da Zona como Proximal (ZDP) (Vigotski, 1996b), ora como Zona Imediata (ZDI) (Vigotski, 2001). Na compreensão da referida autora, quando se empregam as expressões Zona de Desenvolvimento Proximal ou Zona de Desenvolvimento Imediato não é possível clarificar a condição da instrução (educação) como atividade que pode ou não permitir esse desenvolvimento. Quando o próprio Vigotski (2001) se refere ao objetivo da instrução, ele não determina que esse processo seja garantia de desenvolvimento. Ao contrário, ele afirma que a educação, quando realizada por meio de ações colaborativas entre pares, cria possibilidades para o desenvolvimento, porém, não há garantia definitiva de que essa instrução o gere.

A DIMENSÃO SUBJETIVA DO PROCESSO EDUCACIONAL

Consideramos, assim, que a abordagem desse conceito se conecta aos demais explicitados anteriormente, pois a zona de possibilidade iminente que a Pesquisa Colaborativa produz pode ou não permitir que as conjecturas feitas sobre vivência na pesquisa-formação gerem transformações vitais na prática. Desse modo, sob a égide de Vigotski (2001), entendemos que no processo crítico-reflexivo dessa modalidade de pesquisa deve ser considerado o que o docente é capaz de relacionar naquele momento, mas também o que pode vir a ser (pensar, sentir e agir) após a reflexão; essa ação reflexiva é a que denominamos reelaboração.

O processo reflexivo desenvolvido na pesquisa-formação denota as ações que os partícipes são capazes de aprender a desenvolver no momento da colaboração, e também o que perspectivam ser após as reflexões, isto é o que denominamos, com base em Espinosa (2008), vida em transição.

Nesse caso, relembramos Vigotski (2001) para afirmar que, ao intervir pedagogicamente na zona de desenvolvimento, essa ação ocorre no campo das possibilidades de desenvolvimento e não no campo da obrigatoriedade de sua ocorrência. Isso ocorre porque, ao organizarmos a reflexão crítica, fazendo uso de procedimentos especializados, trabalhamos no campo da possibilidade e não no da obrigatoriedade. A intenção é produzir afetações positivas e a vivência que carrega o potencial de desenvolvimento pessoal e profissional, entretanto, não há garantia de que esse processo ocorra conforme o intencionado, mas é necessário planejar a pesquisa-formação considerando todas as possibilidades de desenvolvimento do *conatus* dos participantes.

Na Ética de Espinosa, os homens se aproximam das ideias adequadas quando as compartilham com outros homens. Nesse caso, ao compartilharem-nas, potencializam a vida, permitindo a produção de ideias cada vez mais adequadas. Os conceitos de ideias adequadas e inadequadas nos remetem à discussão de Vigotski (2001) sobre o processo de significação, no qual significado é a compreensão mais estável, e sentido é a elaboração singular e contextualizada.

A aproximação em foco nos faz enfatizar a função da linguagem crítica na pesquisa-formação, pois a forma de organização da linguagem torna ou não possível a conexão entre os sentidos e os significados, a expansão das ideias inadequadas em ideias adequadas, bem como permite ou não a produção de noções comuns, ou seja, o compartilhamento de significados ocorre somente quando a linguagem é organizada com a finalidade de questionar e de confrontar pontos de vistas, concepções, teorias, valores e práticas.

Na referida perspectiva, o processo colaborativo promove desenvolvimento quando são questionadas as ideias inadequadas (significados e sentidos cristalizados) e são produzidas noções comuns (síntese dos sentidos negociados e significados compartilhados). Em súmula, colaborar implica criar condições de desenvolvimento com o outro, envolver o outro em um processo cognitivo-afetivo de questionar o já instituído e de perspectivar o ainda não constituído por meio da reflexão crítica.

Apresentamos, assim, como o processo de pesquisa-formação pode ser organizado com a colaboração de professores e pesquisadores, os quais objetivam criar condições para que ocorra formação crítica que colabore nas pesquisas do Procad.

O foco da pesquisa demonstra como as vivências são organizadas por parceiros que almejam compartilhar significados sobre práticas educativas que farão parte dos sentidos que os envolvidos negociarão na relação com outros professores nos contextos educativos. Desse modo, os sentidos produzidos colaborativamente, em contexto de pesquisa-formação, são expandidos inter e intrapsicologicamente, estendendo o seu potencial para outras vivências realizadas tanto em processos formativos, quanto em outros contextos educativos formais, como, por exemplo, a sala de aula.

Nesse quadro, os significados compartilhados são mediadores da produção de sentidos inter e intrapessoais, porque trazem à tona contradições provenientes da prática real de professores e desencadeiam a reflexão crítica (Liberali, 2008) e a colaboração (Magalhães e Fidalgo, 2007). Isto é, a pesquisa se constitui em espaço-tempo de formação contínua que promove desenvolvimento tanto aos professores-colaboradores quanto aos pesquisadores (Ibiapina e Magalhães, 2015).

Em outras palavras, a pesquisa colaborativa medeia a formação crítica e promove condições para que haja a negociação contínua de sentidos e a negação da imposição de significados. Assim, contribui para que os questionamentos conectem as necessidades do pesquisador e da pesquisa com as necessidades dos professores e da escola. Desse modo, a pesquisa é desenvolvida por meio da ação questionadora dos partícipes, que discutem e agem fazendo nova história, desenhando novas paisagens, sendo professores e, conforme defendem Marx e Engels (2002), exploram a vida como ela é.

No processo colaborativo, o poder de ação individual de um participante é afetado ativamente pelo poder de ação dos outros participantes da pesquisa-formação, isto é, os partícipes da pesquisa agem ativamente de modo a compreenderem as causas adequadas e os seus efeitos de maneira clara e distintamente. Eles agem movidos pelas necessidades de produzir ideias adequadas e de negociar valores como forma de aumentar o potencial de desenvolvimento de práticas críticas. Nesse processo, há a produção de significados em colaboração, o que supõe a promoção de embates entre os sentidos enunciados, a não aceitação passiva dos conteúdos formativos e, também, a elaboração de questionamentos que desenvolvem a reflexão crítica, conforme propõe Liberali (2008).

Na atividade de pesquisar, portanto, a negociação de sentidos é vivenciada nos procedimentos da reflexão crítica expressos nas ações reflexivas de descrever, informar, confrontar e reelaborar, que instauram as condições para que haja o compartilhamento de significados projetados nas necessidades formativas. Considerando a mencionada perspectiva, professores e pesquisadores produzem uma rede de sentidos e de significados em contexto de pesquisa que amplia as possibilidades de expansão das compreensões teóricas e das práticas docentes; e, notadamente, desenvolvem possibilidades de transformações efetivas dos contextos de atuação docente, bem como dos valores que orientam as ações educativas.

O processo focalizado requer a organização da linguagem crítica como condição para que haja a negociação de sentidos e a produção compartilhada de significados que questionem perspectivas dogmáticas e/ou autoritárias advindas dos significados historicamente cristalizados, trazendo à tona relações sociais que constituem a formação do objeto em estudo. Assim, a denominação de social está relacionada à ideia vigotskiana de que o social se produz em importante componente do desenvolvimento humano, uma vez que nos constituímos por meio das numerosas conexões que estabelecemos com as vivências de outras pessoas.

As relações entre humanos não se formam de forma passiva, elas possuem valor predominante e fundamental no desenvolvimento humano, o que significa que desenvolvemos a capacidade de comunicar os nossos atos (transmiti-los de geração a geração) e também de transformar aqueles que nos foi comunicado, demonstrando que a constituição do social supõe relação dialética entre o interpessoal e o intrapessoal, isto é, desenvolvemos a condição de produzir outros e novos atos a partir daqueles que nos foram comunicados. Para tanto, é necessário levar em conta a indubitável interação entre o interpessoal e o intrapessoal e, conforme Vigotski (1996b, p. 82), considerar que: "A vertente individual se constrói como derivada e secundária sobre a base do social e segundo seu exato modelo".

Nas pesquisas desenvolvidas em nossa rede de cooperação acadêmica no âmbito do Procad, relacionado ao social está o histórico, o qual nos permite compreender que as vivências na pesquisa-formação ocorrem em determinado espaço-tempo, marcado por interesses, valores, necessidades e formas peculiares de ações circunscritas ao contexto material de produção da pesquisa, o que requer compreendê-las como processo e produto das condições históricas. Implica considerar a história de como a reflexão ocorreu (o seu processo de constituição), a história do evento partilhado (pesquisa-formação), bem como a história dos partícipes que criam as relações que se estabelecem nesse evento e que almejam transformações nas e das práticas.

Para que as palavras expostas neste capítulo *não se percam no mundo das* ideias, é necessário considerar, conforme Marx e Engels (2002), que é na prática que o homem demonstra a efetividade e o poder do pensamento. Em face do exposto, apresentamos sugestões que podem ser desenvolvidas no âmbito das pesquisas realizadas no Procad.

Compreender as causas das ideias não adequadas como condição para aumentar a nossa potência de existir é o que une os pesquisadores e professores-partícipes que optam por desenvolver a atividade de pesquisar e de formar considerando o referencial exposto. Essa compreensão também indica que é impossível dissociar os aspectos materiais, por exemplo, a prática docente, dos aspectos mentais e afetivos, por exemplo, os sentidos e os significados produzidos sobre a atividade de pesquisar e de formar.

A interface entre a Ética de Espinosa (2008) e a Teoria de Vigotski (2001) nos orienta na escolha de ações da atividade de pesquisa-formação na e para a realização de investigação no Procad. A compreensão dos significados como produções sociais de natureza relativamente estáveis, partilhadas pelos homens, e a dos sentidos e produções singulares de natureza fluida, que são negociados também entre os homens, aproximam-se da compreensão de Espinosa (2008) de noção comum, porque a produção de noções comuns requer o compartilhamento de significados.

As compreensões do que é sentido e significado instauram a condição de entender as relações vivenciadas por pesquisadores e professores no contexto de pesquisa-formação, uma vez que a investigação é organizada com a finalidade de que as ideias mais estáveis (os significados) se aproximem das mais instáveis (os sentidos), visando à produção de noções comuns partilhadas no decorrer do processo investigativo. Assim, o processo de pesquisar é marcado pela negociação de sentidos que culminam na produção de consensos provisórios, em que os partícipes se relacionam uns com os outros, negociam sentidos, partilham significados, produzem entendimentos comuns e ideias mais adequadas.

Considerando o exposto, professores e pesquisadores produzem, conjuntamente, zonas relativamente mais estáveis de compreensões, bem como promovem a expansão de sentidos que são trazidos à tona na interação social entre os envolvidos. Nesse processo, as ideias inadequadas se desenvolvem por meio da negociação dos sentidos e podem se transformar em ideias adequadas. Em outras palavras, o que ocorre é o compartilhamento de significados e a produção de noções comuns (Espinosa, 2008), que são produzidas no processo interativo entre várias pessoas; na combinação de vários uns, isto é, o "um" que se desenvolve a todo tempo no diálogo com os vários uns (Bakhtin, 2000), em colaboração.

A colaboração ocorre no desenvolvimento da pesquisa-formação, quando cada partícipe contribui para ampliar as possibilidades de compreensão dos outros partícipes, bem como aquelas oferecidas pelo social (Moran e John-Steiner, 2003), o que implica criar condições para que possam compreender as teorias a fim de ter o potencial de transformar as práticas educativas. O que se concretiza por meio da escolha da questão de investigação que seja tanto do interesse acadêmico e dos pesquisadores, quanto do interesse da escola e dos docentes, e que atenda tanto às necessidades destes quanto daqueles.

Adotando perspectiva crítica, as investigações se preocupam em trabalhar a unidade pesquisa-formação como condição para transformar as condições sociais e históricas vividas pelos docentes e pelos pesquisadores, na escola e na universidade, bem como em analisar compreensões, explicar quais os referenciais que orientam as práticas e quais são as possibilidades de transformação de modos de pensar, de sentir e de agir dos agentes educadores, o que ocorre por meio da organização de procedimentos reflexivos.

Considerando o exposto, três são os princípios centrais que fundamentam os estudos e as pesquisas realizadas no âmbito do Procad PUC/SP, UFPI, UERN e UFAL: a unidade pesquisa-formação, compreendida como instrumento-e-resultado da colaboração; as necessidades formativas consideradas como a base da negociação dos sentidos, que produzem compartilhamento de significados; e a reflexão crítica, que cria condições para que haja transformações de pensamentos e de práticas educativas.

Os estudos de John-Steiner (2000) demonstram que a complexidade que envolve a realização de ações colaborativas nas escolas está na superação das zonas de conflitos geradas pela introdução de práticas colaborativas em contextos de trabalho individualizado. O foco da complexidade está em criar possibilidades para que os docentes colaborem criticamente e transformem os contextos de ação individualizada nos quais estão inseridos.

Um dos desafios de pesquisar colaborativamente é, sobretudo, o de romper com os modelos cânones de fazer pesquisa científica em projetos de cooperação acadêmica, além de criar espaço-tempo de ação e de transformação, o que requer questionar a função do pesquisador no processo investigativo que visa tanto à pesquisa científica quanto à formação docente. Autores, dos quais destacamos Kemmis e Mctaggart (1988), ao discutirem a função dos pesquisadores no processo de produção de conhecimentos, salientam a importância de criar comunidades de questionadores que adotem postura crítica sobre a compreensão das teorias e das práticas com os próprios docentes em sua situação de trabalho. Essa é uma das perspectivas que as pesquisas realizadas no Procad (PUC/SP, UFPI, UERN e UFAL) adotam para enfrentar os desafios da produção de conhecimento por meio da pesquisa colaborativa.

Nessa direção, a função do pesquisador é organizar as condições para que os partícipes falem sobre as teorias e as práticas que orientam o desenvolvimento dos seus trabalhos e analisem as estruturas institucionais em que eles são desenvolvidos, bem como realizem interpretações

A DIMENSÃO SUBJETIVA DO PROCESSO EDUCACIONAL

coletivas do quadro político e social em que se inscrevem as ações, considerando a história da situação-problema investigada e dos envolvidos, bem como as relações que determinaram a gênese e o desenvolvimento do objeto em análise.

As pesquisas de Smyth (1992) também indicam que é necessário direcionar na pesquisa acadêmica atenção rigorosa ao ensino e à formação de professores, quando se trata de pesquisar objetos que estão diretamente relacionados às suas vidas pessoais e profissionais. Na perspectiva do autor, é preciso relacionar a prática diária com as realidades sociais, culturais e políticas dentro das quais ela ocorre. No grupo cooperativo do Procad, relacionar prática e realidade implica criar contextos formativos que empoderem os professores para que eles possam compreender sua ação, interpretar a sua inserção na história e na cultura e saber-se capaz de transformar as situações problemáticas vivenciadas na escola, o que é possível por meio da reflexão crítica.

Na perspectiva de Ferreira (2009), a reflexão crítica e a colaboração, quando trabalhadas de forma conectada, criam as condições para que o intento anteriormente mencionado possa ser alcançado. A autora destaca, ainda, que esses processos fazem com que os partícipes da pesquisa compreendam os interesses a que suas ações servem. O que consideramos criar condições para que a transformação ocorra nas interações entre docentes e pesquisadores da Rede PUC/SP, UFPI, UERN e UFAL e para a negociação de sentidos e o compartilhamento de significado. Acrescentamos que é necessário considerar a função da linguagem crítica como instrumento-e-resultado do processo de negociação, isto é, essa linguagem traz à tona contradições que geram processos reflexivos e, consequentemente, a colaboração.

ENCAMINHAMENTOS CONCLUSIVOS

O investimento na formação crítica do professor requer fazer escolhas conscientes que possibilitem responder a questões como: queremos transformar ou manter desigualdades, preconceitos, exclusão, fracasso, infelicidade? Em síntese, como seres finitos e frágeis, podemos permanecer escravos das ideias inadequadas, que diminuem o nosso *conatus* e restringem nossos atos, não permitindo que a vida transite do medo à transgressão. Se assim for, é necessário responder: como a pesquisa pode contribuir para nos tirar da zona de conforto e nos ajudar a refletir sobre as necessidades de nos tornarmos mais do que já somos? Outra pergunta que nos estimula a refletir é a seguinte: queremos ser e permanecer escravos das ideias inadequadas?

As respostas trazem como consequência querer aprender a analisar as práticas à luz das tendências teóricas; e as tendências teóricas à luz das práticas; a refletir sobre os valores que orientam nosso pensar, sentir e agir, e também refletir sobre os modos que nos situamos no mundo, na maneira como afetamos e somos afetados, como transformamos e somos transformados. Isso implica trabalhar uma perspectiva de pesquisa que possa colaborar para que as questões propostas possam ser formuladas e refletidas coletivamente. A perspectiva enfatizada neste texto e a possibilidade real apresentada é a pesquisa-formação, em especial, a colaborativa no âmbito do Procad desenvolvido pelas instituições PUC/SP, UFPI, IERN e UFAL.

Enfim, recolocamos desafios: os pesquisadores do Procad estão dispostos a correr riscos de afetar e se esforçam para perseverar ao organizarem suas pesquisas, isto é, há esforço coletivo para aumentar a nossa condição de fazer pesquisa colaborando para a formação crítica de agentes sociais, sobretudo, de professores.

Sem finalizar, retornamos desafios para todos aqueles que realizam pesquisas colaborativas, seja no âmbito da cooperação acadêmica ou não: educar para viver com os outros, mantendo relações de cooperação, colaboração, solidariedade, tolerância; para além de reconhecer direitos e deveres, é necessário exercer a cidadania crítica; aprender a fazer uso da linguagem crítica para comunicar-se, questionar e dialogar com os parceiros; deslocar o valor supremo dos indivíduos (do eu) ao valor do outro (alteridade); reconhecer que o eu é dependente de outros eus e depende do nós (somos seres de relações); negar a competição como motor da superação humana, negar que o ser humano somente avança quando o outro é sobrepujado; e desenvolver afetos ativos e pensamento e agir críticos.

Muito mais poderíamos discutir, mas precisamos concluir o texto. Para isso, chamamos Fernando Pessoa e, parafraseando esse poeta, recitamos: quando se trata de colaborar, três certezas nos provocam: a de que estamos sempre começando, a de que precisamos continuar e a de que seremos interrompidos antes de terminar. Assim, façamos da interrupção um caminho novo; da queda, um passo de dança; do mundo, uma escada; do sonho, uma ponte; da procura, um encontro feliz, que cria condições de desenvolvimento de pesquisas com potencial de transformar a escola, a comunidade e a sociedade.

Eis o desafio final: na sociedade capitalista, esse potencial pode ser inibido pelas contradições, próprias do real, mas como elas não são eternas e imutáveis, a produção coletiva de conhecimentos e de práticas críticas no âmbito do Procad precisam ser colaborativas, a fim de criar condições objetivas para compreender tais contradições em sua historicidade e produzir mais poder para enfrentá-las com energia vital.

REFERÊNCIAS

AFANASIEV, V. G. *Fundamentos da filosofia*. Rio de Janeiro: Civilização Brasileira, 1968.

ALTET, M. *Análise das práticas dos professores e das situações pedagógicas*. Porto: Porto Editora, 2000.

BAKHTIN, M. *Estética da criação verbal*. São Paulo: Martins Fontes, 2000.

BARBIER, R. *A pesquisa-ação*. Brasília: Plano Editora, 2002.

BRASIL. Ministério da Educação. Coordenação de Aperfeiçoamento de Pessoal de Nível Superior — Capes. *Programa Nacional de Cooperação Acadêmica*. Edital n. 071/2013. Brasília, 2013. 19 p. Disponível em:<https://www.capes.gov.br/images/stories/download/editais/Edital_071_2013_PROCAD.pdf>. Acesso em: 16 jun. 2016.

CARVALHO, M. Vilani C. de. Reflexão crítica e vida cotidiana: mediações para pensarmos a formação crítica de professores. In: ENDIPE — Encontro Nacional de Didáticas e Prática de Ensino, 16. *Anais...* Campinas, 2012. *Didática e práticas de ensino*: compromisso com a escola pública, laica, gratuita e de qualidade. Araraquara: Junqueira & Marin Editores, 2012. v. 1, p. 1-12.

_____. AGUIAR, Wanda M. J. de. Autoconfrontação: narrativa videogravada, reflexividade e formação do professor como ser para si. In: MAIA, H.; FUMES, N. de L. F.; AGUIAR, W. Maria J. de (Orgs.). *Formação, atividade e subjetividade*:

aspectos indissociáveis da docência. Nova Iguaçu: Marsupial Editora, 2013. p. 195-237. Disponível em: <http://marsupialeditora.com.br/livros/formacao-atividade-e-subjetividade>. Acesso em: 26 jun. 2016.

CHARLOT, B. *Relação com o saber, formação dos professores e globalização*: questões para a educação hoje. Porto Alegre: Artmed, 2005.

ESPINOSA, B. de. *Ética*. Belo Horizonte: Autêntica, 2008.

FERNANDES, M. E. A. A formação inicial e permanente do professor. *Revista de Educação AEC*, n. 103, 1997. p. 11-22.

FERREIRA, M. S. E por falar em pesquisa colaborativa. In: BALDI, E. M. B.; FERREIRA, M. S.; PAIVA, M. (Orgs.). *Epistemologia das ciências da educação*. Natal: EDUFRN, 2009. p. 193-208.

FREIRE, P. *Pedagogia dos sonhos possíveis*. São Paulo: Editora da Unesp, 2001.

IBIAPINA, Ivana M. L. de M. Pesquisa colaborativa: atividade de investigação e formação no Grupo Formar. In: _____; LIMA, Maria da Glória S. B.; CARVALHO, M. Vilani C. (Orgs.). *Pesquisa em educação*: múltiplos referenciais e suas práticas. Teresina: EDUFPI, 2012. v. 1, p. 175-84.

_____. Reflexões sobre a produção do campo teórico-metodológico das pesquisas colaborativas. In: _____; BANDEIRA, Hilda M. M.; ARAUJO, F. A. M. (Orgs.). *Pesquisa colaborativa*: multirreferenciais e práticas convergentes. Teresina: EDUFPI, 2016. p. 33-62.

_____; MAGALHÃES, M. Cecília C. Sentidos e significados compartilhados por professores: vivências reais de práticas de colaboração nas pesquisas em educação. In: ALLOUFA, J. M. de L.; GUEDES, N. C.; IBIAPINA, I. M. L. de M. (Orgs.). *Investigação em educação*: diversidade de saberes e de práticas. Teresina/ Fortaleza: Imprece, 2015. v. II, p. 185-206.

_____. Colaborar na pesquisa e na formação docente: o que significa? Como agir? In: SAMPAIO, Marisa N.; SILVA, Rosália de F. (Orgs.). *Saberes e práticas de docência*. Campinas: Mercado de Letras, 2014. p. 397-420.

JOHN-STEINER, V. *Creative collaboration*. New York: Oxford Press. 2000.

KEMMIS, S.; MCTAGGART, R. *Cómo planificar la investigación-acción*. Barcelona: Edición Laertes, 1988.

KOPNIN, P. V. *A dialética como lógica e teoria do conhecimento*. Tradução de Paulo Bezerra. Rio de Janeiro: Civilização Brasileira, 1978.

LIBERALI, F. C. *Formação crítica de educadores*: questões fundamentais. Taubaté: Cabral Editora e Livraria Universitária, 2008.

MAGALHÃES, M. C. C.; FIDALGO, S. The role of methodological choices in investigations conducted in school contexts: critical research on collaboration in continuing teacher education. In: ALANEN, R.; PÖYHÖNEN, S. (Orgs.). *Language in action:* Vygotsky and Leontievian legacy today. Newcastle: Cambridge Scholars Publishing, 2007. v. 1. p. 329-52.

MARQUES, Eliana de S. A.; CARVALHO, M. Vilani C. de. Vivência e afetação na sala de aula: diálogo entre Vigotski e Espinosa. *Revista da FAEEBA* — Educação e Contemporaneidade, Salvador, v. 23, n. 41. p. 41-50, jan./jun. 2014.

MARX, K.; ENGELS, F. *A ideologia alemã:* teses sobre Feuerbach. São Paulo: Centauro, 2002.

MERÇON, J. *Aprendizado ético-afetivo:* uma leitura espinosana da educação. Campinas: São Paulo: Alínea, 2009.

MORAN, S.; JOHN-STEINER, V. Creativity in the making: Vygotsky's contemporary contribution to the dialectic of development and creativity. In: SAWYER, R. K. et al. *Creativity and development.* New York: Oxford University Press, 2003. p. 61-90.

MORIN, A. *Pesquisa-ação integral e sistêmica:* uma antropopedagogia renovada. Rio de Janeiro: DP&A, 2004.

PIMENTA, S. G. Pesquisa-ação crítico-colaborativa: construindo seu significado a partir de experiências na formação e na atuação docente. In: PIMENTA, S. G.; GHEDIN, E.; FRANCO, M. A. S. *Pesquisa em educação:* alternativas investigativas com objetos complexos. São Paulo: Loyola, 2006. p. 25-64.

PRESTES, Z. R. *Quando não é quase a mesma coisa:* análise de traduções de Lev Semionovitch Vigotski no Brasil — repercussões no campo educacional. 2010. 295f. Tese (Doutorado em Educação) — Programa de Pós-graduação em Educação, Faculdade de Educação, Universidade de Brasília, Brasília.

SAVIANI, Dermeval. *Pedagogia histórico-crítica.* Campinas: Autores Associados. 2004.

SMYTH, J. Teacher's work and the politics of reflection. *American Educational Research Journal,* v.29, n. 2, p. 267-300, 1992.

VIGOTSKI, L. S. La consciencia como problema de la psicología del comportamiento. In: _____. *Obras escogidas.* Madri: Visor y Ministerio de Educación y Ciencia, 1991. t. I.

_____. La crisis de los siete años. In: _____. *Obras escogidas.* Madri: Visor, 1996a. t. IV.

_____. *Formação social da mente.* São Paulo: Martins Fontes, 1996b.

_____. *A construção do pensamento e da linguagem.* São Paulo: Martins Fontes, 2001.

PARTE II

Pesquisando a partir da Perspectiva Sócio-Histórica

CAPÍTULO 4

Análise do movimento de produção de uma pesquisa:

A importância da crítica teórica e metodológica para a construção do conhecimento científico e compromissado

Wanda Maria Junqueira Aguiar (PUC-SP)
Raquel Antonio Alfredo (UFPI)
Elvira Godinho Aranha (FEDUC)
Maria Emiliana Lima Penteado (PUC-SP)

INTRODUÇÃO

Tendo como foco de análise uma pesquisa ainda em andamento, neste capítulo, as pesquisadoras objetivam discutir as dificuldades e os desafios enfrentados no próprio movimento de produção da pesquisa. A referida pesquisa tem como finalidade criar zonas de inteligibilidade sobre as mediações constitutivas da atividade docente e dos processos educacionais. Para o recorte analítico apresentado, as pesquisadoras consideram a crítica e autocrítica como princípio metodológico, a não neutralidade da produção científica, as mediações constitutivas da realidade e o compromisso social da pesquisa fundamentada pela psicologia sócio-histórica, neste caso, direcionado para a área da educação. E, ainda defendem como relevante a utilização da categoria dimensão subjetiva da realidade, dada a possibilidade de se criar condições de se produzir, a partir das significações dos sujeitos, sínteses reveladoras dos processos educacionais existentes na escola.

A psicologia da educação, compõe um campo do conhecimento científico que, segundo Antunes (2008, p. 470), "tem como vocação a produção de saberes relativos ao fenômeno psicológico constituinte do processo educativo". Sob a finalidade de contribuir efetivamente com o avanço e desenvolvimento do âmbito da prática pedagógica, os pesquisadores sediados na psicologia da educação produzem análises contundentes sobre os fenômenos educacionais.

A psicologia sócio-histórica, especificamente, na área da psicologia da educação, tem contribuído de modo expressivo na produção de conhecimento sobre os processos educativos. Pois, sob mediação do arcabouço teórico-metodológico do materialismo histórico dialético e de seus desdobramentos pelos precursores da psicologia sócio-histórica, os pesquisadores têm procurado analisar os objetos, processos ou situações, para além da aparência, isto é, explicando as múltiplas relações que os constituem, sempre considerando a necessidade radical da apreensão da gênese das mediações constitutivas das relações e fenômenos ali presentes.

O intuito deste artigo é o de apresentar a análise do movimento de produção de uma pesquisa, intitulada "A Dimensão subjetiva dos processos educacionais", que é desenvolvida, pelos pesquisadores do grupo "Atividade Docente e Subjetividade" da Pontifícia Universidade Católica de São Paulo — PUC-SP, a partir dos pressupostos da psicologia sócio-histórica. Essa pesquisa integra o Programa Nacional de Cooperação Acadêmica — PROCAD (edital n. 071/2013) — Tecendo Redes de Colaboração no Ensino e na Pesquisa em Educação: um estudo sobre a dimensão subjetiva da realidade escolar. O Programa Nacional de Cooperação Acadêmica — PROCAD tem por objetivo apoiar projetos conjuntos de ensino e pesquisa, em instituições distintas, que estimulem a formação pós-graduada e, de maneira complementar, a graduada. Além de estimular, também, a mobilidade docente e discente. O Programa atende ao disposto no Plano Nacional de Pós-Graduação 2011-2020, que prevê ações que visem à diminuição das assimetrias regionais observadas no Sistema Nacional de Pós-Graduação — SNPG.

Os integrantes das equipes envolvidas no PROCAD desenvolvem atividades de ensino e de pesquisa sobre a dimensão subjetiva da realidade escolar, sob a finalidade de promover, reciprocamente, a formação e a transformação do indivíduo e, quiçá, a da instituição escolar. Acredita-se que, também, deste modo, são constituídas possibilidades de análise, bem como, de ampliação da produção das significações de gestores, de professores, de alunos, de funcionários e de pais de alunos sobre a educação, a escola, o ensino e a aprendizagem, dentre outros aspectos constitutivos dos processos educacionais.

Nesta exposição, defende-se a explicitação do processo de ampliação do domínio teórico-metodológico, realizado pelos pesquisadores do Grupo Atividade Docente e Subjetividade (GADS), no embate com a realidade que atuavam, como imprescindível. E, pretende-se explicitar o aprofundamento das discussões e dos avanços obtidos no desenvolvimento teórico-metodológico, que abrangem o processo de pesquisar e produzir conhecimento compromissado com a transformação da realidade escolar. Para tanto, conforme Mézsaros, (2004, p. 307), considera-se o movimento pelo qual o grupo de pesquisa se empenha em "oferecer um quadro para crítica radical", para a crítica alçada a princípio teórico-metodológico.

Postas as considerações iniciais, anuncia-se que esta exposição é constituída por duas seções e pela apresentação das considerações finais acerca do movimento de pesquisa analisado.

Na primeira seção, faz-se um recorte histórico do GADS, apresenta-se o arcabouço teórico-metodológico que fundamenta as pesquisas do grupo e anuncia-se a pesquisa em andamento: "A Dimensão Subjetiva dos Processos Educacionais".

Na segunda seção, são explicitadas as dificuldades e os desafios enfrentados no movimento de produção da pesquisa, destaca-se o valor heurístico da categoria Dimensão Subjetiva da Realidade, evidenciando-se a não-neutralidade da produção científica e o compromisso social da pesquisa fundamentada pela psicologia sócio-histórica.

Nas considerações finais, apresenta-se o momento atual da pesquisa e pondera-se sobre a proposição da categoria Dimensão Subjetiva da Realidade, ressaltando-se que, num processo formativo tal qual o objetivado pelo grupo de pesquisa em foco, pode se favorecer o desenvolvimento e a ampliação da capacidade crítica dos docentes.

O GRUPO DE PESQUISA ATIVIDADE DOCENTE E SUBJETIVIDADE: O SUPORTE TEÓRICO-METODOLÓGICO DA PRÁXIS

O conhecimento produzido na esfera da psicologia da educação, sob mediação dos fundamentos da psicologia sócio-histórica, tem como finalidade criar zonas de inteligibilidade sobre as mediações constitutivas da atividade docente e dos processos educacionais. Pode se afirmar que esse conhecimento é mediado pela consideração da existência do movimento dialético entre objetividade e subjetividade e, também, que se pauta pela noção de que todo sujeito é único e atua constituindo o mundo e, reciprocamente, sendo constituído histórica e socialmente por esse e, nesse mundo. Por isso, pode-se afirmar que a subjetividade, ainda que seja uma síntese individual, ela é, ao mesmo tempo, histórica e social.

Ao pesquisador, que se fundamenta no materialismo histórico dislético e na psicologia sócio-histórica, cabe analisar a realidade em movimento, centrar-se na processualidade do fenômeno em estudo e nas múltiplas mediações que o constitui. O caminho teórico-metodológico percorrido pelo pesquisador viabiliza a apreensão da dialética parte e todo. E, bem por isso, o pesquisador pode superar as armadilhas das análises isolacionistas e a-históricas dos elementos que compõem o objeto, processo ou situações em estudo, analisando-os, então, sob consideração da história, da cultura e da sociedade, nas quais se constituem e são constantemente transformados.

Ressalta-se, como aspecto central que une e motiva o grupo de pesquisa GADS, a necessidade do aprimoramento teórico-metodológico e da produção de conhecimento coerente e crítico, buscando superar explicações retidas no senso comum e nas impressões ideologizadas, próprias da aparência dos fenômenos. Assim, a produção do grupo é marcada por mudanças nas estratégias de pesquisa, na forma de se relacionar com os sujeitos da pesquisa, nos procedimentos de obtenção de informações, na introdução de novas categorias, constituindo um movimento de produção de sínteses teórico-metodológicas.

Desde 2004, a Prof. Wanda Maria Junqueira Aguiar vinha desenvolvendo, com apoio e colaboração do grupo de psicologia sócio-histórica da PUC-SP, pesquisas sobre os sentidos e significados da atividade docente. A partir de 2009, com a aprovação do projeto intitulado "Trabalho docente e subjetividade: aspectos indissociáveis da formação do professor, num edital CAPES/PROCAD, o GADS inaugurou um momento qualitativamente novo, com novas e melhores possibilidades de pesquisa. Um dos objetivos centrais desse novo momento de produção de pesquisa, foi o de dar continuidade às discussões sobre a necessidade de avanço no desenvolvimento das pesquisas realizadas, de modo que contribuíssem, mais efetivamente, com a transformação da realidade docente.

A preocupação anteriormente apontada estava contemplada, no projeto aprovado, pela proposição da Confrontação/AutoConfrontação como procedimento metodológico (Clot, 2010). Dada sua contribuição na produção de informações, naquela oportunidade, este procedimento se constituiu como elemento qualitativo da pesquisa, também, pela criação da possibilidade de se intervir para transformar e de, reciprocamente, transformar-se para intervir. Entretanto, ao longo dos quatro anos, em que o GADS se dedicou à pesquisa anunciada, foram produzidas críticas que culminaram por mobilizar o grupo na direção de produzir reflexões, cuja finalidade era a de contribuir na efetiva superação no processo pelo qual os procedimentos metodológicos eram realizados.

Sem destituir a pesquisa PROCAD/2009 de valor científico e social, concluiu-se que o procedimento metodológico Confrontação/AutoConfrontação possuia um limite próprio de sua especificidade, a restrição do efetivo movimento de colaboração e participação crítico-democrática dos pesquisadores. Constatou-se isso, mais especificamente, quando, mediante sua utilização, pesquisadoras perceberam uma lacuna relacionada com a *práxis* transformadora. Pois, apesar de se apropriarem de aspectos da docência reveladores de fragilidades, o rigor metodológico de objetivar a Confrontação/AutoConfrontação *ipsis litteris,* constituía-se como impedimento à colaboração, participação que poderia se tornar momento de transformação da prática docente.

A partir de 2011, mesmo que de modo ainda embrionário, as pesquisadoras do grupo buscaram um tipo de pesquisa que contemplasse a possibilidade da intervenção na realidade a ser pesquisada e que, assim, pudesse gerar transformações nessa realidade. O grupo, então, tomou como compromisso a ser assumido, aprofundado e, analisado, como possível orientação do processo de pesquisa, o imperativo marxista de que não basta apenas interpretar a realidade, há que se transformá-la (Marx, 1991).

Com o intuito de resgatar tal proposta marxista e torná-la *práxis* do grupo, foram se constituindo mudanças no modo de agir das pesquisadoras, na forma de estabelecer relações com os sujeitos da pesquisa e nos procedimentos para obtenção de informações. Tais mudanças se delinearam melhor à medida da aproximação do grupo de pesquisa a teóricos ligados a Pesquisa Crítica de Colaboração, fato que culminou na adoção de novas categorias.

Destaca-se que a transformação da realidade constituía a finalidade e o foco da investigação, mesmo quando o grupo se utilizava prioritariamente de entrevistas, grupos de discussão ou, outras estratégias grupais como procedimento de produção de informações. Contudo, efetivamente, a transformação da realidade circunscrevia-se, às possibilidades contidas nas consequências do conhecimento produzido na pesquisa.

As discussões sobre as questões apresentadas contavam com a participação do grupo de pesquisa, de modo a impulsionar a emergência de questionamentos, de produção de necessidades de estudo e da formação de novos horizontes para a pesquisa.

Destaca-se como um elemento importante para o desenvolvimento do grupo, a constatação de que a qualidade de uma pesquisa, que se pretenda histórico-dialética, exige e impõe estreita relação entre o planejamento das ações em campo, além de um contínuo compromisso com o processo de reflexão sobre o quê, o porquê do planejamento de algo e, efetivamente, sobre o quê foi realizado. Em outras palavras é necessário uma contínua reflexão, submetida à crítica, alçada como princípio teórico-metodológico, sobre o quê foi feito, como foi feito e, sobretudo, porque foi feito de tal modo. Pois, essa crítica implica a necessária articulação entre suporte teórico e metodologia, considerando sempre, a mediação dos valores éticos que os subsidiam.

Ressalta-se que a *práxis*, firmada como base do processo de transformação, de superação das formas, até então, adotadas, objetivou-se como uma das mediações constitutivas de um longo processo, que é vivido até o presente momento. Esse processo pode ser caracterizado como sendo de busca por diretrizes de ações, cada vez mais, transformadoras, tanto da realidade estudada, de seus constituintes, como dos pesquisadores envolvidos. Assim, foram criadas as condições objetivas/subjetivas necessárias para aproximação com as concepções da pesquisa de cunho interventivo-colaborativo.

Para os pesquisadores, constituiu-se como possibilidade salutar, o fato de que, no processo de pesquisa, os rumos pudessem ser transformados, novas perguntas surgissem e, também, novos recursos pudessem aparecer como necessários. Evidentemente, que, com isso, não se afirma o princípio da desorganização, do improviso, mas, sim, a confirmação de que a realidade se constitui mediante o dialético movimento que encampa, tanto a realidade social pesquisada, quanto da própria produção de conhecimento.

Iniciou-se um processo de estudo e discussão sistemática sobre a Pesquisa Crítica de Colaboração — PCCol, fundamentada em Magalhães (2012) e colaboradores, como um modo específico de se realizar pesquisa aliada à intervenção. A intenção era a de promover reflexões sobre a fundamentação teórica e sobre peculiaridades desse modo de se produzir pesquisa e intervenções, para que, assim, a crítica pudesse ser assumida e objetivada como compromisso.

A participação no atual PROCAD/2014, no desenvolvimento da pesquisa "A Dimensão Subjetiva dos Processos Educacionais", revelou a importância da colaboração crítica, que pode ser evidenciada, mediante a exposição deste recorte do percurso histórico do GADS, no desenvolvimento dessa pesquisa, bem como das apropriações teórico-metodológicas que estão sendo expostas neste artigo.

O processo de ebulição vivido pelo grupo, que se pode denominar de "revolução" (Vigotski, 2000), isto é, de crise de desenvolvimento, de superação e de produção de novas formas de pensar a realidade da pesquisa, reafirmou com mais segurança o eixo temático para a pesquisa "A Dimensão Subjetiva dos Processos Educacionais", exigindo, mais enfaticamente, a mediação da categoria Subjetividade.

Como um ponto especialmente relevante do debate do grupo de pesquisa, principalmente nos anos de 2012, 2013, tendo a opção da aproximação com os referenciais da PCCol como uma das determinações, destaca-se a importância da necessária coerência no ato de pesquisar, a certeza de que só o método garante a objetividade da ciência, neste caso, o materialismo histórico dialético e, ainda que, o compromisso sócio-político da pesquisa se constitui intrínseco ao processo que se realiza.

Afinal, os pesquisadores deveriam apenas questionar a atividade assistida ou, deveriam intervir mais acentuadamente, apontando as possibilidades em relação à atividade realizada? A promoção de espaços, que constituam coletivamente novas formas de agir e, nos quais se propicia um movimento de transformação das significações da atividade docente e da geração de novas necessidades de formação teórico-prática, constitui-se ação ética? O que se entendia e se defendia como transformação? Quais os limites e as possibilidades de promoção de transformações destes espaços?

No processo de reflexão e debate, formado a partir dos questionamentos anteriores, o grupo de pesquisa aproximou sua prática de pesquisa à prática do campo da Pesquisa Crítica de Colaboração, considerando que tal perspectiva assume a clara intenção de intervir na realidade e que, também, compartilha o mesmo referencial teórico de base, a psicologia sócio-histórica, além de ser desenvolvida especialmente em escolas com a intencionalidade de formação.

Destaca-se como essencial, o fato de que todo processo contido na prática de pesquisa deve ser entendido como *práxis*. Como indica Vazquez

A DIMENSÃO SUBJETIVA DO PROCESSO EDUCACIONAL

(2007, p. 259) "a prática não fala por si mesma e exige, por sua vez, uma relação teórica com ela: a compreensão da práxis". A adoção de novos procedimentos, para ser coerente com os fundamentos defendidos, deve ter a *práxis* como elemento essencial.

No conjunto das reflexões citadas, o GADS adotou como forma de conduzir pesquisas educacionais a "Pesquisa Crítica de Colaboração" (Magalhães, 1998/2007), entendida como um recurso metodológico adequado aos objetivos do grupo. Este tipo de Pesquisa, tal como define Magalhães (2012), pode ser entendida como um procedimento teórico-metodológico de pesquisa, desenvolvido na realidade escolar, apoiada no Materialismo Histórico Dialético, mais especialmente, nos trabalhos de Vigotski (2001) sobre Aprendizagem, Desenvolvimento — Zona de Desenvolvimento Proximal.

Nas proposições da Pesquisa Crítica de Colaboração, pesquisa e formação não se confundem, mas, uma não se constitui sem a outra. Os pesquisadores investigam uma questão considerada importante para eles e, também, para os sujeitos envolvidos. O rigor da pesquisa se dá na explicitação do quadro metodológico, no compromisso do pesquisador em criticar sempre sua própria ação e, também, em compartilhar os resultados encontrados. É no espaço de discussão criado pela pesquisa que se dá a formação de todos os participantes, incluindo os pesquisadores (Aranha e Machado, 2013).

A partir da proposta da PCCol, pode-se perceber elementos relevantes para o fortalecimento da relação entre pesquisa e intervenção, que era pretendida pelo GADS. Destaca-se, principalmente, a intencionalidade declarada de intervir na realidade e as orientações de como fazer com que essa intervenção ocorra de forma colaborativa e, não, prescritiva. O compromisso com a colaboração, que pode ser compreendido pela adoção de uma postura de entendimento das necessidades dos participantes da pesquisa, pelo estabelecimento de objetivos comuns e por uma postura de abertura favorável ao processo de aprendizagem de todos os envolvidos no processo de pesquisa, incluindo o pesquisador, em contínua reflexão sobre sua prática de pesquisa, constitui-se como elemento que merece ser destacado e incorporado como constitutivo do referencial teórico-metodológico.

Os espaços de reflexão, organizados durante a pesquisa, se constituem em espaços intersubjetivos, nos quais os envolvidos realizam a atividade de refletir criticamente sobre a realidade escolar, sempre considerando as múltiplas determinações que a constituem. Destaca-se do caráter dialético da reflexão que garante a criticidade com relação ao objeto em discussão, visto que possibilita "apreender as leis sociais e históricas dos fenômenos na sua concretude, nas suas contradições, de modo que os objetos sejam considerados nas suas relações, no seu contexto, na sua totalidade" (Libâneo, 2005, p. 59).

A importância de se desenvolver a crítica, tanto em relação à realidade social, quanto à atividade dos pesquisadores, constituía o processo de realização da pesquisa. No entanto, após um ano e meio (2013, 2014) de atividades junto a uma escola pública de São Paulo, na qual se desenvolvia a pesquisa na perspectiva da PCCol, as dificuldades no enfrentamento das contradições se acirraram, gestando a urgência da constituição do movimento de autocrítica. No grupo, havia a menção da constante sensação de que a realidade "atropelava" os participantes e os pesquisadores. A realidade objetiva/subjetiva oferecia as pistas que, sob mediação da produção de Heller (2008), se tornaram mais claras.

Como afirma a autora, o cotidiano é inescapável, mas, sob mediação do pensamento teórico e metodológico, é possível objetivar "movimentos de suspensão" em que assumimos a crítica radical, em que elementos da realidade são apreendidos no movimento de ascensão do abstrato ao concreto, movimento que se dirige para além da aparência, num processo pelo qual o objeto é analisado à luz da totalidade.

Assim, mesmo imerso neste cotidiano, afetado por ele, considerando a necessidade de refletir e responder às suas exigências, o GADS realizou um esforço de aprofundamento teórico-metodológico, movimento essencial para que não sucumbisse às visões imediatistas e a-históricas e, assim, pudesse apreender as mediações essenciais à compreensão do processo que se constituiu como foco da intervenção e análise. Sob tais mediações, estabeleceu-se a oportunidade da exposição do processo de produção de conhecimento do grupo. Deste modo, os pesquisadores, servindo-se da crítica e da autocrítica como geradoras de teorizações e sínteses, impulsionaram o movimento de superação.

Diante do exposto, evidenciou-se a essencialidade da crítica sobre o desenvolvimento dos estudos realizados no grupo, a fim de se entender o modo pelo qual ocorreu a apropriação do referencial teórico-metodológico e como os pesquisadores têm se servido desse referencial nas práti-

A DIMENSÃO SUBJETIVA DO PROCESSO EDUCACIONAL

cas de pesquisa e quais desafios categoriais se mostravam urgentes. Tudo isso, frente a necessidade de superação das fragilidades teórico-metodológicas do grupo e das contradições percebidas na realidade pesquisada.

A seguir, explicitam-se dificuldades e desafios enfrentados pelos pesquisadores no decorrer da pesquisa, bem como, as possibilidades de superação dessas dificuldades e desafios.

DIFICULDADES E DESAFIOS ENFRENTADOS PELOS PESQUISADORES NO DECORRER DA PESQUISA: AS POSSIBILIDADES DE SUPERAÇÃO

Na tentativa de clarificar as reflexões destacadas da seção anterior, objetivou-se um recorte de uma das intervenções desenvolvidas junto a professores e a análise posteriormente realizada. Compreende-se que, por meio deste recorte, seja possível explicitar o movimento crítico que fundamenta esta escolha.

Na primeira escola participante da pesquisa, denominada Escola Colaboradora 1 (EC1), após uma intensa discussão sobre dificuldades específicas, apresentadas pelos professores sobre como lidar com alguns alunos, ao se indicar possíveis caminhos e reflexões sobre formas de compreender o problema e sua histórica constituição, ouviu-se dos professores o seguinte: "não adianta ficar falando... queremos que nos digam o quê fazer... queremos receita mesmo!!!" (Prof. 1)

Nesse momento, no GADS, perguntou-se: como lidar com uma situação em que se é pressionado a dar soluções prontas em si mesmas e, não, a estimular uma participação crítica? Como partir da realidade apresentada pelo professor, do empírico, de modo a gerar movimentos de reflexão e crítica, destacando o singular e analisando-o à luz do universal. Como, mesmo imersos no cotidiano, pesquisadores e colaboradores podem contribuir na criação de melhores condições objetivas/subjetivas de superação das contradições surgidas no espaço de pesquisa?

Sem a intenção de apresentar, *a posteriori*, as "soluções" para tal situação, lançaram-se algumas pontuações ou, mesmo, sínteses teórico--metodológicas, sempre provisórias e constituídas nas discussões avaliativas e críticas do grupo.

Um aspecto evidenciado, ao longo do processo de análise crítica, foi a importância de se realizar a pesquisa como *práxis*. Sabe-se que muitas são as possibilidades de que, sob mediação do senso comum, o cotidiano conduza os pesquisadores, ao preconceito, tal como expressado, quando os pesquisadores reiteraram, como algo esperado e, óbvio, que "o professor sempre quer receita"; "os professores são assim...", fragilizando, desse modo, o empenho teórico-metodológico dos pesquisadores em negar visões imediatistas e a-históricas da realidade, impeditivas da apreensão das mediações essenciais à compreensão do processo.

Destaca-se que, mediante o quadro apresentado, constituiu-se a necessidade de se apreender, com mais rigor, as significações contidas nas falas dos professores. Isso, exige uma análise mais profunda, durante o processo, fato que, muitas vezes, se torna inviável. As análises desenvolvidas pelo grupo são orientadas pelo procedimento teórico-metodológico intitulado "Núcleos de Significação" (Aguiar e Ozzella, 2013) que, ancorado no materialismo histórico dialético, exige uma aprofundada reflexão sobre as informações.

Destaca-se, ainda que, em consonância com o método, não se pode tomar a "aparência como essência", pois, deste modo, se produz análises aligeiradas, que comprometam as próprias ações futuras da pesquisa. Com isto, afirma-se que o significado, socialmente instituído daquilo que era verbalizado, não bastava como possibilidade de análise. Como ensina Vygotski (2001), é preciso apreender os sentidos historicamente constituídos, "a gênese social do individual", as mediações constitutivas das formas de pensar, agir e sentir daqueles professores em particular.

Sob a finalidade de se apreender a contraditoriedade constitutiva da realidade pesquisada e, das múltiplas determinações, o GADS realizou esforços analítico-interpretativo e, interventivo, buscando, tal como indica Prado Jr. (1980, p. 395), momentos que indiquem "a substituição de um termo (conteúdo) por outro no curso do pensamento conceptual, e isto é a negação". Defende-se que o foco do pesquisador, que adota os pressupostos do materialismo histórico dialético, incida sobre as transições, isto é, sobre o movimento, no qual o sujeito, ao ser afetado pelo novo, questiona-se, pondera e, possivelmente, nega o instituído, transformando-o, ao mesmo tempo em que o incorpora, via superação.

Em face da importância de que os pesquisadores se apropriem da riqueza e da novidade que o singular revela, mas também do risco de,

A DIMENSÃO SUBJETIVA DO PROCESSO EDUCACIONAL

nele, se deter sem explicar sua constituição histórica, sem produzir explicações para além do "caso singular" e suas idiossincrasias e, por isso, sem contemplar as mediações e contradições que o constituem, ressalta-se a necessidade de se criar condições para produção de conhecimento que crie "zonas de inteligibilidade", não, exclusivamente, sobre as significações do sujeito, mas, no caso, sobre os processos educacionais produzidos por esses sujeitos, no movimento multideterminado de subjetivação e objetivação.

Do exemplo já citado, destaca-se um conjunto de mediações, ainda pouco explorado, tanto nas discussões realizadas junto aos professores e à equipe gestora, quanto entre o grupo de pesquisadores. Refere-se à necessidade de discussões acerca das políticas públicas e das próprias condições trabalhistas do momento. Mais uma vez, a reflexão e a objetivação da crítica teórico-metodológica indicam a urgência da apreensão dos múltiplos determinantes da realidade pesquisada.

A realização de uma discussão mais precisa da categoria historicidade, evidenciou a fragilidade do pensamento analítico empreendido pelo grupo na apreensão das mediações constitutivas do real, quando a noção de materialidade e dialeticidade, constitutivas de tal categoria não foram consideradas com a devida radicalidade. Pode-se dizer que à intervenção e à análise, realizadas pelos pesquisadores, não foram consideradas, como elemento da máxima importância, nem as políticas públicas que vigoravam no campo da avaliação, das condições salariais etc., nem tampouco, as condições de trabalho, nas quais os professores se encontravam. Pois, na época deste projeto, os professores do Estado de São Paulo enfrentavam uma situação de greve, que durou 80 dias e resultou em diversos desdobramentos financeiros e sócio-afetivos.

Ao se propor a produção de pesquisa num campo, com as características próprias da realidade educacional brasileira, num cenário em que muito se tem discutido sobre a necessidade de gerar conhecimento contributivo para qualificação do trabalho do professor, não se pode fazê-lo de modo ingênuo ou imediato, pois, a tarefa que se impõe é a de se apreender as múltiplas mediações que constituem a realidade estudada. Oportunamente, resgata-se a tese pela qual Marx afirma que "Toda Ciência seria supérflua se a forma Fenomênica e a essência coincidissem diretamente" (apud Kosik, 2011, p. 17)

Ressalva-se que, mediante o movimento de crítica realizada, a categoria historicidade foi tomada como campo de reflexão e debate pelo grupo de pesquisa. Contudo verificou-se a existência de uma lacuna entre a compreensão da categoria e a capacidade analítica e interpretativa de articulá-la à realidade, de fazê-la penetrar no real, de modo a desvendar as contradições presentes, isto é, de desvelar mediações e os desdobramentos decorrentes desse processo.

Tinha-se o conhecimento de que a greve se constituía como um dos determinantes a ser considerado, que, também, as políticas públicas sempre devem ser analisadas. A complexidade a ser enfrentada estava na necessidade de não se reter a análise no singular professor/educador, deixando-se de apreender as formas e modos como a totalidade, também compreendida pelas políticas e macroestrutura, se apresentava e constituía o singular. A intenção, nem sempre atingida, era de compreender a relação, de se apropriar do movimento constitutivo da totalidade; das políticas, das questões sociais, dos valores, enfim, da cultura, configurada no singular. Isso, sem perder a especificidade do singular, historicamente constituída, apreendendo-a e explicando-a à luz de sua relação intrínseca com a totalidade.

Percebe-se que, no processo de crítica e autocrítica, como a história de vida do professor, sua formação, as condições objetivas da escola, mesmo consideradas pelos pesquisadores, o foram de modo insuficiente. Assim, infere-se que as categorias teórico-metodológicas não devem ser tomadas como retórica, como ilustrativas, têm que cumprir sua função de explicitar e de explicar uma situação em particular, que só se revela via a apreensão e explicação de suas mediações.

Em que se tenha em consideração os postulados de Marx (1978, 1991, 2007, 2011) e, ainda, a afirmação de Prado Jr. (1980, p. 422) de que "os fatos não interessam senão como expressão do seu dinamismo, [...] no seu passado, no seu presente, e, por conseguinte também no seu futuro" (Prado Jr., 1980, p. 422), afirma-se que a finalidade posta, à análise dos fatos realizada pelo grupo de pesquisa, é a de explicar as múltiplas determinações constitutivas das relações objetivas/subjetivas que os compõem, inclusive, em seu devir. Isso, sempre considerando tais relações como historicamente constituídas.

Mediante a compreensão de que o real é contraditório, de que nada é fixo, imutável, defende-se que o pensamento dos pesquisadores também deve se colocar em movimento e seja pensamento deste movimento, seja um pensamento consciente da contradição (Lefebvre, 1980).

A DIMENSÃO SUBJETIVA DO PROCESSO EDUCACIONAL

Ao se retomar os dados sobre o processo recíproco de se fazer pesquisa e intervir, obtém-se condições de se inferir, do movimento analítico realizado, especialmente em relação às intervenções realizadas durante o ano de 2013 e 2014, o quanto a tentativa de se desenvolver a práxis na pesquisa, nem sempre podia ser considerada bem-sucedida. Pois, as ações das pesquisadoras pareciam não convergir para as demandas da escola e dos professores. Presenciou-se o surgimento de concepções pessimistas, paralisantes frente a uma situação que, talvez, fosse inusitada, não esperada pelo grupo de pesquisa. Ao se tomar tais impressões, sentimentos, como eixo de reflexões no grupo, considerou-se oportuna a proposição, ao debate, das noções de desenvolvimento, contradição, crise e transformação. No intuito de iluminar tal discussão recorreu-se a Vigotski (2000, 2001) como o autor que, no campo da psicologia, fornece a base ao referido debate.

Para Vigotski (2000), "todas as funções psíquicas superiores são relações interiorizadas de ordem social, são o fundamento da estrutura social da personalidade" (2000). Como desdobramento destas acepções que, na visão das pesquisadoras, constituem orientações para a análise, o autor afirma: "A tarefa principal de análise é mostrar como se produz a reação individual em ambiente coletivo" (Vigotski, 2000, p. 151). Nesse entendimento, pode-se afirmar que a reação individual se produz na história social.

Sem simplificar a discussão sobre transformação, o autor defende que esta ocorre com a modificação das bases de produção, emocional e material que culminam na reorganização dos sentidos que levam a ação. Salienta-se a relevância de não se perder a noção do processo como um todo em movimento, de que não se pode reter a análise num momento específico ou, somente num dado fragmentário que contribua para que as situações sejam vistas como "fracassadas", como indicativas de que "nada do que foi feito se salvaria".

Vigotski (2000) afirma que seria ingenuidade considerar que revolução e desenvolvimento são processos incompatíveis, que podem ser apreendidos desvinculados um do outro. Para o autor, um processo pressupõe, reciprocamente, o outro, visto que o desenvolvimento humano é processo complexo e dialético, que se caracteriza por complicada periodicidade, fluxos e refluxos das diversas funções psíquicas e, portanto, não se limita às mudanças quantitativas, mas, sim, abrange as transformações qualitativas. É por isso que, em análises mais superficiais, não se vê mais que rupturas, quando a trama histórica parece se romper, quando na realidade ocorrem mudanças e saltos, aparentemente, bruscos.

Em que sejam consideradas as proposições de Vigotski (2000), verificou-se que, algumas situações de crise, tal como a vivida pelo grupo em questão, foram apreendidas afetiva e, cognitivamente, em sua imediaticidade, sem análise aprofundada das mediações que as constituía. Tais considerações são caras por fornecer fundamentos para se refletir sobre o risco de enganos com análises superficiais, que não abarcam o processo constitutivo dos fenômenos, do que decorre ora otimismo e ora, o pessimismo cego.

Nesse caminho, viu-se a possibilidade de análise e explicitação de uma dimensão, sem dúvida, subjetiva, própria dos sujeitos, que vivem e trabalham na escola pesquisada e, também, os que pesquisam a realidade escolar. Todavia, tal dimensão subjetiva contém a objetividade, como elemento constitutivo essencial e, assim, será considerada. Sem que, com isso, se esqueça que a dimensão subjetiva constitui a dimensão da objetividade. Para tanto, recorreu-se a uma nova categoria da psicologia sócio-histórica: a dimensão subjetiva da realidade.

Segundo Gonçalves e Bock (2009, p. 143), a Dimensão Subjetiva da Realidade pode ser entendida como "[...] construções individuais e coletivas, que se imbricam, em um processo de constituição mútua e que resultam em determinados produtos que podem ser reconhecidos como subjetivos". O conhecimento dessa dimensão subjetiva trata de algo que está presente na escola, que constitui professores e que faz parte, é constitutivo da dimensão objetiva. Disso, depreende-se que, quanto mais se pesquisar esses processos constitutivos do professor, mais conhecimento se produz sobre esse professor e a realidade educativa. Realidade complexa, que inclui elementos micros, da singularidade do profissional da escola e elementos macros, como as políticas públicas de formação docente.

Ao se reconhecer a dimensão subjetiva como categoria constitutiva essencial dos processos educacionais, talvez, se possa aprofundar mais nos estudos da realidade dos processos educacionais e, ainda, se possa produzir teorizações mais explicativas, de modo a se constituírem como material, como um tipo de instrumento teórico-metodológico para se propor formação docente.

CONSIDERAÇÕES FINAIS

O propósito deste estudo foi apresentar sínteses teórico-metodológicas produzidas no processo de análise crítica do desenvolvimento dos estudos realizados, com o fito de entender o processo pelo qual os pesquisadores do GADS têm se apropriado do referencial teórico-metodológico, como ele tem sido usado nas práticas de pesquisa, quais são as transformações ocorridas no grupo e, como tais transformações se engendraram.

Destaca-se que as contradições estão presentes no movimento dialético das múltiplas determinações que constituem a realidade, dando-lhe caráter dinâmico e automovente (Cury, 1985, p. 35). Deste modo, afirma-se que é mediante a reflexão da dialética do real, que se conhecerão os objetos, processos e situações, de modo aprofundado e que, só assim, as possibilidades de pesquisa e produção de conhecimento poderão se constituir como práticas compromissadas com a transformação da realidade social, para que se constitua como esfera de desenvolvimento para todos.

Mediante as contribuições teórico-metodológicas, já destacadas, vê-se a possibilidade de uma análise mais criteriosa, não só da "crise" vivida pelo grupo, mas, também, da realidade pesquisada. A fundamentação e a crítica oferecem o caminho para a coerência teórico-metodológica e, para clareza de que, sim, tem-se um compromisso social com a pesquisa, que os pesquisadores não são neutros e que a cientificidade será garantida pelo método, crítico por excelência.

REFERÊNCIAS

AGUIAR, W. M. J.; OZELLA, S. Apreensão dos sentidos: aprimorando a proposta dos núcleos de significação. *Revista Brasileira de Estudos Pedagógicos*, Brasília, v. 94, n. 236, p. 299-322, jan./abr. 2013. Disponível em: <http://rbep.inep.gov.br/index.php/RBEP/article/viewFile/2271/1908>. Acesso em: 12 jul. 2013.

ANTUNES, M. A. M. Psicologia Escolar e Educacional: história, compromissos e perspectivas. *Revista Semestral da Associação Brasileira de Psicologia Escolar e Educacional (ABRAPEE)*, v. 12, n. 2, p. 469-475, jul./dez. 2008.

ARANHA, E. G.; MACHADO, V. C. Contribuições da pesquisa crítica de colaboração para as pesquisas fundamentadas na perspectiva sócio-histórica: um desafio. In: MAIA, H.; FUMES, N. de L. F.; AGUIAR, W. M. J. (Orgs.). *Formação, Atividade e Subjetividade*: Aspectos Indissociáveis da Docência. Nova Iguaçu, RJ: Marsupial Editora, 2013, p. 298-320.

CLOT, Y. *Trabalho e poder de agir*. Tradução de Guilherme João de Freitas Teixeira e Marlene Machado Zica Vianna. Belo Horizonte, MG: Fabrefactum, 2010.

CURY, C. R. J. *Educação e contradição*: elementos metodológicos para uma teoria crítica do fenômeno educativo. São Paulo: Cortez, 1985.

GONÇALVES, M. G. M. e BOCK, A. M. B. A dimensão subjetiva dos fenômenos sociais. In: BOCK, A. M. B. e GONÇALVES, M. G. M. *A dimensão subjetiva da realidade*: uma leitura sócio-histórica. São Paulo: Cortez, 2009.

HELLER, A. *O cotidiano e a história*. Rio de Janeiro: Paz e Terra, 2008.

KOSIK, K. (1963). *Dialética do concreto*. São Paulo: Ed. Paz e Terra, 2011.

LEFEBVRE, H. *Lógica Formal/Lógica Dialética*. São Paulo: Ed. Siglo Veintiuno, 1980

LIBÂNEO, José C. Reflexividade e formação de professores: outra oscilação do pensamento pedagógico brasileiro? In: GHEDIN, E. (Org.) *Professor Reflexivo no Brasil*: questões e crítica de um conceito. São Paulo: Cortez, 2005, p. 59 (53-79).

MAGALHÃES, M. C. (1998). Formação Contínua de Professores: sessão reflexiva como espaço de negociação entre professores e pesquisador externo. In: FIDALGO, S. S.; SHIMOURA, A. S. (Orgs.). *Pesquisa Crítica de Colaboração*: um percurso na formação docente. São Paulo: Ductor, 2007, p. 97-113.

_____. Pesquisa Crítica de Colaboração: Escolhas epistemo-metodológicas na organização e condução de pesquisas de intervenção no contexto escolar. In: MAGALHÃES, M. C. C.; FIDALGO, S. S. (Orgs.). *Questões de método e de linguagem na formação docente*. Campinas, SP: Mercado de Letras, 2011, p. 13-40.

_____. O método para Vygotsky: a Zona Proximal de Desenvolvimento como Zona de colaboração e criticidade criativas In: _____. O método para Vygotsky: A Zona Proximal de Desenvolvimento como zona de colaboração e criticidade criativas. In: SCHETTINI, R. H.; DAMIANOVIC, M. C.; HAWI, M. M.; SZUNDY, P. T. *Vygotsky: uma revisita no início do século XXI*. São Paulo: Andross, 2009, p. 53-78.

MAGALHÃES, M. C. Vygotsky e a Pesquisa de Intervenção no Contexto Escolar: a Pesquisa Crítica de Colaboração — PCCol In: LIBERALLI, F. C.; MATEUS, E.; DAMIANOVIC, M. C. (Orgs.). *A teoria da atividade sócio-histórico-cultural e a escola. Recriando realidades sociais*. Campinas, São Paulo: Pontes, 2012, p. 13-26.

MARX, K. Manuscritos econômico-filosóficos. In: MARX, K. *Manuscritos econômico-filosóficos e outros textos escolhidos*. 5. ed. São Paulo: Nova Cultural, 1991. (Coleção Os Pensadores)

_____. Para a Crítica da Economia Política. In: MARX, K. *Manuscritos Econômico-Filosóficos e Outros Textos Escolhidos*. Trad. José Arthur Giannotti e Edgar Malagodi. São Paulo: Abril Cultural, 1978. (Coleção Os Pensadores)

_____. *A Ideologia Alemã*. Karl Marx e Friedrich Engels; Trad. Luís Cláudio de Castro e Costa. São Paulo: Martins Fontes, 3. ed., 2007. — (Clássicos).

_____. *O 18 Brumário de Luís Bonaparte*. São Paulo: Martin Claret, 2011.

MÉSZAROS, I. *Poder e Ideologia*. São Paulo: Boitempo Editorial, 2004.

PRADO, JR. *Dialética do conhecimento*. 6. ed., São Paulo: Brasiliense, 1980.

SÁNCHEZ VÁZQUEZ, A. *Filosofia da práxis*. 1. ed., Buenos Aires: CLACSO/São Paulo: Expressão Popular, 2007.

VIGOTSKI, L. S. (1934). *A Construção do Pensamento e da Linguagem*. São Paulo: Martins Fontes, 2001.

_____. (1930). O Método Instrumental em Psicologia. (Conferência proferida na Academia de Educação Comunista N. K. Krüpskaia. Do arquivo pessoal de L. S. Vygotsky). In: _____. *Teoria e Método em Psicologia*. São Paulo: Martins Fontes, 2004a, p. 93-101.

_____. (1930). Sobre os Sistemas Psicológicos. In: _____. *Teoria e Método em Psicologia*. São Paulo: Martins Fontes, 2004b, p. 103-135.

_____. Obras escogidas — Tomo III. 2. ed. Madrid: Visor, p. 11-340, 2000. Disponível em:<http://www.colegiodepsicologosperu.org/w/imagenes/biblioteca/archivos/Vygotsky-Obras-Escogidas-TOMO-3.pdf>. Acesso em: 18 out. 2014.

Capítulo 5

A atividade pedagógica vivida na escola:
significações produzidas em iniciação à docência

Júlio Ribeiro Soares (UERN)
Sílvia Maria Costa Barbosa (UERN)
Raquel Antonio Alfredo (UFPI)

INTRODUÇÃO

Neste capítulo, objetiva-se a produção de uma análise histórico--dialética da problemática que abrange a docência como atividade que sustenta, reciprocamente, o desenvolvimento do ser humano e da sociedade humana. Dessa atividade pretende-se — a partir da análise de um conjunto de significações sobre a atividade de iniciação à docência, apreendidas em suas múltiplas determinações — elaborar sínteses teóricas explicativas sobre o processo de iniciação à docência. Para tanto, serve-se do auxílio teórico-metodológico da Psicologia Sócio-histórica, cujos fundamentos encontram sede no materialismo histórico dialético.

Mas antes de expor uma breve revisão sobre o tema em questão, pergunta-se: qual é a relevância social e científica de se discutir a docência, mais especificamente, a iniciação à docência?

Mediante tal questão, constitui-se, como necessidade primeira, a comunicação da concepção de educação que se defende. Afinal, a docência é parte fundamental do complexo da educação.

Para Leontiev (1978), o desenvolvimento das capacidades tipicamente humanas não se efetiva como resultado da relação imediata do ser humano para com a objetividade, num processo determinado, exclusivamente, pela natureza. O desenvolvimento do ser humano está apenas *posto*, contido na objetividade, como possibilidade de vir a ser, como propriedade ontológica. Alfredo (2013, p. 22), fundamentada em Marx (1978; 1989; 2007; 2011) e em Leontiev (1978) defende que, para que o indivíduo se aproprie das possibilidades de desenvolvimento contidas na objetividade natural, ou histórico-cultural, e as objetive como os próprios "órgãos da sua individualidade", ele deve entrar em contato com tal objetividade, pela mediação de outros indivíduos. E diga-se, aqui, que não se trata de quaisquer indivíduos, mas daqueles em condição de mais avançado desenvolvimento, no que diz respeito ao conhecimento das propriedades do objeto do qual se pretende que o aprendiz se aproprie. Assim, se efetiva "o processo educativo como *meio de ação*, como

A DIMENSÃO SUBJETIVA DO PROCESSO EDUCACIONAL

um *meio* de desenvolvimento recíproco do ser humano e da sociedade humana" (*Id., ibid.*, p. 22, grifos da autora).

Destaca-se, ainda, que a análise efetivada com o auxílio dos fundamentos teórico-metodológicos do materialismo histórico dialético não deve prescindir da consideração de que qualquer que seja o processo tomado em estudo sua gênese é sempre radicada no dialético movimento constitutivo das esferas que compõem a totalidade histórico-social, a saber: a esfera do singular, do particular e do universal.

A singularidade explica a síntese resultante da apropriação e objetivação individual de elementos que compõem a esfera universal. Esse processo sintético se movimenta mediante inúmeras relações, que são constituídas a partir da atividade socialmente desenvolvida. A síntese singular se efetiva na particular e específica circunstância histórico-social, na qual o indivíduo se constitui em relações com seus pares e com um amplo e universal espectro de objetivações humano-genéricas. Essas objetivações compõem a acumulação resultante do trabalho desenvolvido no decurso de toda história da humanidade.

Entretanto, o dialético processo explicado pelas categorias singularidade, particularidade e universalidade guarda possibilidades de acirramento das contradições e, em determinados momentos, nele, podem ser objetivados saltos qualitativos que transformam a particular circunstância na qual a vida é vivida, por isso, modifica também o modo de sentir, pensar e agir dos indivíduos. E, a depender desse movimento de transformação, ainda podem ser constituídas transformações no conjunto universal das objetivações humano-genéricas.

O processo educativo, atividade tipicamente humana, guarda transformações histórico-sociais acumuladas como bens universais, por um número infinito de movimentos que gerações precedentes efetivaram entre as esferas do singular, particular e universal, como uma totalidade histórico-social indissociável. Todavia, ainda que na sociedade contemporânea a docência seja concebida como uma profissão essencialmente importante e necessária para sua sustentação e desenvolvimento, subsistem, paradoxalmente, a falta de interesse dos jovens pelos cursos de licenciatura e a desvalorização social da carreira docente.

Em breve revisão de literatura sobre o assunto, destaca-se Souza (2009), Marchesi (2008) e Huberman (2000). No estudo da iniciação à docência, Souza (2009, p. 36) ressalta que esse é um período da vida do professor caracterizado por crises. Isto é, um momento marcadamente cheio de tensões e conflitos no espaço da escola, em geral e, da sala de aula, em específico. Acerca dessa questão, diz: "os dilemas e dificuldades do professor iniciante são causados pela exigência de atuação na resolução de vários problemas". Problemas para planejar, ministrar aulas, elaborar atividades que despertem o interesse do aluno e, tantos outros, que podem interferir negativamente na aula.

Ao ressaltar a importância de que o sujeito tenha um papel sempre ativo frente às crises vividas, Souza (2009) defende que são "imprescindíveis o conhecimento e a reflexão sobre as dificuldades e necessidades específicas do início de carreira (os primeiros 5 anos)". São esses atos de inteligibilidade, desenvolvidos nos primeiros anos de carreira, que permitem, ao professor, a travessia desse período. Atos esses, conforme a autora, desenvolvidos de maneira quase sempre solitária, porquanto esses professores não possam contar, muitas vezes, com apoio institucional ou, até mesmo, dos colegas mais antigos na profissão. Ainda segundo Souza (2009, p. 37), "geralmente, o professor novato fica à mercê da sorte, podendo ou não conseguir superar a fase da adaptação que está confrontando".

Para Marchesi (2008, p. 37), a vida profissional dos professores é constituída de cinco etapas, a saber: "a formação inicial, os primeiros anos, a etapa do conhecimento da profissão docente, o período de maturidade e os anos finais na profissão". Ao incluir a "formação inicial" como uma dessas etapas, diz: "apesar de a história profissional dos docentes começar no seu primeiro dia de aula, é preciso reconhecer, da mesma forma, que o tempo dedicado à universidade é uma fase prévia que, inquestionavelmente, incide em suas vivências posteriores" (*Id.*, *ibid.*, p. 38). O autor enfatiza que o processo de escolha da profissão docente tem como base a expectativa profissional de cada sujeito. Assim, pode-se dizer que, ao assumir uma sala, o sujeito não é completamente alheio ao exercício dessa função. E não se exagera quando se diz que todos os que ingressam na docência sabem, mesmo que o mínimo possível, o que seja o trabalho do professor.

Para concluir esta revisão de literatura, recorre-se a Huberman (2000), que contribui para a compreensão da iniciação à docência como um período marcado por fatos que constituem a entrada na carreira do ma-

A DIMENSÃO SUBJETIVA DO PROCESSO EDUCACIONAL

gistério, o que vem a ser, segundo o referido autor, caracterizada por um estado (ou "aspecto") de "sobrevivência" e outro de "descobrimento", que podem ocorrer concomitantemente. Ao mesmo tempo que o docente iniciante vive uma fase de situações pedagógicas desafiadoras, como dar conta do processo de ensino e aprendizagem e, assim, garantir a sua *sobrevivência* na profissão, não podendo fracassar na atividade, o professor também deve ter consciência de que vive um momento de *descoberta* do que não foi possível aprender no tempo de formação na universidade. Nas palavras do próprio Huberman (2000, p. 39):

> [...] o aspecto da sobrevivência traduz o que se chama vulgarmente de "choque do real", a confrontação inicial com a complexidade da situação profissional: o tactear constante, a preocupação consigo próprio ("Estou-me a aguentar?"), a distância entre os ideais e as realidades quotidianas da sala de aula.

O autor traduz a "descoberta" como "o entusiasmo inicial, a experimentação, a exaltação por estar, finalmente, em situação de responsabilidade (ter a sua sala de aula, os seus alunos, o seu programa), por se sentir colega num determinado corpo profissional". Diante dessas características, que animam o sujeito, Huberman (2000, p. 39) destaca que é o "segundo aspecto que permite aguentar o primeiro".

A importância do estudo desta problemática, cujo objetivo consiste em analisar as significações constituídas por uma professora sobre as atividades pedagógicas vividas na escola no início da carreira docente, está na necessidade de se propor um sistema de explicações que possa, cada vez mais, elucidar as múltiplas determinações da realidade que constitui o modo *como pensa, sente e age* o docente nesse período histórico de desenvolvimento profissional. Por constituir um momento relativamente novo para o professor, considerando que sua história escolar tenha se restringido, até então, à condição de aluno — inclusive, quando do cumprimento das obrigações do estágio curricular, do curso de licenciatura —, o docente iniciante não deixou de estar investido dessa condição. A docência não se constitui por ideias arquetípicas desafiadoras aos sujeitos que, nela, iniciam sua carreira profissional. Partimos do pressuposto teórico-metodológico de que os desafios vividos, nesse período de desenvolvimento, não podem ser *naturalizados* por explicações restritas à descrição, pois são fenômenos constituídos por elementos contraditórios, que merecem ser explicados, a partir da investigação da *gênese* social e histórica que o constitui.

Neste capítulo, parte-se do pressuposto de que a iniciação à docência não deve ser investigada a partir dela mesma, como processo em si. É preciso investigar as circunstâncias particulares, objetivas e, também, os elementos subjetivos relacionados à "opção", ao processo de escolha profissional pela docência. Por isso, neste estudo, resgata-se a oportuna questão sobre o motivo pelo qual um aluno do ensino médio, quando da oportunidade de dar continuidade ao processo de escolarização, opta por um curso de licenciatura, cuja finalidade é a formação para a docência na educação básica.

O estudo da questão destacada anteriormente se torna ainda mais relevante e, igualmente, preocupante quando consideramos o resultado de pesquisas como a de Tartuce, Nunes e Almeida (2010, p. 454), que trata da atratividade de jovens concluintes do ensino médio pela carreira docente. Segundo as referidas autoras,

> O estudo revela que os estudantes, na sua maioria, não têm intenção de ser professor. Ao se formular a questão "Algum de vocês pensa ou pensou recentemente em ser professor?", o "não" foi a resposta automática de muitos, com expressões de rejeição seguidas de desconforto (silêncio, risadas). Passados alguns segundos, vieram as respostas sistematizadas, mais "politicamente corretas", ainda assim, sempre acompanhadas de uma negativa. A rejeição à profissão é ainda mais gritante quando se referem ao pedagogo.

Diversos elementos da particular circunstância, isto é, elementos sociais e históricos constitutivos da profissão, como remuneração, prestígio social e condições de trabalho, convergem para a formação desse tipo de ideia, que tende a distanciar os jovens do desejo de realizarem uma formação universitária voltada para a carreira docente.

Para a grande maioria dos jovens, a escolha por uma carreira profissional não é um processo simples. Ele é constituído, entre outras mediações sociais e históricas, de elementos que dizem respeito desde à suposta liberdade do indivíduo até mesmo os aspectos volitivos que o configuram. Conforme Aguiar (2006, p. 14), "se quisermos apreender o processo de escolha, temos que focar as mediações sociais e históricas constitutivas de tal processo e observar como o sujeito configura tais determinações". Ainda segundo Aguiar, a "discussão sobre escolha só pode ser enfrentada se situada na trama de um debate que considere o histórico, o social, o ideológico e o subjetivo como elementos, ao mesmo tempo, diferenciados e inseparáveis".

No caso específico da escolha pela docência, esta é também mediada por um conjunto de elementos complexos, que se articulam, tensionando a totalidade da forma de sentir, pensar e agir do sujeito. Pela forma como tem sido significada a profissão docente no Brasil, isto é, uma carreira pouco atrativa ou, pode-se dizer ainda, quase sem atratividade, somos instigados a pensar sobre possíveis dramas pelos quais passam os jovens que optam pela docência como carreira profissional.

Afinal, de que forma a opção pela docência é mediada pela suposta liberdade que tem o sujeito, ante suas possibilidades de escolha na nossa sociedade?

Ainda que não se adentre na discussão sobre o conceito de liberdade, a partir de Heller (1991; 2004), destaca-se que o debate acerca de tal conceito envolve desde questões ético-políticas até elementos concernentes à formação da consciência e à constituição de necessidades. Cabe, ainda, a pergunta: a decisão de optar pela carreira docente seria mais difícil que escolher outras profissões?

Em estudo recente acerca da "influência do desempenho educacional na escolha da profissão", Gramani e Scrich (2012, p. 881) destacam que são os alunos com os menores rendimentos escolares em Matemática que, no vestibular, escolhem os cursos voltados a área de formação de professores, como Física e Matemática. As autoras do estudo ressaltam:

> [...] como resultados principais pode-se destacar que os cursos de engenharia têm maior procura e maior número de ingressos em estados com melhor eficiência educacional em Matemática, já os cursos de Matemática e Física (que incluem cursos para formação de professores) têm maior procura em estados com menor eficiência educacional nessa mesma disciplina.

Além de toda a complexidade que envolve a escolha de uma carreira profissional, afirma-se a importância de se considerar a história de vida do sujeito, na atividade da qual participa. No caso do professor, trata-se de como ele vai se constituindo profissionalmente a partir do exercício da função docente, da sua história de vida escolar, de como afeta e é afetado pela atividade da qual participa e dela se apropria, por meio da socialização de significados e produção de novos sentidos.

Em que se considere, como eixo fundamental, a categoria historicidade, defende-se que o modo de sentir, pensar e agir do professor nunca se reduz ao *imediato*, ou seja, às determinações ocasionais do momento em que o fato ocorre. Trata-se de um momento muito mais rico, mediado não apenas pela experiência vivida histórico-socialmente no presente, como também pela apropriação e objetivação do conteúdo histórico-cultural acumulado ao longo da existência da humanidade. Assim, o problema central, que mobiliza a produção deste texto, diz respeito ao processo de constituição do professor na atividade docente, isto é, ao modo pelo qual o processo de constituição profissional do professor é mediado no e pelo movimento da sua história de vida escolar.

INICIAÇÃO À DOCÊNCIA: A CONSTITUIÇÃO DO PROFESSOR

A eleição da constituição do professor em processo de iniciação à docência, como problema de pesquisa, exige fundamentação teórica suficiente à análise e à interpretação de tal processo, de tal modo que se possam compreender os fenômenos que o constituem para além da aparência. Por isso, defende-se que um dos primeiros elementos a ser considerado, nesse processo, é a *totalidade* constitutiva do fenômeno; enfatiza-se que o processo de constituição do professor não é um fenômeno enclausurado *em-si* mesmo, isto é, que ocorre de forma isolada, podendo, assim, ser tomado para análise de maneira *subjetivista* ou *objetivista*, mas deve ser considerado no movimento dialético que articula o *todo* (o processo de constituição do professor) e as *partes* (os elementos constitutivos da atividade docente). E, ainda, há de se considerar que, não obstante esse processo se consolide como um todo em análise, se considerado no movimento constitutivo da sociedade humana, ele se estabelece, simultaneamente, como parte da totalidade histórico-social.

Nessa perspectiva, a referência ao professor incide sobre um sujeito que é dialética e historicamente mediado por diversos *elementos* objetivos

A DIMENSÃO SUBJETIVA DO PROCESSO EDUCACIONAL

e subjetivos, inclusive, aqueles que dizem respeito às suas ações didáticas. Portanto, trata-se de um sujeito que afeta e, ao mesmo tempo, é afetado pela atividade da qual participa em sala de aula.

Ao se apropriar dos significados das ações compartilhadas, o docente *objetiva-se* neles, ou seja, torna-se professor a partir da apropriação dos significados dos diversos elementos constitutivos das ações didáticas das quais participa. Mas não se trata de um processo direto e imediato de *objetivação*. O processo de apropriação e objetivação do significado de uma prática cultural, ou melhor, de uma ação didática, não ocorre na forma *reflexa*, especular, mas é, também, mediado pela história da relação afetiva e simbólica do professor com esse objeto, isto é, pela forma como, singularmente, ele produz significações sobre tal ação.

Como auxílio à incursão sobre essa problemática, parte-se do pressuposto teórico-metodológico de que todo o processo de constituição do humano é mediado pela história. É, pois, na relação com o mundo, produzindo e se apropriando da cultura, que o ser humano vai, dialeticamente, constituindo a *materialidade* das características que o humanizam, tal é o caso do pensamento, da consciência, da memória, de sentidos e significados, da abstração e generalização, das ações e dos afetos.

O ser humano é, portanto, produto e processo da história humana que se faz na atividade social, compreendendo a linguagem como uma das ferramentas fundamentais ao processo de desenvolvimento e recíproca constituição como humano. Por fazer parte de um conjunto de relações complexas, cuja existência é determinada por elementos de contradição, o ser humano carrega as marcas históricas de uma dada conjuntura social.

Por isso, como frisa Lukács (1979, p. 79), "a historicidade implica não o simples movimento, mas também e sempre uma determinada direção na mudança, uma direção que se expressa em transformações qualitativas de determinados complexos". Nesse processo de constituição tanto do homem como da sociedade, a linguagem tem suma importância. Sem ela, a história e, por conseguinte, o próprio processo de humanização do ser humano não se materializariam.

A história carrega as marcas das relações estabelecidas entre os seres humanos por meio do trabalho e da linguagem. De igual modo, também se faz importante frisar que é a partir das necessidades gestadas nas relações sociais, isto é, na atividade entre os seres humanos, que a linguagem vai se constituindo como ato não apenas de comunicação e representação simbólica do mundo, mas também, como bem ressalta González Rey (2003, p. 236), "a linguagem e o pensamento se expressam a partir do estado emocional de quem fala e pensa", ou seja, como mediação do desenvolvimento afetivo e cognitivo.

Considera-se que a categoria historicidade possibilita e fundamenta o entendimento de que o modo de sentir, pensar e agir do professor nunca se reduz ao *imediato*, ou seja, às determinações ocasionais do momento em que o fato ocorre. É nessa perspectiva de estudo, portanto, que este capítulo tem o objetivo de explicitar e discutir os sentidos e os significados constituídos por uma professora do ensino fundamental acerca de sua iniciação na carreira docente, bem como sobre alguns procedimentos por ela utilizados para se desenvolver profissionalmente.

No intuito de explicar a categoria sentido, destaca-se, de Vigotski (2001), a proposição de sentido como uma categoria que se constitui na relação contraditória com os significados, que são produções históricas e sociais, isto é, produções humanas e culturais que "permitem a comunicação, a socialização de nossas experiências" (Aguiar e Ozella, 2013, p. 304). Nessa perspectiva, afirma-se que são os significados que, na realização do pensamento discursivo, possibilitam a comunicação mais universal, pois esta se materializa por meio da generalização da palavra.

Como diz Vigotski (2001, p. 398), a "palavra desprovida de significado não é palavra, é um som vazio". Mas o significado não é apenas um aspecto (externo) da linguagem. Ele é também um aspecto (interno) do pensamento. Por isso, segundo o autor (*Id., ibid.*, p. 398), "generalização e significação da palavra são sinônimos". E pelos significados estarem dirigidos tanto ao pensamento como à linguagem, Aguiar e Ozella (2006, p. 226) afirmam que os significados "contêm mais do que aparentam e que, [por isso,] por meio de um trabalho de análise e interpretação, pode-se caminhar para as zonas mais instáveis, fluidas e profundas, ou seja, para as zonas de sentido".

Comparados aos significados, pode-se dizer que, enquanto estes são mais universais, os sentidos são mais singulares e variam conforme as mediações histórico-sociais presentes na particular circunstância em que cada indivíduo vive sua vida cotidiana. Os sentidos variam conforme cada indivíduo é afetado por tais mediações. Os sentidos são, assim, para cada indivíduo humano, não apenas produtos, mas elementos que compõem processos de significação, que vão se constituindo a partir da apropriação de significados reais que os afetam, que os mobilizam, definindo a sua singularidade. Por isso, os sentidos são mais flexíveis que os significados e dizem mais respeito à singular síntese individual do social.

OBJETIVO E METODOLOGIA

Metodologicamente, este capítulo é resultado de uma pesquisa de campo, cujos dados empíricos foram produzidos inicialmente por meio de análise documental e, em seguida, aprofundados por intermédio de entrevista semiestruturada com o sujeito, a quem se atribuiu a alcunha de *Vera*.

A respeito da pesquisa documental, sua principal característica, segundo Marconi e Lakatos (2009, p. 176), "é que a fonte de coleta de dados está restrita a documentos, escritos ou não, constituindo o que se denomina de fontes primárias".

Tomando o memorial de formação do sujeito como documento de pesquisa, o intuito foi o de produzir dados acerca da sua história de vida escolar, de modo que auxiliassem na investigação sobre as significações constituídas, por uma professora, sobre suas experiências pedagógicas vividas na escola, no início da carreira docente.

Com relação às entrevistas, estas foram realizadas em três sessões, sendo todas do tipo semiestruturada, ou seja, entrevistas que, segundo Lüdke e André (2003, p. 34), são realizadas "a partir de um esquema básico, porém, não aplicado rigidamente, permitindo que o entrevistador faça as necessárias adaptações". Seguindo, então, o preceito explicitado pelas autoras, a primeira entrevista foi realizada a partir de um esquema básico, porém flexível, de questões retiradas do memorial de formação da professora. As questões norteadoras da segunda entrevista foram elaboradas a partir da primeira entrevista. E a terceira teve questões da segunda como sua principal base.

Com relação ao procedimento de análise e interpretação dos dados, tomou-se, como referência, a proposta de núcleos de significação, conforme postulam Aguiar e Ozella (2006; 2013) e Aguiar, Soares e Machado (2015). Para isso, cumpriram-se três etapas. A primeira consistiu no levantamento de pré-indicadores, que ajudam a revelar peculiaridades do processo de significação do sujeito em relação ao fenômeno em estudo. A busca de indicadores, processo esse que se configura pela aglutinação de pré-indicadores, consistiu na segunda etapa da análise. Na terceira e última etapa o procedimento consistiu na articulação dos diversos indicadores, processo esse que resultou na sistematização de alguns núcleos de significação. Mediante os limites impostos por este tipo de publicação, apresenta-se, a seguir, a análise de apenas um núcleo.

VIVÊNCIA PEDAGÓGICA NA INICIAÇÃO À DOCÊNCIA

Inicia-se a discussão dos resultados da pesquisa tecendo algumas considerações acerca do conteúdo dos indicadores constitutivos do núcleo de significação, o qual se denominou *vivência pedagógica na iniciação à docência.*

Para otimização do espaço de publicação, não são apresentados os pré-indicadores que levaram à sistematização do núcleo. Apresentam-se os seguintes indicadores: 1) experiência docente numa escola particular; 2) experiência docente numa escola pública; 3) desenvolvimento da prática docente. O primeiro indicador é constituído da aglutinação de conteúdos relacionados à primeira experiência do sujeito como professora, fato esse ocorrido numa escola particular. Trata, portanto, dos sentidos e significados constituídos, por ela, sobre essa vivência. O segundo indicador, também formado por conteúdos que dizem respeito à carreira docente, trata do início da sua vivência na escola pública. Já o terceiro e último indicador aglutina conteúdos relacionados ao seu desenvolvimento profissional, particularmente, aqueles que dizem respeito a sentidos e significados constituídos na atividade docente a respeito do seu modo de sentir, pensar e agir como professora.

Embora sua *experiência docente numa escola particular* tenha ocorrido logo após ter concluído o 2° grau (habilitação em Magistério), ela diz que não se *sentia* preparada para o que estava fazendo. Por isso, vivenciou muitas dificuldades em sala de aula (grifos dos autores nas falas da professora): *"Logo quando eu terminei o curso, o Magistério, **fui logo traba-lhar** numa escola privada! Eu via que **eu não estava preparada** para o que eu estava fazendo! Eu **sentia muita dificuldade**, muita deficiência!"* E diz ainda: *"**Desde o início da minha prática** pude perceber que [eu] **não esta-va suprindo as necessidades** de sala de aula".*

Seu primeiro ano como professora foi marcado, portanto, por desafios que, em sua opinião, deveriam ser superados. Além de não se sentir preparada para assumir uma sala de aula, diz que também não contava com apoio dentro da escola:

> **Não tive muito apoio por parte dos colegas** de trabalho, porque **uns ficavam desvalorizando os outros. Não havia um clima de trabalho bom,** que um pudesse ajudar o outro. Não havia aquela coisa **daquele que tinha mais experiência passar o que sabia para o colega** que estava chegando. Eu até **me decepcionava** muito, mas **nunca desisti**.

Diante dessa manifestação, infere-se que os desafios vividos na escola, talvez, se constituíssem mais no âmbito afetivo, da relação com seus pares, do que na questão cognitiva, do domínio de conteúdo, inclusive, os pedagógicos.

Embora o sentimento de insegurança para lidar com uma sala de aula e o tipo de relacionamento pouco amistoso entre os colegas de trabalho, dentro da escola, tenham lhe afetado de alguma forma, ela não pensou em desistir da carreira docente. A sala de aula era um desafio a ser enfrentado, mesmo que, para isso, contasse com pouca ajuda da escola. Diz que impôs a si algumas medidas disciplinares: *"Comecei a **es-tudar**, comecei a **ler**, mesmo só, **me virando em casa!** Quando eu tinha alguma **dúvida**, eu **procurava a orientadora** da escola... E assim fui **enfrentando** isso tudo!"*

Para esse enfrentamento, contava com um importante instrumento de mediação, os afetos constituídos acerca do que é ser professora. Em outras palavras, era a forma pela qual significava a dimensão ética da docência que a motivava a enfrentar os desafios vividos na atividade docente. Ao impor controle disciplinar a si mesma, para superar os obstáculos vividos na escola, dava sinais de que havia vontade de continuar na carreira docente.

No entanto, onde estaria a gênese dessa vontade? Como essa vontade foi se constituindo no sujeito?

Em que se considere a dimensão histórico-dialética que constitui cada indivíduo como ser humano, não se pode esquecer que a síntese da existência só pode ser explicada mediante a apropriação dos elementos de contradição que a configuram, ou seja, é nas antíteses que está a possibilidade de explicação da síntese. Assim, além de satisfazer a necessidade de ter um emprego e garantir a sua sobrevivência, foi a partir da necessidade de enfrentar os desafios vividos na docência que a vontade de ser professora foi se constituindo como motivação, isto é, que suas diversas formas de sentir, pensar e agir como docente foram sendo significadas, tornando-se cada vez mais conscientes. Pode-se dizer que os desafios se constituíam, de certo modo, como impeditivos da docência. Todavia, mediante a contraditoriedade contida na formação histórico-social da professora, tais desafios são transformados em motivos para a ação. Nesse processo, se reorganiza uma síntese que possibilita explicar o modo pelo qual a professora enfrenta, conscientemente, os obstáculos que se apresentam.

Para Vera, a atuação, no ano seguinte, em sala de aula foi menos complicada que no ano anterior. E diz: "No *ano seguinte, as coisas estavam melhores, já tinha mais experiência e isso ajudou* bastante [em sala de aula]". Com isso, evidencia o papel da experiência prática no processo da sua formação docente. Neste capítulo, não se defende uma supremacia do conhecimento prático, mas a necessidade de articulação entre o conhecimento prático e o teórico no processo de formação do sujeito.

A partir dos estudos de Vázquez (2007), Carone (2004) e Saviani (1997), ressalta-se que o conhecimento teórico desvinculado da realidade se torna vazio. E a suposta pura prática, aquela desvinculada da teoria, da reflexão, dificilmente alcança a realidade em sua totalidade, em suas relações complexas.

Depois de trabalhar por cinco anos numa escola particular, Vera ingressou, por meio de concurso de provas e títulos, numa escola pública como professora efetiva. Para discutir esse assunto, tomam-se os conteúdos temáticos (pré-indicadores) que se referem a sua *experiência docente* na *escola pública* como um indicador deste núcleo.

A DIMENSÃO SUBJETIVA DO PROCESSO EDUCACIONAL

Um dos primeiros fatos, ressaltados por ela acerca de sua experiência inicial na escola pública, está relacionado às possibilidades de trabalho. Vera destaca que, assim como anteriormente, na escola pública também passou por alguns desafios. Eis o que ela diz:

> Quando comecei a **trabalhar na escola pública**, senti muita **dificuldade para desenvolver um trabalho** satisfatório. **Não tinha material** pra gente trabalhar com os alunos, **não tinha equipe pedagógica**. A gente **não tinha a quem recorrer** quando tinha alguma uma dificuldade... **não tinha nada**. Foi muito difícil.

Além da insuficiência da escola que, para ela, não propiciava uma boa condição de trabalho, ainda destacou a sua relação com o curso de 2º grau em Magistério: "*O que eu havia **aprendido no magistério não supria mais as minhas necessidades** de sala de aula. Então, resolvi **partir em busca de alternativas** para **melhorar** como professora*". Essa fala indica que ela sentia uma necessidade. Não uma necessidade, apenas, de sobrevivência, mas de poder melhorar como profissional.

Foi, portanto, na relação com o trabalho que ela resolveu agir. Como já havia feito antes, o estudo foi a sua principal estratégia: "*Primeiro comecei **estudando sozinha**; depois, passei a **participar de vários cursos de capacitação** de professores*".

Por se interessar pelos estudos, suas mudanças parecem ter sido mais rápidas. As crises vividas, tanto na escola particular como na pública, parecem ter mediado as suas escolhas. Fazendo uso de algumas estratégias de ação, suas dificuldades parecem ter sido superadas mais facilmente. Sobre essa questão, ela ressalta:

> À medida que os **cursos** iam sendo realizados, **sentia uma maior preparação como educadora**. Percebia também que **o ambiente escolar havia melhorado**, tanto a **aprendizagem deles**, dos alunos, como a maneira como conduzia **as minhas aulas havia melhorado**.

Ao falar da sua prática, traz à tona vários momentos vividos em sala de aula. Por isso, neste núcleo, o *desenvolvimento da prática docente* é também um indicador cujos conteúdos podem ajudar por meio do esforço de análise e interpretação, na apreensão do seu processo de constituição docente.

No conjunto dos vários fatos peculiares que são reveladores do seu movimento na atividade como professora, convém destacar, por exemplo: *"No início da minha carreira eu me **baseava muito nos meus antigos professores** assumindo uma **postura bem tradicional**"*. Ao mesmo tempo, afirma: *"Hoje **não ignoro** esses professores, mas **não quero ensinar da mesma forma** que eles me ensinavam"*.

De acordo com a fala anterior, pode-se dizer que não há predomínio da permanência na prática dessa professora, mas de movimento, de transformação. Destaca-se o fato de que só o início de sua carreira foi baseado na prática de seus antigos professores, cuja postura — diz ela — era tradicional. Por que não continuou seguindo o modelo pedagógico de seus antigos mestres? Para responder a essa questão, retomam-se as necessidades gestadas por ela na atividade escolar.

Por meio do esforço de análise e interpretação de suas necessidades, ou seja, do estado de carência que a afetava, infere-se que passou a se dar conta de que sua prática já não mais correspondia a algumas questões pedagógicas das quais havia se apropriado. Isso quer dizer que ela não estava satisfeita com a sua própria prática.

Para satisfazer essa necessidade, passou a estudar, mesmo sozinha, e participar de cursos de capacitação de professores. Mas o seu grande sonho, aquele no qual acreditava que poderia ajudar-lhe a constituir-se como uma nova professora, foi o ingresso na universidade, para cursar Pedagogia. Esse sonho, mediado por muita luta, tornou-se possível, mas também tinha consciência de que era mais um desafio a enfrentar em sua vida.

Logo ao entrar no curso, deu-se conta de que poderia ser uma professora bem melhor: *"Logo no início do curso **percebi que a minha prática podia melhorar** muito mais. Eu fui pra faculdade **muito entusiasmada**. E acho que **fiquei muito mais** quando cheguei lá pela **primeira vez!**"* O que parece ter determinado essa sua felicidade foi, sobretudo, o fato de ter realizado o sonho de ingressar na universidade.

Ao longo do curso, ainda passou a constituir outras significações, como o caso da convivência com colegas que, para ela, era algo muito valioso:

> O **contato com outros colegas**, que também eram professores, assim como eu, que ensinam crianças do ensino fundamental, foi **extremamente válido por causa da troca de experiência**, de poder falar uma pra

outra sobre **o que fazia na sala de aula**, *sobre* **as dificuldades que a gente sempre tem** *no dia a dia como professor.*

Por significar o curso dessa forma, diz que, hoje, a sua *"prática é muito diferente da prática de antigamente!"*

No intuito de ressaltar essa mudança, destaca fatos que, "hoje", caracterizam o seu modo de agir:

Passei a *desenvolver trabalhos em sala de aula* **partindo das situações--problema dos meus alunos, passei a** *desenvolver projetos diante das* **situações-problema** *e* **resgatar os conhecimentos prévios** *dos alunos, passei a* **trabalhar valorizando muito mais a realidade** *dos meus alunos.*

Essa fala revela, portanto, que o seu processo de constituição como professora, o seu desenvolvimento profissional, foi se constituindo, também, pela mediação da sua formação universitária.

CONSIDERAÇÕES FINAIS

Tecem-se, então, algumas breves e finais considerações. A primeira diz respeito ao fato de não se utilizar de amostragens para análise. Tanto por ser assim, a escolha do sujeito participante da pesquisa se deu durante o próprio processo de pesquisa, de forma livre e aberta. Qualquer professor do ensino fundamental poderia participar desse estudo. Convém ressaltar a afirmação de que cada indivíduo humano singular constitui, e tem constituída, a sua forma de sentir, pensar e agir sob mediações presentes na particular circunstância em que vive. Essas mediações constituem suas motivações que são, ao mesmo tempo, relativas ao seu singular modo de sentir, pensar e agir, à particular circunstância onde vive e às objetivações que compõem o conjunto universal de objetos e processos histórico-culturais, que acumulam, em si, o desenvolvimento histórico-social de toda humanidade. Assim, o fato de se tomar, para pesquisa, apenas um sujeito não implica a negação da dimensão social (coletiva dos homens) como constitutiva do sujeito escolhido, como ser singular. Isso, porquanto, a categoria singularidade revele e explique, pois o processo recíproco de constituição movimenta elementos constitutivos e constituintes da dimensão social que, mesmo sendo particular e universal, é subjetivada e objetivada no modo singular de sentir, pensar e agir dos seres humanos.

Outra consideração que, inclusive, se vincula àquela anteriormente mencionada, trata do que seja a generalização dos resultados desta pesquisa. Sob mediação das proposições de Aguiar (2001, p. 139), reitera-se que "a generalização se define pela capacidade explicativa alcançada sobre uma diversidade de fenômenos". Assim, mediante o movimento dialético que caracteriza a realidade social, afirma-se que a generalização não significa propriamente a transferência de resultados do estudo de um problema para outro semelhante.

Não obstante se ressalte a importância da experiência didática no processo de constituição da professora, alerta-se que, sob mediação do Materialismo Histórico Dialético e da Psicologia Sócio-histórica, neste capítulo, a experiência não se reduz à prática, mas a articula ao processo, historicamente constituído, do sentir, pensar e agir. Pois, embora já tivesse formação em magistério, para Vera, isso ainda não era suficiente para se sentir e se definir como "apta" ao exercício da docência.

Conclui-se que sua formação *não se completou* na atividade de sala de aula, pois o humano nunca se completa. Como diz Vigotski (2004, p. 69), "cada minuto do homem está cheio de possibilidades não realizadas". No entanto, não se pode deixar de ressaltar que foi na experiência de sala de aula, vivenciando e sentindo o movimento de determinações específicas da profissão, que novas necessidades e motivações passaram a constituir Vera como professora.

Ressalta-se que o constante resgate da categoria mediação, no movimento de esforço analítico-interpretativo, fez-se importante para que se pudessem apreender elementos constitutivos do modo de sentir, pensar e agir de Vera, não como simples produto arbitrário da história, como se fosse determinada de modo direto, pela particular circunstância onde vive, já que, como sujeito ativo, Vera também produz a história que vive. Assim, se afirma porque, ao atuar sobre a realidade, cada indivíduo pode, coletivamente, transformar a particular circunstância em que vive e, ao mesmo tempo, em que transforma a si e a seus pares, sendo reciprocamente transformado e, ainda, transformando essa particular circunstância, na qual se relaciona também com as objetivações histórico-

-culturais. É, portanto, nesse movimento dialético, no qual o *todo* e suas *partes* se articulam, nesse movimento histórico-social, em que o sujeito se constitui e é constituído, que ele, sempre, inicia um novo momento de sua existência.

REFERÊNCIAS

AGUIAR, Wanda M. J. A pesquisa em psicologia sócio-histórica: contribuições para o debate metodológico. In: BOCK, A. M. B. et al. (Orgs.). *Psicologia sócio-histórica:* uma perspectiva crítica em psicologia. São Paulo: Cortez, 2001.

_____. A escolha na orientação profissional: contribuições da psicologia sócio--histórica. *Psicologia da Educação,* n. 23, p. 11-25, 2006, *on-line.*

_____; OZELLA, Sergio. Núcleos de significação como instrumento para a apreensão da constituição dos sentidos. *Psicologia, Ciência e Profissão,* v. 26, n. 2, p. 222-45, 2006, *on-line.*

_____; _____. Apreensão dos sentidos: aprimorando a proposta dos núcleos de significação. *Revista Brasileira de Estudos Pedagógicos,* Brasília, v. 94, n. 236, p. 299-322, jan./abr. 2013.

_____; SOARES, Júlio Ribeiro; MACHADO, Virgínia Campos. Núcleos de significação: uma proposta histórico-dialética de apreensão das significações. *Cadernos de Pesquisa,* v. 45 n. 155, p. 56-75, jan./mar. 2015.

ALFREDO, R. A. *Análise da Pedagogia de Makarenko por Lukács e a Relação entre o Processo Educativo e o de Desenvolvimento Histórico-Social do Ser Humano:* Contribuições à *Psicologia Sócio-Histórica.* 2013. 344 f. Tese (Doutorado em Psicologia da Educação) — Pontifícia Universidade Católica de São Paulo, São Paulo.

CARONE, Iray. A dialética marxista: uma leitura epistemológica. In: LANE, Silvia, T. M.; CODO, W. (Orgs.). *Psicologia social:* o homem em movimento. São Paulo: Brasiliense, 2004.

GRAMANI, Maria Cristina Nogueira; SCRICH, Cintia Rigão. Influência do desempenho educacional na escolha da profissão. *Cadernos de Pesquisa,* v. 42, n. 147, p. 868-83, 2012, *on-line.*

GONZÁLEZ REY, Fernando. *Sujeito e subjetividade:* uma aproximação histórico--cultural. São Paulo: Pioneira Thomson Learning, 2003.

HELLER, Agnes. *Sociología de la vida cotidiana*. Barcelona: Península, 1991.

_____. *O cotidiano e a história*. 7. ed. São Paulo: Paz e Terra, 2004.

HUBERMAN, M. O ciclo de vida profissional dos professores. In: NÓVOA, A. (Org.). *Vidas de professores*. Tradução de Maria dos Anjos Caseiro e Manuel Figueiredo Ferreira. Porto: Porto, 2000.

LEONTIEV, A. N. *O desenvolvimento do psiquismo*. Lisboa: Livros Horizonte, 1978.

LÜDKE, Menga; ANDRÉ, Marli E. D. A. *Pesquisa em educação*: abordagens qualitativas. São Paulo: EPU, 2003.

LUKÁCS, György. *Ontologia do ser social*: os princípios ontológicos fundamentais de Marx. São Paulo: Ciências Humanas, 1979.

MARCHESI, Álvaro. *O bem-estar dos professores*: competências, emoções e valores. Porto Alegre: Artmed, 2008.

MARCONI, Marina A.; LAKATOS, Eva Maria. *Fundamentos de metodologia científica*. São Paulo: Atlas, 2009.

MARX, Karl. Para a crítica da economia política. In: _____. *Manuscritos econômico--filosóficos e outros textos escolhidos*. Tradução de José Arthur Giannotti e Edgar Malagodi. São Paulo: Abril Cultural, 1978. (Col. Os Pensadores.)

_____. Manuscritos econômico-filosóficos de 1844. In: FERNANDES, Florestan (Org.). *Marx & Engels*: história. Traduzido do original em alemão por Viktor von Ehrenreich. 3. ed. São Paulo: Ática, 1989. (Col. Grandes Cientistas Sociais.)

_____. *O 18 Brumário de Luís Bonaparte*. São Paulo: Martin Claret, 2011.

_____; ENGELS, F. *A ideologia alemã*. Tradução de Luis Cláudio de Castro e Costa. 3. ed. São Paulo: Martins Fontes, 2007. (Col. Clássicos.)

SAVIANI, Dermeval. *Pedagogia histórico-crítica: primeiras aproximações*. Campinas: Autores Associados, 1997.

SOUZA, Dulcinéia Beirigo. Os dilemas do professor iniciante: reflexões sobre os cursos de formação inicial. *Saber Acadêmico*, n. 8, dez. 2009.

TARTUCE, Gisela Lobo B. P.; NUNES, Marina M. R.; ALMEIDA, Patrícia Cristina Albieri de. Alunos do ensino médio e atratividade da carreira docente no Brasil. *Cadernos de Pesquisa*, v. 40, n. 140, p. 445-77, 2010, *on-line*.

VÁZQUEZ, Adolfo S. *Filosofia da práxis*. São Paulo: Expressão Popular, 2007.

VIGOTSKI, Lev S. *A construção do pensamento e da linguagem*. São Paulo: Martins Fontes, 2001.

_____. *Teoria e método em psicologia*. São Paulo: Martins Fontes, 2004.

Capítulo 6

Análises mediadas pela dialética objetividade e subjetividade:
as múltiplas determinações da identidade docente

Maria Vilani Cosme de Carvalho (UFPI)
Raquel Antonio Alfredo (UFPI)

INTRODUÇÃO

A produção deste capítulo se realizou mediante a consideração de que os fundamentos do Materialismo Histórico Dialético e da Psicologia Sócio-Histórica formam base para a ampliação do debate sobre a proposição da atividade docente como um dos meios histórico-culturais pelos quais se promove o desenvolvimento recíproco do indivíduo e da sociedade humana. Posto isso, sob mediação dos fundamentos teórico-metodológicos destacados, analisam-se as múltiplas determinações da atividade docente pela exposição de elementos centrais depreendidos de análises objetivadas por integrantes do Núcleo de Estudos e Pesquisas em Educação na Psicologia Sócio-Histórica (NEPSH), da Universidade Federal do Piauí (UFPI). Com esse propósito, desenvolvem-se esta introdução e mais duas seções.

Na primeira seção, ressalta-se o trabalho como fundante do processo de desenvolvimento histórico-social do indivíduo e da sociedade humana, teorizando-se sobre o valor heurístico das categorias trabalho, totalidade, historicidade, singularidade, particularidade e universalidade na explicação sobre o processo de formação do ser humano e, em específico, sobre a identidade docente. Outrossim, destaca-se a centralidade da desnaturalização da concepção de ser humano e de suas relações, para o processo educativo que se pretenda promotor do desenvolvimento omnilateral do ser humano e para o processo de análise das múltiplas determinações que constituem a identidade docente.

Na segunda seção, discute-se a dialética objetividade e subjetividade, tendo como foco alguns dos resultados de duas pesquisas desenvolvidas no curso de Mestrado em Educação da UFPI. Nela é discutida a contradição objetivada nas significações produzidas por um professor, homem, sobre as condições que orientaram seu ingresso na docência e sobre a contradição explicitada na relação entre a frustração das expectativas de professores em início de carreira e o processo de identificação profissional. Nessas pesquisas, explicita-se que tais processos são constitutivos da identidade docente.

Por fim, conclui-se que a produção de pesquisas subsidiadas no Materialismo Histórico Dialético e na Psicologia Sócio-Histórica é contributiva para a ampliação do debate teórico-metodológico no âmbito da pesquisa educacional, sobretudo na discussão acerca dos processos constitutivos da identidade docente.

A CENTRALIDADE DAS CATEGORIAS DO MATERIALISMO HISTÓRICO DIALÉTICO NA EXPLICAÇÃO DA CONCEPÇÃO DE SER HUMANO

Nesta seção, ressalta-se o valor heurístico das categorias trabalho; totalidade; historicidade; singularidade; particularidade e universalidade na explicação do processo de formação do ser humano e, em especial, da identidade docente.

A categoria trabalho é fundante na explicação do processo de desenvolvimento histórico-social do indivíduo e da sociedade humana. Tonet (2009, p. 3), destacando Marx, em *O capital*, explica:

> [...] trabalho é um intercâmbio entre o homem e a natureza através do qual são produzidos os bens materiais necessários à existência humana. E que este intercâmbio, uma necessidade eterna da humanidade, é uma síntese entre subjetividade e objetividade, vale dizer, entre consciência e realidade objetiva natural. Segundo Marx, projetando antecipadamente na consciência o fim a ser atingido e agindo de modo intencional sobre a natureza, o homem produz uma nova realidade, radicalmente diferente daquela natural. Trata-se da realidade social. Observa Marx, também, que, ao transformar a natureza, o homem transforma a si mesmo. Deste modo, o homem não produz apenas os objetos externos, mas também produz a si mesmo e às suas relações sociais.

Corrobora-se com essa afirmação do trabalho como ato ontológico-primário do ser social e que assim tem-se, como consequência lógica, que o trabalho seja "[...] radicalmente histórico e radicalmente social" (*Id., ibid.*, p. 6). É histórico e social, porque, pela atividade coletiva, objetiva-se como parte constitutiva do ser social, ao longo do processo de produção e de reprodução da existência do ser humano e da sociedade.

O referido autor também ressalta que nenhum resultado de atividade tipicamente humana, inclusive a subjetividade, pode ser considerado de origem divina ou puramente natural.

Ainda com auxílio da produção de Tonet (2009), reitera-se a dependência ontológica da atividade educativa para com o trabalho. Quer se dizer que a atividade educativa, seja ela espontânea (não escolar) ou científica (escolar), não se desenvolve por si mesma, de modo isolado ou independente. Tal atividade se realiza como parte de um complexo, o da Educação, que, por seu turno, constitui-se na longa cadeia histórico-social inaugurada pelo trabalho. Por isso, pode-se afirmar que a atividade educativa, com relação ao trabalho, tem autonomia relativa.

Alfredo (2006), fundamentando-se em Marx (1975, 1978, 1989, 2007, 2011), afirma que o trabalho é atividade mediadora do processo pelo qual o gênero humano se realizou concretamente. E assim o afirma porque o trabalho possibilitou à humanidade a superação da condição humana restrita ao âmbito da natureza, isto é, da espécie. A autora também destaca o trabalho como atividade pela qual se realizou o processo de objetivação das instituições, das organizações e dos grupos sociais. Enfim, os modos de sentir, de pensar e de agir em sociedade. Lukács (1979, p. 74-5) esclarece:

> [...] a concepção marxiana da realidade: ponto de partida de todo pensamento são as manifestações factuais do ser social. Isso não implica, porém, nenhum empirismo [...]. Ao contrário, todo fato deve ser visto como parte de um complexo dinâmico em interações com outros complexos, como algo que é determinado — interna e externamente — por múltiplas leis. A ontologia marxiana do ser social funda-se nessa unidade materialista-dialética (contraditória). A lei se realiza no fato; o fato recebe sua determinação e especificidade concreta do tipo de lei que se afirma na intersecção das interações. Se não se compreende tais articulações, nas quais a produção e reprodução sociais reais da vida humana constituem sempre o momento predominante, não se compreende sequer a economia de Marx.

Mediante o excerto anterior, afirma-se que a superação da produção de explicações que tomam objetos, processos ou situações isoladamente também depende da mediação das categorias totalidade e historicidade.

Com base em Lukács (1967, p. 240), destaca-se que a categoria totalidade orienta explicações sobre a realidade objetiva como um todo coerente e que "[...] cada elemento está, de uma maneira ou de outra, em relação com cada elemento [...], essas relações formam, na própria realidade objetiva, correlações concretas, conjunto, unidades, ligadas entre si de maneiras completamente diversas, mas sempre determinadas". Por isso, mesmo que um objeto, processo ou, situação sejam tomados como um todo, que se compõe de partes específicas, com suas leis e relações em movimento dialético, o pesquisador não deve prescindir de tal objeto, processo ou situação como elemento, como parte da totalidade, que é a realidade social. De tal maneira que a produção de conhecimento, sob mediação do método histórico dialético, somente se torna efetiva na condição de se considerar a lógica dialética que preside os nexos dinâmico-causais entre parte e todo.

Acerca da relevância da categoria totalidade, análise que se pretende histórico-dialética, reitera-se o destaque de Alfredo (2013, p. 195), a partir da entrevista concedida por Lukács a Holz, Kofler e Abrendroth (1969), evidenciando a necessidade de, na análise de dado objeto de estudo, se considerar "[...] as múltiplas relações estabelecidas entre a sua existência e a totalidade dinâmica e processual na qual se realiza". Isso, mesmo que o pesquisador se tenha comprometido com a análise de processos específicos, que formam o objeto, pois os elementos circunscrevem a análise de um processo parcial, que sempre se constitui como uma parte do complexo total.

Bock (1999, p. 194), destacando as bases sobre as quais deve se assentar a radical compreensão sobre o processo de formação do ser humano, denuncia a alienação sob a qual foram propostos conceitos no campo da Psicologia:

> O homem só tem possibilidades de se comprometer se estiver preso e imerso na sociedade que o constitui. Nossa alienação tem sido exatamente esta. Temos estado, na Psicologia, soltos da realidade que nos constitui. Temos achado possível compreender, analisar, explicar o homem, sem vinculá-lo à realidade social. Nossos conceitos demonstram isto; são conceitos que não carregam consigo esta vinculação. Falamos da psique e depois precisamos adendar que tudo acontece num meio social, onde estão os outros. Não há conceitos que já tragam consigo esta vinculação. A Psicologia a tem ocultado em seus conceitos e teorias. Temos feito ideologia. Temos contribuído para o desenvolvimento do sujeito alienado. Compreender-se é compreender o mundo que está a nossa volta, pois é ele que nos dá sentido.

A necessidade de a Psicologia considerar a constituição histórico-social do ser humano pode ser evidenciada pela categoria historicidade, que explica, em sua gênese, a relação dialética entre o velho e o novo, condensada na vinculação entre indivíduo e sociedade. Alfredo (2013) afirma que, sob mediação dessa categoria, é possível que se depreendam de qualquer objeto, processo ou situação estudada os elementos relacionados à sua propriedade ontológica, superando o âmbito aparente do que se estuda. Para Lukács (1972, p. 79),

> Em termos extremamente gerais: a historicidade implica não o simples movimento, mas também e sempre uma determinada direção na mudança, uma direção que se expressa em transformações qualitativas de determinados complexos, tanto em-si quanto em relação com outros complexos.

O valor heurístico das categorias trabalho, totalidade e historicidade também pode ser evidenciado na defesa de que a consideração do dialético movimento de constituição recíproca do singular, particular e universal se faz imprescindível à formação da base teórico-metodológica necessária à discussão sobre a centralidade da desnaturalização da concepção do ser humano e de suas relações, num processo educativo que se pretenda promotor do desenvolvimento omnilateral do ser humano. Outrossim, não se pode prescindir do referido processo de desnaturalização à consecução do processo de análise das múltiplas determinações que constituem a identidade docente, pois qualquer que seja o objeto, o processo ou a situação tomada em estudo, sua gênese é radicada no dialético movimento constitutivo das referidas esferas do singular, do particular e do universal, que compõem a totalidade histórico-social.

Sobre o dialético movimento entre as esferas do singular, do particular e do universal, reitera-se a afirmação de Lukács (1979, p. 74), de que o "[...] ponto de partida de todo pensamento são as manifestações factuais do ser social". A esfera do particular, assim, se realiza como âmbito no qual essas manifestações factuais do ser social são objetivadas. É no particular que a vida de todo indivíduo humano é vivida e, em que, mediante as condições materiais de existência, o indivíduo se constitui como síntese individual do social, como síntese do processo histórico-social de apropriação e objetivação resultante da relação singular e universal.

O processo de produção da síntese individual do social guarda, em si, as inúmeras relações que se efetivam no particular, via atividade social do indivíduo com seus pares e com uma gama múltipla e variável de objetivações histórico-culturais, entre elas, as que formam a esfera do universal. Todavia, há de se considerar que essa gênese do indivíduo, no particular, guarda possibilidades de acirramento de contradições e, que, em determinados momentos, como resultado desse acirramento, podem se realizar saltos qualitativos, com a possibilidade de transformar tanto o indivíduo, quanto a sociedade.

Mediante o exposto, entende-se explicado o conteúdo teórico-metodológico suficiente para a afirmação da concepção histórico-dialética de ser humano como um tipo de objetivação que contém, em si, uma síntese que abrange o conhecimento sobre como, a partir de suas condições de existência, o indivíduo se constitui como síntese individual do social, como síntese de inúmeras relações. Isto é, como o homem pensa, sente e age com seus pares e em relação ao amplo espectro de coisas naturais e histórico-culturais. Ressalta-se, ainda, que a concepção de ser humano é mediadora constante da atividade social do indivíduo.

A partir de Lukács (1979), destaca-se a necessidade de conceder prioridade ao entendimento da gênese ontológica dos processos histórico-sociais, a fim de se contribuir com a produção de condições favoráveis à superação do predomínio da alienação e da fetichização na vida cotidiana e no desenvolvimento de pesquisas.

Segundo Saviani (2004, p. 34), resulta do processo de alienação que o ser humano não se reconheça em si mesmo, nem nos produtos de seu trabalho, pois, mesmo sendo atividade própria para o indivíduo, torna-se "[...] como algo externo no qual ele encontra não sua realização, mas sua perdição, um fator de sofrimento e não de satisfação". Ainda, com auxílio desse autor, tem-se que o "[...] trabalho alienado torna cada homem alienado por outros, os quais, por sua vez, são alienados da vida humana". E esse círculo vicioso se concatena na relação dos seres humanos entre si, e entre o ser humano e o mundo das coisas naturais e histórico-culturais. Lukács (1979, p. 52) esclarece esse processo de alienação:

> A gênese ontológica revela novamente, nesse contexto, o seu poder universal: uma vez estabelecida essa relação entre práxis e consciência nos

fatos elementares da vida cotidiana, os fenômenos da reificação, do feti-chismo, da alienação — enquanto cópias feitas pelo homem de uma reali-dade incompreendida — apresentam-se não mais como expressões arcanas de forças desconhecidas e inconscientes no interior e no exterior do homem, mas, antes, como mediações, por vezes bastante amplas, que surgem na própria práxis elementar.

Destaca-se que fenômenos como os da reificação, do fetichismo e da alienação se realizam em atividades como mediações que podem ser objetivadas na concepção naturalizante do processo de tornar-se huma-no. Como auxílio à discussão que se propõe, recorre-se à produção de Bock (1999), porquanto, os postulados dessa autora estejam em conso-nância com a base teórica que sustenta a produção lukacsiana.

Bock (1999, p. 24-5), explicitando o caráter ideológico contido na defesa de uma suposta "natureza humana", afirma que a produção teó-rica sustentada nessa ideia se presta ao ocultamento da realidade. A autora ainda enfatiza que, no campo da Psicologia, ao se naturalizar o ser humano e, supostamente, estudá-lo em sua pretensa objetividade, são ignorados os nexos constitutivos entre o ser humano e a realidade histórico-social. Assim, tomam o ser humano e sua produção, que é re-ciprocamente objetiva e subjetiva, como entidades abstratas, coisas em-si, acabadas e imediatas, submetidas arbitrariamente à ordenação e à siste-matização da Psicologia, sem contemplar o processo histórico-social que as constitui.

De Marx e Engels (2007, p. 19), destaca-se a afirmação de que a consciência humana não deve ser sobreposta ao ser consciente. Isso por-que a vida concreta dos seres humanos é o próprio "ser dos homens". Para os autores, os seres humanos, submetidos à dominação ideológica, aparecem com suas relações "[...] de cabeça para baixo como em uma câmera escura [...]", num processo de reificação de objetivações criadas por eles mesmos. Esse evento é decorrente "[...] de seu processo de vida histórico, exatamente como a inversão dos objetos na retina decorre de seu processo de vida diretamente físico". Tanto por ser assim, afirma-se que o predomínio da naturalização do processo histórico-social de cons-tituição do ser humano, na mediação do processo de formação da sua concepção, se realiza em decorrência do modo pelo qual o ser humano produz a si mesmo e à sociedade.

Ao objetivar a concepção histórico-dialética de Marx e Engels (2007), Duarte (2004, p. 231) esclarece:

> As relações sociais fazem a mediação entre a vida do indivíduo e o gênero humano. Numa sociedade de classes, como ocorre no capitalismo, as relações entre a vida individual e a cultura acumulada pelo gênero tornam-se particularmente complexas e contraditórias em consequência da propriedade privada dos meios de produção, da exploração da força de trabalho pelo capital e da consequente divisão social do trabalho. Tanto ao longo da vida de cada indivíduo como ao longo da história da humanidade, a humanização e a alienação ocorrem muitas vezes de forma simultânea e no interior da mesma processualidade sociocultural. [...] Compreender como essa dialética é analisada por Marx é fundamental para entender sua visão da história humana, da individualidade e também sua perspectiva da sociedade comunista.

Mediante a concepção histórico-dialética do ser humano, ressalta-se a relevância de pesquisas mediadas pela finalidade de "pôr de manifesto os nexos dinâmico-causais" constitutivos do objeto, do processo ou da situação em estudo (Vigotski, 1996, p. 101), a fim de favorecer a produção de conhecimento sobre a propriedade primário--ontológica que fundamenta a formação desse mesmo objeto, processo ou situação.

A partir de Lukács (1979, p. 52), portanto, defende-se a explicitação da "[...] relação entre práxis e consciência nos fatos elementares da vida cotidiana [...]" como meio pelo qual se pode conceder prioridade à explanação dos elementos que movimentam a contradição contida nas mais variadas formas de objetivação da concepção naturalizante de ser humano.

Destaca-se que a denominação concepção naturalizante de ser humano é objetivada a partir da produção de Bock (1999) sobre a concepção liberal de homem. Isso em face da possibilidade de se objetivar articulações favoráveis à ampliação e ao aprofundamento do entendimento sobre os processos psicológicos que oferecem base objetiva e subjetiva ao específico desenvolvimento do processo educativo.

A seguir, tendo a concepção histórico-dialética de ser humano como objetivação que sintetiza o conhecimento sobre o processo pelo qual o indivíduo, com base em suas condições de existência, constitui-se como síntese de inúmeras relações, discute-se a concepção de processo educativo que se defende.

A partir de Leontiev (1978), defende-se que o desenvolvimento das capacidades humanas não se dá como se fosse um processo *natural*, mediante algum tipo de relação direta com a objetividade. Para esse autor, as possibilidades de desenvolvimento histórico-social do ser humano encontram-se, na objetividade, apenas postas. São possibilidades de *vir-a-ser* que estão contidas como propriedade ontológica da realidade objetiva.

Para tornar as possibilidades de *vir-a-ser* em "órgãos de sua individualidade" e, assim, desenvolver-se para além das condições que a natureza lhe oferece, o ser humano deve se relacionar com indivíduos em condição de desenvolvimento histórico-social mais avançado que ele. Para, então, num processo educativo, aprender o meio de ação objetivado, como propriedade ontológica, nos objetos, nos processos ou nas situações histórico-culturais.

Mediante o exposto, defende-se a relevância de se tomar a docência como objeto de pesquisas e de consolidação de meios teórico-metodológicos favoráveis ao desenvolvimento de conhecimentos sobre os processos identitários. Afirma-se também que é o processo de apropriação e de objetivação que sustenta o desenvolvimento histórico-social do indivíduo e, por conseguinte, da sociedade humana, constituindo, a partir de cada indivíduo, e em cada um deles, amplo e variado espectro de capacidades tipicamente humanas, além de conhecimento acerca dessas capacidades. Assim, a produção de conhecimento sobre o modo pelo qual a coletividade se realiza histórica e socialmente deve, também, contemplar explicações sobre as múltiplas determinações movimentadas no processo de constituição do referido espectro que, reciprocamente, formam base para a constituição da identidade docente.

Recorre-se, então, à mediação das produções de Lane (2002), de Bock (1999) e de Ciampa (1994; 2005) para se objetivar a discussão sobre a identidade docente como processo que se realiza em condições humanas sócio-historicamente constituídas, na dialética objetividade e subjetividade.

A DIALÉTICA OBJETIVIDADE E SUBJETIVIDADE EM PESQUISAS SOBRE A CONSTITUIÇÃO DA IDENTIDADE DOCENTE

Nesta seção, a finalidade é a de tornar explícita a dialética objetividade e subjetividade, tendo como base as análises objetivadas nas pesquisas de Lima (2013) e Araújo (2015). Assim, a centralidade da discussão incide sobre a contradição objetivada nas significações produzidas pelos professores que participaram das duas pesquisas sobre as condições que orientaram o processo de identificação com a docência ora como dom, ora como resultante de condições histórico-sociais. Para consecução da análise das referidas significações, as pesquisadoras serviram-se das contribuições teórico-metodológicas de Vigotski (2009) e, especialmente, para explanar elementos constitutivos das contradições do processo de escolha pela carreira docente, uma delas recorreu a Afanasiev (1968).

A partir de Afanasiev (1968), a pesquisadora afirma que as contradições internas constituem a fonte do desenvolvimento do objeto — que é o que é porque essas contradições o singularizam —, e defende que a escolha pela atividade docente se realiza mediante a contraditoriedade contida na relação entre objetividade e subjetividade.

Conforme já explicitado, reitera-se que a concepção de ser humano se constitui como mediação constante na atividade social do indivíduo. Por conseguinte, a análise da constituição de sentidos e de significados sobre quaisquer que sejam os objetos, os processos ou as situações tipicamente humanas põe de manifesto os nexos existentes entre o que se pensa e se fala sobre algo e as concepções que se defende sobre os processos tipicamente humanos, notadamente o de formação do ser humano e da sociedade. Por isso, defende-se que os significados sobre o que é ser homem e o que é ser mulher contêm, em si, objetivadas, múltiplas determinações concernentes aos mais variados processos vividos por homens e mulheres, na sociedade de modo geral, e na escola, em específico.

Sob a consideração de múltiplas determinações histórico-sociais, pode-se afirmar que o desenvolvimento da atividade e da identidade docente, no Ensino Fundamental, tem se objetivado sob predomínio feminino. Assim, discute-se, com base nos resultados das duas pesquisas citadas, especificidades relativas ao ingresso na docência como processo constitutivo da identidade docente.

Ainda que se possa constatar a existência de iniciativas que contemplem a presença de homens na docência dos anos iniciais, há muito a se compreender e a se desvelar. Um dos elementos específicos a se pesquisar é o aumento progressivo de inserção de homens no quadro de docentes, que se dedicam aos anos iniciais do Ensino Fundamental.

Com auxílio dos fundamentos do Materialismo Histórico Dialético e da Psicologia Sócio-Histórica, obtém-se a possibilidade de se produzir explicações sobre o modo de sentir, de pensar e de agir do professor, participante da pesquisa de Araújo (2015), reconhecendo sua atividade docente como síntese resultante de múltiplas e dialéticas relações. Tanto por isso, atenta-se à necessidade de se tomar, em análise, o professor participante da pesquisa como ser humano em desenvolvimento e, não, como identidade acabada.

Compreende-se que o processo de constituição da identidade desse professor vai sendo objetivado num movimento incessante. Para Vigotski (2009), a categoria historicidade é a que melhor explica o movimento constitutivo do ser humano e da realidade social. Outra categoria que serve à explicação da relação que se estabelece entre as partes do objeto e, entre estas e o todo, neste caso, entre o ser humano e a realidade social, é a mediação. Com essa categoria se explica como objetividade e subjetividade constituem, dialeticamente, a identidade docente.

Lane (2002, p. 12), em explanação sobre as emoções, a linguagem e o pensamento como mediações intrínsecas às categorias de análise da Psicologia Sócio-Histórica, explica:

> A análise só estará completa se considerarmos o ser humano, ontogeneticamente, como um ser sócio-histórico, ou seja, ele se desenvolveu através de ferramentas inventadas e de uma linguagem articulada a fim de transmitir a utilidade dessas para os seus pares. Estas relações se dão através da mediação de grupos sociais, dos quais um indivíduo participa, necessariamente, a fim de garantir sua sobrevivência, assim, além de adquirir a linguagem produzida por esta sociedade, desenvolve o pensamento, os afetos e sentimentos. [...] Indivíduo e sociedade são inseparáveis, segundo a dialética, pois o particular contém em si o universal; deste modo, se desejamos conhecer cientificamente o ser humano, é necessário considerá-lo dentro do contexto histórico, inserido em um processo constante de subjetivação/objetivação.

A DIMENSÃO SUBJETIVA DO PROCESSO EDUCACIONAL

Em que se tome como mediação as afirmações teórico-metodológicas constantes no excerto anterior, a seguir, explanam-se análises sediadas no Materialismo Histórico Dialético e na Psicologia Sócio-Histórica.

De Araújo (2015, p. 86, grifos da autora), depreende-se o seguinte conjunto de significações pertinentes ao campo de discussão sobre a dialética objetividade e subjetividade na constituição da identidade docente:

> *Dizem que a docência não é um dom*, um sacrifício. *Mas pra mim é um dom* e desde criança eu já brincava de ser professor. [...]
> *Agora eu não sei se influenciou porque eu tenho duas irmãs que são professoras*. A mais velha e a outra. Eu sou o mais novo. *Então eu vivenciava e* brincava de ser professor. [...]
> *E é até bom porque na minha família eu tenho vários professores. Eu tenho cinco irmãos, duas são professoras*, e eu só venho acrescentar né. [...]
> Na realidade, *pra ser professor, pra eu dar continuidade, eu tinha que ser um pedagogo*. Poderia escolher qualquer área, mas se eu não fizesse Pedagogia, eu não sei que profissional eu seria. *A Pedagogia me completa pra eu ir buscar novas ciências, novos conhecimentos*, mas eu partindo da Pedagogia, como sendo inicial.

Em síntese, corroboramos com a autora da dissertação, quando explica que o sujeito da pesquisa, ao se referir ao processo pelo qual se torna professor, indica se deparar com um dilema, ora significando a docência como dom, ora evidenciando que elementos das condições históricas determinam a escolha pela atividade docente. Afirma-se que, de fato, essa significação expressa o movimento contraditório de significados que compõem as mediações constitutivas do ser docente, nessa época histórica.

Em que se tenha discutido o movimento dialético na compreensão do processo de constituição da identidade docente do referido professor, lança-se à discussão a relação entre a frustração das expectativas de professores em início de carreira e o processo de identificação profissional (Lima, 2013).

A partir de Lima (2013), afirma-se que a constituição da identidade docente se realiza por um processo que é histórico e social. Como categoria, a identidade favorece o entendimento pelo qual o indivíduo se torna professor. Oportunamente, a autora recorre a Ciampa (1994, p. 72) para afirmar que:

> [...] não é possível dissociar o estudo da identidade do indivíduo do da sociedade. As possibilidades de diferentes configurações de identidade estão relacionadas com as diferentes configurações de ordem social. [...] é do contexto histórico e social em que o homem vive que decorrem suas determinações e, consequentemente, emergem as possibilidades ou impossibilidades, os modos e as alternativas de identidade.

Da obra de Ciampa (1994; 2005) depreende-se que a constituição da identidade se realiza num processo de metamorfose que pode tender à emancipação. Metamorfose entendida como transformação, como um tipo de revolução pela qual o ser humano se torna consciente das múltiplas determinações que incidem em suas atividades e, assim, consciente, luta por libertar-se da mesmice imposta pelas políticas de identidade.

Mediante as proposições de Ciampa (1994), afirma-se que a análise dos significados e dos sentidos constituídos por professores em início de carreira, sobre o mal-estar docente e suas relações com o processo de constituição da identidade docente, exige a consideração das múltiplas determinações do modo de sentir, de pensar e de agir do ser humano, pois a identidade profissional é resultante dessas múltiplas determinações.

Sobre a identidade, em especial, Gatti (1996, p. 86) afirma:

> A identidade não é somente constructo de origem idiossincrática, mas fruto das interações sociais complexas nas sociedades contemporâneas e expressão sociopsicológica que interage nas aprendizagens, nas formas cognitivas, nas ações dos seres humanos. Ela define um modo de ser no mundo, num dado momento, numa dada cultura, numa história. Há, portanto, de ser levada em conta nos processos de formação e profissionalização dos docentes.

Em síntese, pode-se dizer que a constituição da identidade do professor resulta da relação dialética entre as dimensões subjetiva e objetiva, isto é, das relações com seus pares e com o espectro de objetivações histórico-culturais. A socialização profissional é imprescindível, pois, sem o apoio de seus pares, os docentes, em início de carreira, enfrentam com

A DIMENSÃO SUBJETIVA DO PROCESSO EDUCACIONAL

mais dificuldades as contradições no processo de constituição de sua identidade profissional.

Apresenta-se, então, um conjunto de significações depreendidas de Lima (2013, p. 53, grifos da autora), sob a finalidade de problematizar as expectativas que se formam em relação à profissão docente.

> [...] minhas expectativas são as melhores possíveis, **é poder cada vez mais contribuir para meus alunos, contribuir para o desenvolvimento deles.** No próximo ano vou continuar com a mesma turma no 2º Período. **A minha meta é que todos saiam alfabetizados, se não todos, mas pelo menos 80% da turma eu quero que saia alfabetizada.**
>
> Minha expectativa é que os **pais estejam mais envolvidos no desenvolvimento do seu filho,** a questão mesmo de acompanhamento escolar, acompanhamento da aprendizagem deles.
>
> Outra expectativa é que **acabe realmente essas intrigas, que eu já falei, entre nós que estamos entrando agora e as que já são mais veteranas** aqui na escola [...].
>
> [...] **a questão mesmo da própria Secretaria de Educação, que ela saiba valorizar mais o professor,** dar estrutura, dar recurso, capacitar cada vez mais os professores.
>
> A minha expectativa é que a profissão docente, ser professor e a educação seja valorizada por toda a sociedade. **Não ver o professor ser um coitado, não.**
>
> [...] os governantes, o próprio ministro de Educação, procurassem metas, objetivos para o professor, como você falou, **pudesse amenizar esse mal-estar docente.**

A partir das significações apresentadas, destaca-se a consonância entre as expectativas para com a atividade docente e as proposições de Vigotski (2007) sobre a relação entre os processos de desenvolvimento e de aprendizagem. A professora ressalta seu compromisso com a aprendizagem dos alunos, indicando como uma de suas expectativas a alfabetização da turma e torna explícito, como perspectiva de futuro, o desejo da continuidade da sua atividade docente.

A expectativa de compor parceria com os pais dos alunos parece sustentada pela compreensão de que a articulação entre escola e família pode ser contributiva ao desenvolvimento escolar dos estudantes.

Investimentos na profissão, na estrutura da escola, na melhoria de recursos e na formação contínua dos professores compõem significações acerca das expectativas de desenvolvimento profissional docente. As significações produzidas pelo indivíduo sobre objetos, processos ou situações podem ser entendidas como sínteses que guardam, em si, um espectro de múltiplos sentidos e significados. Entre eles, aqueles referentes a impasses inter-relacionais. É o caso dos significados acerca da não aceitação, por parte das professoras de carreira, de quem está ingressando na profissão.

Ainda que, das significações produzidas pela professora, possa-se depreender a gênese da necessidade de melhorias no campo da atividade docente, também se pode inferir que os significados concernentes ao que ela faz, pensa e sente, em relação à profissão, constituem, também, zona de sentido que diz respeito ao bem-estar vivenciado por ela. Segundo Paula (2009, p. 42 *apud* Lima, 2013, p. 84), "[...] o bem-estar está presente nas ocasiões em que os professores se realizam, no reconhecimento e valorização de seu trabalho e na ousadia de sentirem-se bem, sendo professores". Entende-se, assim, que a significação sobre esse estado de bem-estar pode ser indicativa do processo de identificação com a profissão.

Pode-se afirmar que tudo o que se refere às relações histórico-sociais é, também, concernente às mediações que as constituem, pois no processo de sua constituição, o professor é afetado por múltiplos determinantes advindos das situações concretas das quais participa. Nesse movimento, são produzidas as significações, que articulam sentidos e significados sobre objetos, processos e situações vividas.

Mediante os limites impostos pelas características desta publicação, não se detém numa apresentação pormenorizada a respeito das categorias sentido e significado. Todavia, não se furta à exposição de uma breve síntese sobre as referidas categorias. Isso por se defender que, para compreender as significações produzidas pelo professor, não se deve considerá-las isoladamente, mas, sobretudo, devem-se contemplar as relações de tais significações com outros aspectos de sua subjetividade, tais como os motivos, os sentimentos, entre outros.

Vigotski (2007; 2009), criticando a maneira como, na "velha psicologia", pensamento e linguagem eram decompostos em análises que os tomavam isoladamente, ressalta a importância da unidade entre dois elementos constitutivos da consciência, a saber, o sentido e o significado.

A DIMENSÃO SUBJETIVA DO PROCESSO EDUCACIONAL

Para Vigotski (2009, p. 398), o significado é a unidade do pensamento e da linguagem e sua gênese está radicada no processo histórico de desenvolvimento da síntese individual do social. Isto é, da sua consciência. O significado é, nas palavras do autor, "[...] uma unidade indecomponível de ambos os processos e não podemos dizer que ele seja um fenômeno da linguagem ou um fenômeno do pensamento".

A partir da produção de Vigotski (2009), Tuleski (2008, p. 32) destaca: "[...] as palavras são construções históricas, seu significado não é abstrato e eterno, mas variam conforme variam as relações entre os homens". Como elementos que compõem a totalidade histórico-social, os significados não permanecem como produções estáticas, mas se modificam.

Vigotski (2009), aprofundando a análise sobre a relação pensamento e linguagem, destaca a especificidade da linguagem interior com o propósito de explicar que sua diferenciação da linguagem externa não se limita à ausência de vocalização. Além disso, o autor afirma a linguagem interior como linguagem para si, pois só pode ser compreendida pelo próprio sujeito. O autor afirma que uma das especificidades da linguagem interior é a preponderância do sentido. Em síntese, Vigotski (2009, p. 465) defende que:

> [...] o sentido de uma palavra é a soma de todos os fatos psicológicos que ela desperta em nossa consciência. Assim, o sentido é sempre uma formação dinâmica, fluida, complexa, que tem várias zonas de estabilidade variada. O significado é apenas uma dessas zonas do sentido que a palavra adquire no contexto de algum discurso e, ademais, uma zona mais estável, uniforme e exata.

Pode-se entender, portanto, que a constituição dos sentidos, em dinâmico e dialético movimento, sofre constantes modificações, formando novas zonas de sentido. Conforme Vigotski (2009), o significado representa apenas uma dessas zonas. E, por ser assim, a compreensão da totalidade de sentidos que o indivíduo produz sobre objetos, processos e situações é impossível. Todavia, há possibilidade de se produzir aproximações que expliquem a constituição de sentidos e significados. E, aqui, afirma-se que assim se constituíram as análises sobre as quais se discorre.

A gênese do modo de sentir, pensar e agir do docente se realiza mediante um espectro de múltiplos significados sobre o que é ser professor. Da produção de Ciampa (1994), depreende-se que o professor se depara com papéis a serem representados. Esses papéis, num processo de integração à consciência, tomam forma de personagens que continuamente se revezam ou se articulam na mesmice do que é ser professor. Todavia, Ciampa (1994) também destaca a possibilidade de que o indivíduo negue os padrões normatizados de comportamento e assuma outro "outro". Isto é, o indivíduo pode superar a identidade pressuposta e metamorfosear-se.

Mediante o já exposto, defende-se que o processo de constituição da identidade contém, em si, a possibilidade de transformação, via superação de contradições. Como não poderia deixar de ser, a unidade em análise, nas pesquisas destacadas, realiza-se pelo movimento de forças contraditórias.

Defende-se, assim, a importância de pesquisas que considerem a explicação da dialética objetividade e subjetividade em estudos sobre a identidade docente, de modo a desmistificar a concepção naturalizante de ser humano e explicitar as possibilidades de mediação da concepção histórico-dialética na objetivação de pesquisas do campo educacional.

CONSIDERAÇÕES FINAIS

Mediante a defesa de que os fundamentos do Materialismo Histórico Dialético e da Psicologia Sócio-Histórica formam base à ampliação do debate sobre a proposição da atividade docente como um dos meios histórico-culturais pelos quais se promove, reciprocamente, o desenvolvimento do indivíduo e da sociedade humana, apresentou-se uma breve síntese acerca de elementos centrais de análises objetivadas por integrantes do Núcleo de Estudos e Pesquisas em Educação na Psicologia Sócio-Histórica (NEPSH), da Universidade Federal do Piauí (UFPI).

Não obstante, tendo plena consciência de que a amplitude de tal tarefa extrapolava os limites de apresentações desta natureza, optou-se pela objetivação de um movimento inicial, que pode compor um longo e profícuo percurso de estudos sobre atividade e identidade docente. Desse modo, a proposta anunciada concentra, nessa objetivação, elementos fundamentais à consolidação do específico campo de estudo.

A DIMENSÃO SUBJETIVA DO PROCESSO EDUCACIONAL

Explicou-se o trabalho como atividade fundante do processo de desenvolvimento histórico-social do indivíduo e da sociedade humana, e teorizando-se as categorias centrais do Materialismo Histórico Dialético, formou-se a base teórico-metodológica suficiente à explanação do dialético movimento entre o singular, o particular e o universal. Isso porque se tinha por finalidade a proposição da desnaturalização da concepção do ser humano e de suas relações para um processo educativo que se pretenda promotor do desenvolvimento omnilateral do indivíduo, bem como para o processo de análise das múltiplas determinações que constituem a identidade docente.

Como meio de socialização de análises, depreendidas de pesquisas já realizadas, sob mediação dos fundamentos teórico-metodológicos apresentados, discutiu-se a dialética objetividade e subjetividade, concedendo centralidade à contradição objetivada nas significações produzidas por um professor, homem, sobre as condições que orientaram seu ingresso na docência; e à contradição explicitada na relação entre a frustração das expectativas de professores em início de carreira e o processo de identificação profissional.

Conclui-se que a produção de pesquisas subsidiadas no Materialismo Histórico dialético e na Psicologia Sócio-Histórica forma base para a ampliação do debate teórico-metodológico no âmbito da pesquisa educacional.

REFERÊNCIAS

AFANASIEV, V. *Fundamentos de filosofia*. Tradução de Edney Silvestre. Rio de Janeiro: Civilização Brasileira, 1968. (Coleção Perspectivas do Homem.)

ALFREDO, R. A. *Análise da Pedagogia de Makarenko por Lukács e a Relação entre o Processo Educativo e o de Desenvolvimento Histórico-Social do Ser Humano*: Contribuições à Psicologia Sócio-Histórica. 2013. 344 f. Tese (Doutorado em Psicologia da Educação.) — Pontifícia Universidade Católica de São Paulo, São Paulo.

_____. *Aproximações Explicativas a Partir da Análise de Sentidos e Significados Constituídos em Espaços/Momentos/Situações de Escolha na Escola*. 2006. 49f. Dissertação (Mestrado em Educação.) — Pontifícia Universidade Católica de São Paulo, São Paulo.

ARAÚJO, L. C. *O Essencial é invisível aos olhos*: significações que medeiam a constituição da identidade do professor homem. 2015. 143 f. Dissertação (Mestrado em Educação.) Universidade Federal do Piauí, Teresina.

BOCK, A. M. B. *Aventuras do Barão de Münchhausen na Psicologia*. São Paulo: Educ/Cortez, 1999.

CIAMPA, A. C. Identidade. In: LANE, S. T. M.; CODO, W. (Orgs.). *Psicologia Social*: o homem em movimento. São Paulo: Brasiliense, 1994. p. 58-75.

_____. *A estória do Severino e a história da Severina*: um ensaio de psicologia social. São Paulo: Brasiliense, 2005.

DUARTE, N. *Crítica ao Fetichismo da Individualidade*. Campinas: Autores Associados, 2004.

GATTI, B. A. Os professores e suas identidades: o desvelamento da heterogeneidade. *Caderno de Pesquisas*, São Paulo, n. 98, p. 85-90, ago. 1996.

HOLZ, H. H.; KOFLER, L.; ABENDROTH, W. *Conversando com Lukács*. Rio de Janeiro: Paz e Terra, 1969.

LANE, S. T. A Dialética da Subjetividade *versus* objetividade. In: FURTADO, O. E.; GONZÁLEZ REY, F. (Org.). *Por uma Epistemologia da Subjetividade*: um debate entre a teoria sócio-histórica e a teoria das representações sociais. São Paulo: Casa do Psicólogo, 2002. p. 13-7.

LEONTIEV, A. N. *O desenvolvimento do psiquismo*. Lisboa: Livros Horizonte, 1978.

LIMA, I. C. dos S. *Significados e sentidos do mal-estar docente*: o que pensam e sentem professores em início de carreira. 2013. 157f. Dissertação (Mestrado em Educação.) — Universidade Federal do Piauí, Teresina.

LUKÁCS, G. *Existencialismo ou marxismo*. São Paulo: Senzala, 1967.

_____. Problemas de lamímesis. In: _____ (Org.). *Estetica:* la peculiaridad de lo estetico. 2. ed. Traduzido do original em alemão por Manuel Sacristán. Barcelona: Edições Grijalbo, 1972.

_____. *Introdução a uma estética marxista*. Rio de Janeiro: Civilização Brasileira, 1978.

_____. *Ontologia do ser social*. Tradução de Carlos Nelson Coutinho. São Paulo: Livraria Editora Ciências Humanas, 1979.

MARX, K. A chamada acumulação originária. In: _____ (Org.). *El capital:* crítica de la economía política. 2. ed. Tradução de Wenceslao Roces. México: Fundo de Cultura Econômica, 1975. p. 607-49.

MARX, K. Para a crítica da economia política. In: _____ (Org.). *Manuscritos econômico-filosóficos e outros textos escolhidos*. Tradução de José Arthur Giannotti e Edgar Malagodi. São Paulo: Abril Cultural, 1978. p. 101-25. (Col. Os Pensadores.)

_____. Manuscritos econômico-filosóficos de 1844. In: FERNANDES, F. (Org.). *Marx & Engels*: história. 3. ed. Traduzido do original em alemão por Viktor von Ehrenreich. São Paulo: Ática, 1989. (Col. Grandes Cientistas Sociais.)

_____. *O 18 Brumário de Luís Bonaparte*. São Paulo: Martin Claret, 2011.

_____; ENGELS, F. *A ideologia alemã*. 3. ed. Tradução de Luís Cláudio de Castro e Costa. São Paulo: Martins Fontes, 2007. (Col. Clássicos.)

PAULA, A. C. R. R. de. *Por entre tramas e fios*: o estresse e o bem-estar de professoras em uma escola pública de Umberlândia — MG. 2009. 132 f. Dissertação (Mestrado em Educação.) — Universidade Federal de Umberlândia, Uberlândia.

SAVIANI, D. *Educação*: do senso comum à consciência filosófica. Campinas: Autores Associados, 1996. p. 21-52. (Col. Educação Contemporânea.)

_____. Perspectiva marxiana do problema subjetividade-intersubjetividade. In: DUARTE, N. (Org.). *Crítica ao fetichismo da individualidade*. Campinas: Autores Associados, 2004.

TONET, I. *Marxismo e educação*. Maceió, 2009. Disponível em: <www.ivotonet.xpg.com.br>. Acesso em: 22 ago. 2013.

TULESKI, S. C. *Vygotski*: a construção de uma psicologia marxista. 2. ed. Maringá: Eduem, 2008.

VIGOTSKI, L. S. O significado histórico da crise da psicologia: uma investigação metodológica. In: _____ (Org.). *Teoria e método em psicologia*. São Paulo: Martins Fontes, 1996. p. 203-417.

_____. *A formação social da mente*: o desenvolvimento dos processos psicológicos superiores. 7. ed. Tradução de José Cipolla Neto et al. São Paulo: Martins Fontes, 2007. (Col. Psicologia e Pedagogia.)

_____. *A construção do pensamento e da linguagem*. 2. ed. São Paulo: Martins Fontes, 2009.

Capítulo 7

Atividade docente e estilo em contexto de precarização na ótica da clínica da atividade

Isabela Rosália Lima de Araujo (UFS-SE)
Laura Cristina Vieira Pizzi (UFAL-AL)

INTRODUÇÃO

Essa discussão é parte de uma tese de doutoramento denominada *Estilo e catacrese de uma professora da rede pública de Maceió/AL em contextos de precarização*,[1] desenvolvida dentro de um projeto interinstitucional de Procad-Capes. A clínica da atividade analisa o trabalhador em seu ofício, com suas possibilidades e limites, de uma forma que coloca em discussão não a atividade em si, mas o profissional que atua e como reage aos desafios impostos à própria atividade.

Nossa intenção é analisar o estilo docente em relação às possíveis contribuições que os estudos da clínica da atividade podem oferecer às pesquisas sobre o trabalho do professor. Pesquisar o estilo pode nos trazer importantes dados para análise da atividade docente e também para o desenvolvimento dos professores.

A ATIVIDADE, O GÊNERO E O ESTILO NA CLÍNICA DA ATIVIDADE

Clot atua na perspectiva da ergonomia, que é a análise do trabalho em si. A ergonomia busca a melhoria da relação homem/atividade e se constitui como campo interdisciplinar.

Clot (2007) situa na linguagem o aspecto central da sua teoria, buscando analisar a relação que ela mantém com o trabalho e com o pensamento, valendo-se principalmente Vigotski para discutir como os seres humanos se constituem em seres sociais, como significam e ressignificam o que está ao seu redor e a própria atividade.

Veremos que a subjetividade de cada docente acaba também sendo uma barreira para os professores construírem novas perspectivas e criar

---

1. Ver Araujo (2015). Tese de doutorado do PPGE-UFAL.

o novo, isso quando não passa por nenhum conflito. Clot, Fernandez e Scheller (2001) desenvolveram, então, caminhos que proporcionassem reflexão aos trabalhadores para que pudessem fazer possíveis ressignificação. Clot (2007) estuda a atividade associando concepções dialógicas de linguagem e as contribuições da Ergonomia e da Ergologia. O trabalhador é confrontado com seu trabalho possibilitando uma autoanálise da atividade através da autoconfrontação simples e cruzada, uma estratégia de coleta de dados que favorece a análise da atividade utilizando a imagem como apoio principal de observações e tem a singularidade dos sujeitos como centro das análises. O sujeito se torna observador e avaliador de sua própria atividade, numa perspectiva dialógica em que o profissional é ativo e reflexivo, podendo contribuir para a transformação dos sentidos que o sujeito atribui à sua atividade.

Na autoconfrontação, o pesquisador filma o sujeito em atividade durante determinado tempo, depois faz uma seleção de cenas para que o próprio trabalhador se veja em atuação e faça sua reflexão e comentário, momento também filmado (autoconfrontação simples). Em um segundo instante, o sujeito pesquisado assiste novamente à mesma filmagem na companhia de um colega de trabalho e ambos fazem uma reflexão; essa fase também é filmada (autoconfrontação cruzada). Todo esse processo é feito para analisar uma atividade, entendê-la e ressignificá-la.

Para Clot (2007), a atividade é complexa e não existe um tempo certo de início e fim, na medida em que em toda atividade existe uma preparação anterior que é necessária e que durante sua realização não se tem uma expressiva ideia do que de fato é essa atividade. Uma aula de 60 minutos não tem de fato essa duração, essa aula tem o planejamento realizado ou mesmo a falta dele, a formação da professora, a experiência profissional e também pessoal dela. E depois dessa aula pode vir a ter correções de tarefas, reflexão do que foi feito, preenchimento de caderneta e tantas outras tarefas.

A partir desse olhar do que seria a atividade (Clot, 2007), analisamos a docência como uma atividade complexa, que possui inúmeras tarefas em uma. Muitos autores que discutem o trabalho docente, tais como Tardif (2008), Borges (2001), Schulmam (1986), Therrien e Loiola (2001), já trabalham nessa perspectiva, ao se referirem ao trabalho do professor demarcando a preocupação fisiológica, aspectos psicofisiológicos e os fatores psicossociais nele envolvidos. Esses autores defendem que o trabalho docente engloba o contexto, os saberes, os valores e interesses subjetivos, bem como de diversas instâncias alheias à atividade em si. Além dessas questões é preciso conhecer o sujeito que realiza, que coloca em ação, a tal atividade. Mudando de profissional, a atividade também se altera, mesmo tendo roteiros iguais.

Por isso Clot estuda o trabalho dentro do espectro da atividade e da subjetividade. Além da autoconfrontação, no nosso caso apenas a simples, a etapa de filmagens, foram realizadas também entrevistas e narrativas de história de vida com o sujeito pesquisado. Essas duas estratégias de coleta de dados permitem uma aproximação dos pesquisadores das singularidades presentes na atividade em ação e suas motivações. Mas a coletividade tem a mesma importância nessa discussão. Clot (2007) tinha clareza de que o trabalho não é realizado pelos que prescrevem as atividades, e isso impõe questões éticas importantes para a análise do trabalho, uma vez que estão em jogo as dimensões subjetivas, individuais e coletivas, todas imbricadas na realização da atividade.

Os conceitos de gênero e estilo de ação (Clot, 2007) são centrais nessa relação entre objetividade e subjetividade, coletividade e individualidade presentes nas atividades. Segundo o autor, o gênero profissional é a lei comum, é a atividade social. Já o estilo seria pessoal. Essas categorias da clínica da atividade, gênero e estilo, têm sua base na relação estabelecida entre o indivíduo e a generalidade social explicada pela teoria histórico-cultural. Apoiando-se em Vigotski, afirma que atividade social não explica a atividade pessoal, mas que a pessoal compreende a social, pois o sujeito recria o social, e quando esse movimento não acontece é porque o indivíduo não tem mais controle de sua própria atividade nem tem mais poder de agir. Seu desenvolvimento está sendo bloqueado pelas limitações impostas pelo social.

Conforme Clot (2007), a atividade profissional é sempre mediada pelo gênero, tem suas regras estabelecidas, contidas na lei e na cultura de cada profissão. O gênero de uma atividade é o portador dos procedimentos, normas e posturas desenvolvidas ao longo da história. O estilo é uma espécie de fuga do que está preestabelecido, é a mobilização subjetiva em busca de mudanças que favoreçam o bom desenvolvimento da atividade, é a presença do poder de agir buscando um espaço de ação. É a possibilidade de fazer diferente, de não apenas reproduzir.

A DIMENSÃO SUBJETIVA DO PROCESSO EDUCACIONAL

O papel do estilo de ação não é descumprir o gênero, nem criar outro, mas recriá-lo, adaptá-lo, inová-lo dependendo de cada situação. O estilo é o que mantém vivo o gênero e o liberta dos engessamentos que impedem seu desenvolvimento. O gênero vai se reformulando pelas recriações pessoais aceitas e compartilhadas no coletivo. O estilo é o ajustamento do gênero, é o jeito pessoal que o profissional encontra para realizar tudo que foi prescrito; é a apropriação das normas; é um ato individual a partir da dimensão coletiva. O gênero para existir precisa dos estilos, assim como os estilos e as próprias profissões precisam das orientações que o gênero oferece. O papel do estilo é, portanto, a ressignificação pessoal, subjetiva, da atividade, buscando dar respostas novas às experiências e aos desafios que são colocados cotidianamente ao desenvolvimento atividade.

Reconhece-se que o que regula a ação individual, o estilo, é o coletivo, o gênero. O gênero permeia tanto a dimensão da história singular quanto da história social do trabalho. Para Clot (2007), é o gênero que conserva a história das profissões, porém não é imutável e sim, inacabável. O estilo liberta o profissional do gênero. Porém, para o autor, esse estilo que liberta é o do profissional que tem autonomia e poder de agir. Quando, por diversas circunstâncias, o sujeito é assujeitado, refém da situação, ele tem apenas um estilo reprodutor.

Cada sujeito terá uma forma específica de realizar a apropriação do gênero, dependendo do sentido que cada um der ao gênero da sua profissão. Os sentidos, segundo Vigotski, dependem da história pessoal e profissional de cada um. Para chegar perto das zonas dos sentidos dos profissionais, utilizamos a história de vida aliada à autoconfrontação. Resgatar as experiências pessoais é fundamental para conhecer os sentidos e significados dos professores, para que venham a se tornar reflexivos de sua própria prática. Schön (2000) problematiza três tipos de reflexão que o docente pode ter: "reflexão na ação, reflexão sobre a ação e reflexão sobre a reflexão na ação". A reflexão na ação se dá no momento em que o professor está vivenciando determinada circunstância. Já quando essa reflexão é feita após a ação, é a reflexão sobre a prática. Por último, Schön (2000) traz também a chamada reflexão sobre a reflexão na ação que se realiza em um processo mais elaborado, o professor busca compreender a ação interpretando-a e pode vir a criar outra alternativa para uma atividade ou até transformar o prescrito.

Para Clot (2010b), o estilo de ação permite que os profissionais tenham a possibilidade de transformar o que está prescrito pelo gênero. Mas além da formação e dos sentidos, dos significados construídos e reconstruídos, vai depender também do contexto em que vive esse trabalhador, podendo chegar a perder o poder de agir e vir a ter um estilo de reprodução, um estilo com poder de reflexão restrito.

O contexto tem relevância para a construção das (re)criações estilistas no sentido de fazer o profissional se sentir bem perante o trabalho, ou não, e a emoção pode acabar por inibir o intelecto em situações embaraçosas. Chanlat (2011) afirma que acontece uma degradação da saúde mental e física dos trabalhadores quando a organização do trabalho não considera as funções biológicas e psicológicas do ser humano, causando esgotamento e estresse. Para Clot (2010a), ocorre a amputação do poder de agir, porque cognição e emoção estão em uma relação perturbadora.

Um problema com a família, um sentimento de culpa, as frustrações, o passado, as preocupações, por exemplo, podem mobilizar a atividade mental da pessoa e amputar o poder de agir. Tensões vitais são também tensões mentais. Porém, Clot (2010b) defende que as representações desses fatores podem vir a ser motivação para a ação, pois a subjetividade constituída e as preocupações serão o ponto de partida. Clot (2010b) afirma ainda que é possível, através do conflito, transformar o sentido que o sujeito tem da atividade, e isso pode levar a uma mudança na relação entre emoção e cognição, possibilitando o crescimento.

Para Clot (2010b), é importante perceber se há a perda de sentido da atividade. No caso da docência, seria quando uma professora passa a acreditar que não vai adiantar ensinar os seus alunos. Ela não terá vontade de ensinar nem de ter um estilo próprio de ação, pois o sentido que ela terá do magistério é de uma atividade que serve apenas para cumprir uma função fictícia, meramente formal. Nesse caso, tende a reproduzir o que estiver preestabelecido e acabará se desvitalizando e se desafetando na atividade e pela atividade. São esses processos sociais e pessoais de ligação e desligação considerados na clínica da atividade. Confrontar esses processos e conferir um novo destino podem colaborar para restaurar o poder de agir, que se desenvolverá ou se atrofiará conforme as possibilidades apresentadas. Em última análise, o sujeito é o centro da alternância funcional do poder de agir dele mesmo, na medida em que avalia seu espaço real de ação e suas possibilidades.

REFLEXÕES SOBRE AS AUTOCONFRONTAÇÕES COM UMA PROFESSORA EM MACEIÓ (AL)

A pesquisa foi realizada em uma escola pública do estado de Alagoas, e apesar de estar localizada em um bairro considerado central, a maioria dos alunos era da periferia da cidade. Quando escolhemos a escola, não tínhamos a ideia da precarização que íamos presenciar durante o período de coleta de dados. A necessidade de discutir a precarização surgiu no processo da pesquisa que foi realizada no ano de 2011.

A pesquisa seguiu várias etapas. Fizemos a caracterização da escola, na qual na época a maior parte dos docentes era contratada temporariamente como monitor. Esse profissional monitor é, de fato, um professor contratado temporariamente via edital. São profissionais terceirizados, flexibilizados e sem os direitos trabalhistas conquistados pela profissão, um reflexo das políticas neoliberais adotadas pelos governos do estado de Alagoas. No estado de Alagoas, a atuação do monitor nas escolas públicas passou a ser usual e desde os anos 1990 sua contratação vem crescendo a cada ano. Os profissionais ainda em formação ou recém-formados acabam aceitando essa forma de seleção e contratação com medo do desemprego, alimentando, ao mesmo tempo, a esperança de surgir um concurso para efetivá-los.

A escola era grande e com uma estrutura física visivelmente boa. Na turma observada havia 31 alunos matriculados e 28 frequentando (10 meninas e 18 meninos), dos quais 3 eram deficientes, e, segundo a professora (Maria), o diagnóstico era de deficiência intelectual. Os alunos tinham entre 8 e 13 anos. Detalhe importante é que não havia auxiliar de sala para ajudá-la com as crianças com deficiência. Maria tinha em sua sala duas bolsistas do Programa Institucional de Bolsa de Iniciação à Docência (PIBID),[2] da Universidade Federal de Alagoas (UFAL), e ela

---

2. O programa PIBID oferece bolsas de iniciação à docência aos alunos de cursos presenciais que se dediquem ao estágio nas escolas públicas e que, quando graduados, se comprometam com o exercício do magistério na rede pública. O objetivo é antecipar o vínculo entre os futuros mestres e as salas de aula da rede pública. Com essa iniciativa, o PIBID faz uma articulação entre a educação superior (por meio das licenciaturas), a escola e os sistemas estaduais e municipais. A intenção do programa é unir as secretarias estaduais e municipais de educação e as universidades públicas a favor da melhoria do ensino nas escolas públicas, em que o Índice de Desenvolvimento da Educação Básica (IDEB) esteja abaixo da média nacional, de 4,4. Entre as propostas do PIBID está o incentivo à carreira do magistério nas áreas da educação básica com

afirmou que as bolsistas eram a sua sorte, na medida em que a auxiliavam na condução das atividades em sala de aula.

A professora participante de nossa pesquisa, a qual estamos chamando ficticiamente por Maria, era uma das únicas efetivas da escola, demonstrando um quadro grave de instabilidade e precariedade. Maria era concursada da rede estadual desde 1985. Fez o curso normal de nível médio, mas por falta de opção no interior de Alagoas, onde morava na época, sua formação superior foi em História. Em 2011, período da coleta de dados da pesquisa, Maria tinha 45 anos de idade e 26 anos de experiência na docência, era viúva e tinha 2 filhos, uma moça de 23 anos que já trabalhava e um rapaz de 18 anos que fazia faculdade. Ela morava no mesmo bairro da escola que lecionava e ia e voltava do trabalho usualmente a pé ou em carro próprio. Ministrava aulas para o 3º ano do ensino fundamental do turno matutino.

Durante as observações e filmagens da atividade docente de Maria, foi possível perceber que ela seguia o livro didático de forma sistemática e notadamente procurava se adaptar às suas condições de trabalho adversas. Exigia sempre resultados dos alunos e das alunas e, constantemente, questionava em sala de aula o papel da família dos estudantes por não os acompanhar nos estudos dos seus filhos. Avaliava os alunos frequentemente e tinha o hábito de dar presentes para os melhores. Sua formação em História aparentava não ter contribuído para ter uma visão mais crítica dos problemas advindos da classe social de seus estudantes. Parecia que seus alunos deveriam se encaixar em um ideal de família, tal como ela teve na infância. Na sua narrativa de história de vida, Maria frisava a importância de sua família no seu desenvolvimento, apesar de pobre era organizada, tinha o modelo de pai e mãe para os filhos, e que isso fez com que ela e os irmãos tivessem seguido bons caminhos.

As observações na sala de aula do 3º ano de Maria se iniciaram no mês de maio de 2011 e a partir do mês de junho/2011 a março/2012 foram realizadas as filmagens da atividade docente, numa média de três

---

maior carência de professores com formação específica: ciência e matemática de quinta a oitava séries do ensino fundamental, e física, química, biologia e matemática para o ensino médio. Os coordenadores de áreas do conhecimento recebem bolsas mensais de R$ 1,2 mil. Os alunos dos cursos de licenciatura têm direito a bolsa de R$ 350 e os supervisores, que são os professores das disciplinas nas escolas onde os estudantes universitários vão estagiar, recebem bolsa de R$ 600 por mês (Portal do MEC).

vezes por semana. Além da filmadora, foi utilizado durante todo o tempo um diário de campo. Durante esse período, ocorreram várias paralisações das atividades de Maria e alguns fatos inusitados.

De 19 de maio a 10 de junho, houve greve dos professores da rede estadual, sendo a principal causa a falta de aumento de salário há cinco anos, além da falta de concurso para contratar mais professores efetivos. No dia 16 de junho de 2011, um dos alunos mais complicados da sala agrediu Maria fisicamente, porque ela o havia mandado se sentar. Maria ficou chocada com a situação e a direção da escola resolveu transferir o aluno para outra escola da rede estadual. No dia 15 de agosto, um jovem entrou na escola, baleou uma aluna e matou um funcionário dos serviços gerais da instituição de ensino, que estava com desvio de função, atuando como porteiro. O caso teve repercussão em jornais de todo o país e deixou a sociedade alagoana assustada, mas principalmente os alunos, seus familiares e os funcionários da escola. As aulas ficaram suspensas por uma semana para trabalho de perícia da polícia e teriam retornado no dia 22 de agosto de 2011, se não tivesse acontecido um acidente na estrutura física da escola. Parte do teto caiu. Mais uma vez a escola paralisou suas atividades forçadamente sem previsão de retorno e o calendário escolar, que já estava atrasado, ficou ainda mais prejudicado.

A escola retornou suas atividades no dia 21 de setembro de 2011 com parte da escola interditada; algumas turmas foram transferidas para outra escola estadual do mesmo bairro, a turma de Maria foi uma delas, sem previsão de quando poderiam voltar. Os alunos eram reprimidos na escola emprestada, não podiam fazer barulho e acabaram ficando sem recreio no pátio. Maria acabou ficando mais isolada do que já era. O ano letivo de 2011 terminou em 13 de março de 2012.

ESTILO DA DOCENTE: RECONTO OU CÓPIA?

Montamos 16 episódios e escolhemos dois que representassem o estilo das aulas, desenvolvido pela professora Maria nas aulas filmadas. Esses dois episódios representam um resumo do que observamos durante todo o tempo de pesquisa de campo. Iremos abordar aqui o episódio que denominamos "Reconto ou cópia", com 2h17min. Após as filmagens, realizamos a narrativa de história de vida, uma entrevista e sessões de autoconfrontação simples. A professora começou a refletir sobre sua atividade e fazer as coanálises.

Nesse episódio, Maria escreveu a fábula do rato no quadro e mandou os alunos copiarem do quadro para seus cadernos. Ela explicou que depois eles iriam fazer um reconto da fábula. Mas a fábula era muito grande, os alunos se cansaram na realização da cópia do texto e não conseguiram avançar para a realização da atividade. A maioria não conseguiu terminar a cópia nem começar o reconto. Isso normalmente acontecia nas aulas em que a professora fazia cópias extensas no quadro, uma atividade frequente. Na aula seguinte de português da turma, Maria distribuiu dicionários para trabalhar com as palavras da fábula do rato que eram desconhecidas pelos alunos, mas a aula foi interrompida pelo intervalo e ficou para os alunos terminarem em casa. O reconto de fato não mais foi explorado. Maria afirmou na entrevista que a coordenadora incentiva esse tipo de atividade para os alunos exercitarem a cópia. Disse também que quando percebe que a aula não está indo bem, faz adaptações, mas não percebemos isso durante as aulas dela. Na autoconfrontação, a professora assistiu às filmagens dessa aula e foi convidada a refletir sobre os objetivos da atividade desenvolvida avaliando os resultados alcançados. Inicialmente, ela teve dificuldade em reconhecer que a aula planejada não tinha atingido os objetivos pretendidos, mesmo estando claro que não havia dado tempo de terminar, mas Maria tinha dado por concluída.

Maria, ao ser questionada sobre o objetivo dessa aula, disse que seria o de praticar a escrita dos alunos. Só depois ela acabou dizendo que o objetivo realmente era o reconto e que, de fato, não havia sido alcançado. Falou também que não tinha ficado satisfeita com aquela aula e que se pudesse mudá-la faria com atividade xerocada. Ela, nesse momento, não chegou a apontar a questão do limite de xerox que cada docente tem direito na escola, como determinação da direção, nem fez críticas sobre a precarização que era imposta a conviver e trabalhar naquela instituição e o fato de ter uma quantidade limite de cópias que podia fazer na semana.

A professora não atribui os problemas de suas aulas à precariedade das condições de trabalho de sua escola, nem ao fato de sua formação não ser em Pedagogia. Ela, a todo momento, insistia em querer mostrar

A DIMENSÃO SUBJETIVA DO PROCESSO EDUCACIONAL

que aquela atividade de cópia, muito vinculada à uma didática tradicional, tinha sido boa. No final, ela concordou que deveria ter sido feito diferente por não ter dado tempo, mas culpou também os alunos e seus familiares, responsabilizando-os por não darem importância à educação por serem pobres. Maria frequentemente dava sermões para as crianças, que ouviam em silêncio. Deviam estudar mais em casa e criticava suas famílias e sua condição social. A origem principal das suas críticas era a sua própria família e a forma como ela a representava na sua narrativa de história de vida. Era pobre, mas tinha pai e mãe que se importavam com sua escolarização, e segundo sua percepção, o mesmo não ocorria com seus alunos, e essa era a verdadeira causa do desempenho e participação fracos da turma na atividade proposta.

Sabemos pelas filmagens e observações realizadas, que essa rotina de escrever no quadro e solicitar que fosse copiada pelos alunos já estava incorporada no seu estilo. Nesse caso, Maria está reproduzindo um estilo que pode ser considerado predominantemente tradicional, em que utiliza bastante o livro didático e o quadro. Também costuma chamar os alunos para frente da sala para fazer avaliações. Os professores que seguem de forma consciente ou não o que está posto, sem modificar ou criar dinâmicas diferentes, acabam se tornando o que Cagliari (1998) chama de docente cartilha. Ela demonstrava apego demasiado aos livros didáticos e em atividades mecânicas, como a cópia, e suas aulas eram predominantemente expositivas. Ela manteve esse estilo, aparentemente, porque é o que lhe dava segurança no seu fazer didático cotidiano. Como ela própria afirmava, são maneiras corretas e que "sempre dão certo".

Segundo Oliveira (2008), os professores têm tendência a repetir suas próprias experiências na relação com seus alunos e alunas e, por isso, devem confrontar-se em grupos de formação profissional e reconhecer suas emoções, frustrações e agressividades para assim poder construir conhecimento com a criança. Tardif e Raymond (2000) ressalvam que os professores, antes mesmo de se tornarem profissionais, passaram longos anos de suas vidas dentro de escolas e que esse processo de socialização escolar atravessa os processos de formação inicial. Ambrosetti e Almeida (2009) destacam que há professores que se tornam modelo e marcam a memória afetiva dos alunos. Esse fator pode ser preocupante na docência porque as ações passam a não ser pautadas em técnicas, nem muito menos em teorias, mas em uma memória afetiva da própria vivência do(a) professor(a). Isso seria o que Duarte (2006) chama de construção subjetiva de significados, porque o conhecimento deixa de ter referência na realidade objetiva. Na verdade, o subjetivo não é superado. O conhecimento tácito acaba por valer mais que a teoria.

Segundo Clot (2007), a subjetividade pode chegar a atrapalhar quando não é objeto de uma mobilização para a ação; e a subjetividade sendo perpassada pela reflexão pode vir a ajudar no processo da atividade do sujeito. A mobilização subjetiva é de extrema importância para a formação de um estilo de ação. Essa reflexão quando feita na dialogicidade e em coletividade pode gerar novos sentidos e transformar ações.

Para Maria, que pelas circunstâncias reais para desenvolver sua atividade tende a ter um estilo reprodutor e fortemente tradicional, foi difícil perceber que os resultados pareciam ser mais negativos que positivos para a aprendizagem dos alunos, tanto quanto ao estímulo à aprendizagem, quanto para amenizar junto aos estudantes um quadro de profunda precarização da escola e das suas vidas. Porém Maria, que tanto falou na entrevista sobre precarização, ao refletir sobre sua atividade nas autoconfrontações, não citou a precarização em nenhum instante. Ela não conseguia fazer pontes dos assuntos no momento de desenvolver sua atividade. Era mais simples culpar de imediato as crianças e suas famílias, usando sua vida pessoal e escolar como modelo.

Por outro lado, a experiência profissional adquirida ao longo da vida adquire elevado valor e passa a fazer parte da individualidade dos sujeitos. Esse conhecimento deve ser trabalhado, pois tende a ser demasiadamente individualizado e subjetivo. No caso de Maria, isso é agravado pelas suas condições de trabalho, a pobreza dos alunos epelo isolamento de sua prática, além do fato de não haver pares para discutir os problemas cotidianos e as questões políticas inerentes à profissão e às estratégias de superação coletiva.

CONSIDERAÇÕES FINAIS

A subjetividade presente nas atividades dos docentes é um assunto que deve ser discutido com mais propriedade, pela sua complexidade e suas implicações. Podemos afirmar que pode afetar diretamente o estilo profissional e, consequentemente, o próprio gênero da profissão, tanto de forma positiva quanto de forma negativa. A subjetividade deve servir para mobilizar o sujeito, e nossa preocupação é quando a subjetividade não adquire forças para auxiliar positivamente no jogo estilístico. Clot (2007) explica que o estilo é a figura subjetiva do profissional sobre sua atividade, se prevalecer a ausência de um estilo de ação, o profissional, a docente, estará apenas reproduzindo e se ausentando para tomadas de decisões.

Maria foi indicada pela direção da escola como uma das melhores profissionais que compunham o corpo docente naquele momento. Sua busca por solucionar as dificuldades e os problemas complexos e graves que precisou enfrentar, porém, apresentava uma gama vasta de limitações. Ela se tornou aprisionada pela sua história de vida escolar, profissional e familiar, pela sua subjetividade, que acabou esbarrando também na precarização da sua escola.

Segundo Mattos e Silva (2004), o ensino não é uma atividade mecânica, como se fosse uma atividade de reprodução, é um exercício de criação e para isso não deve se submeter ao trabalho, como, por exemplo, continuar trabalhando com pó de giz e adoecendo e achar que isso faz parte da profissão. O trabalho é que tem de se adequar aos trabalhadores, para que estes tenham condições dignas de produzir com qualidade. São necessárias condições para que se trabalhe, da mesma forma que um artista não pinta um quadro se não houver tinta.

Como aspecto positivo, observamos que a autoconfrontação desencadeou em Maria um processo de desnaturalização de sua atividade, pois pela primeira vez ela debateu assuntos com terceiros e pôde avaliar muitos elementos presentes na sua prática, especialmente os aspectos relativos à sua precarização. Sua subjetividade, fortemente associada à sua história de vida, no entanto, ainda permaneceu uma barreira.

REFERÊNCIAS

AMBROSETTI, N. B.; ALMEIDA, P. C. A. Profissionalidade docente: uma análise a partir das relações constituintes entre os professores e a escola. *Revista Brasileira de Estudos Pedagógicos*, Brasília, v. 90, n. 226, p. 592-608, set./dez. 2009.

ARAUJO, I. R. L. *Estilo e catacrese de uma professora da rede pública de Maceió/AL em contextos de precarização.* 2015. Tese (Doutorado em Educação.) — UFAL, Maceió.

BORGES, C. Saberes docentes: diferentes tipologias e classificações de um campo de pesquisa. Educação e Sociedade, São Paulo, v. 22, n. 74, p. 59-76, abr. 2001.

CAGLIARI, L. C. Alfabetizando sem o bá-bé-bi-bó-bu. São Paulo: Scipione, 1998.

CHANLAT, J. F. O desafio social da gestão: a contribuição das ciências sociais. In: P. F. BENDASSOLLI; L. A. P. SOBOLL. (Orgs.). *Clínicas do trabalho.* São Paulo: Atlas, 2011.

CLOT, Y. (Org.). *Avec Vygotsky.* Paris: La Dispute, 1999.

_____. Entretiens en autoconfrontation croisée: une méthode en clinique de l' ativité. *Education Permanente,* Paris: Group Caísse dês Dépots et Consignations, n. 146, 2001.

_____. Anotações. Transcrições de palestra realizada em 2005a.

_____. Clínica do trabalho, clínica do real. *Le Journal dês Psychologues,* n. 185, mars 2001. Tradução para fins didáticos: Kátia Santorum e Suyaana Linhares Barkes, revisão de Claudia Osório. In: *Coletânea de textos — curso de aperfeiçoamento em psicologia do trabalho — ciclo CEAP.* Belo Horizonte: Ciclo CEAP, 2005b.

_____. *A função psicológica do trabalho.* Tradução de Adail Sobral. 2. ed. Petrópolis: Vozes, 2007.

_____. A psicologia do trabalho na França e a perspectiva da clínica da atividade. *Fractal: Revista da Psicologia,* v. 22, n. 1, p. 207-34, jan./abr. 2010a.

_____. *Trabalho e poder de agir.* Tradução de Guilherme João de Freitas Teixeira e Marlene Machado Zica Vianna. Belo Horizonte: Fabrefactum, 2010b.

_____. Clínica do trabalho e clínica da atividade. In: BENDASSOLLI, P. F.; SOBOLL, L. A. P. (Orgs.). *Clínicas do trabalho.* São Paulo: Atlas, 2011.

_____ et al. *Entrevistas em autoconfrontações cruzadas:* um método da clínica da atividade, 2001.

DUARTE, N. *Vigotski e o "aprender a aprender":* críticas as apropriações neoliberais e pós-modernas da teoria vigotskiana. 4. ed. Campinas: Autores associados, 2006. (Col. Educação Contemporânea.)

MATTOS E SILVA, Rosa Virgínia. *Ensaios para a sócio-história do português brasileiro.* São Paulo: Parábola, 2004.

OLIVEIRA, Z. R. *Educação infantil:* fundamentos e métodos. São Paulo: Cortez, 2008. (Col. Docência em Formação.)

RAYMOND, Danielle; TARDIF, Maurice. Saberes, tempo e aprendizagem do trabalho no magistério. *Educação & Sociedade*, Campinas, n. 73, p. 209-44, 2000.

SCHÖN, D. A. *Educando o profissional reflexivo*. São Paulo: Artmed, 2000.

SHULMAN, L. "Those who understand: knowledge growth in teaching." In: *Educational Researcher*, 15(2), 1986,(4-14).

TARDIF, M. *Saberes docentes e formação profissional*. Petrópolis: Editora Vozes, 2008.

THERRIEN, Jacques & LOIOLA, Francisco Antônio. Experiência e competência no ensino: pistas de reflexões sobre a natureza do saber-ensinar na perspectiva da ergonomia do trabalho docente. In: *Educação & Sociedade*: revista quadrimestral de ciências da educação, n. 7, v. XXV. Campinas: Cedes, 2001.

Capítulo 8

Formação inicial docente na compreensão das necessidades formativas

Hilda Maria Martins Bandeira (UFPI)
Clara Caroline Andrade da Silva (UFPI)
Tayná da Cunha Saraiva (UFPI)

DISCUTINDO FORMAÇÃO INICIAL DOCENTE E OS PRESSUPOSTOS TEÓRICO-FILOSÓFICOS

O conhecimento das necessidades de formação do professor por ele mesmo, por via colaborativa, é uma das condições primordiais para o desenvolvimento da formação e da prática pedagógica (Bandeira, 2014).

Este texto discute necessidades formativas de discentes em processo de formação e de docentes iniciantes do curso de Pedagogia da Universidade Federal do Piauí, tendo como fundamento o referencial teórico-metodológico do Materialismo Histórico Dialético e da pesquisa colaborativa, que integra o Programa de Iniciação Científica Voluntária (ICV) nos anos de 2014-2015, a qual está vinculada ao grupo de pesquisa em Formação de Professores na Perspectiva Histórico-Cultural intitulado Formar; desde o ano de 2015, pesquisadora e bolsistas integraram-se ao Programa Nacional de Cooperação Acadêmica (Procad).

A formação inicial de professores é um momento crucial do desenvolvimento profissional docente e profícuo para criar condições necessárias a fim de que o discente e professor iniciante, ao se depararem com o contexto educacional, apresentem os dispositivos lógicos suficientes para interpretar problemas, investigar situações e produzir conhecimentos pertinentes.

A prática é a base e o fim do conhecimento, por conseguinte, é importante que a relação teoria-prática trabalhada na formação inicial esteja pautada nas necessidades daqueles que iniciarão na carreira docente. É inegável que o processo de inserção é crucial para o desenvolvimento da vida profissional, particularmente para o trabalho do docente iniciante, que deixa a função de estudante para assumir a função de professor e continuar em formação. Nono (2011, p. 19) descreve o período de iniciação na carreira docente como:

> [...] um período marcado, em geral, pela desilusão e pelo desencanto e que corresponde à transição da vida de estudante para a vida mais exigente do trabalho. Os primeiros anos de profissão são decisivos na estruturação da

A DIMENSÃO SUBJETIVA DO PROCESSO EDUCACIONAL

prática profissional e podem ocasionar o estabelecimento de rotinas e certezas cristalizadas sobre a atividade de ensino que acompanharão o professor ao longo de sua carreira.

O momento de transição de estudante a professor é marcado pela dificuldade em explicitar a relação teoria-prática e contribui para que aconteça inicialmente um "choque de realidade". A situação em si é prenhe de contradições, e o profissional que acaba de sair desse inicial período formativo manifesta dificuldades na representação lógica, na compreensão teórico-metodológica da realidade da formação inicial com a prática que lhe propõem a executar. Nota-se, porém, que os conhecimentos construídos inicialmente tendem a ser consolidados na prática docente e por meio dela novos conhecimentos são produzidos. Sobre isso, afirma Guarnieri (2000, p. 19-20):

As características insatisfatórias da prática podem ser superadas quando o professor vai estabelecendo relações entre conhecimentos assimilados na formação (incluindo-se também os conhecimentos provenientes e seu processo de escolarização), com os conhecimentos que vai adquirindo na atuação, realizando um duplo movimento de distanciamento e avaliação da prática sob a ótica dos conhecimentos teóricos e de aprofundamento e reelaboração desses conhecimentos sob a ótica da experiência prática.

Os instrumentos teórico-metodológicos que discentes em processo formativo e docentes iniciantes utilizam para compreender as necessidades manifestadas nos contextos em que se inserem são significativos para a profissionalização, pois serão fatores que definirão a prática de ser e de estar docente. Decorre daí a necessidade de entender a base teórico-filosófica que subjaz a formação inicial.

Bandeira (2014, p. 131) afirma: "[...] de acordo com a situação da formação e as circunstâncias da docência manifestamos diferentes tipos de necessidades", e ainda: "[...] abordar necessidades articulando formação inicial e a entrada na docência é materializar a realidade e a vida de professores iniciantes". Ao compreendermos tal afirmação, observamos a exigência da reflexão sobre a consciência no processo de aprendizagem, pois como diz Vieira Pinto (1969, p. 367):

[...] a consciência, tal seja sua natureza, que depende do processo biológico, social e educacional que a formou, é o determinante fundamental do comportamento em face da realidade física, que lhe compete devassar, e da sociedade, em cujo meio e com cujos recursos, tem a possibilidade de operar.

Nosso processo de aprendizagem, nossa ação, nossa produção e, consequentemente, o trabalho que desempenhamos estão intimamente ligados à formação e ao estado da nossa consciência. E como o estado da consciência determina nossas ações, assim também as ações podem revelar o estado da consciência em que nos encontramos.

Para compreensão das necessidades formativas no âmbito da formação inicial e na inserção da docência, a seguir caracterizaremos os estágios de consciência fundamentados em Vieira Pinto (1969), relacionando-os às tipologias de necessidades, conforme Bandeira (2014). Ressaltamos que essa autora tipifica as necessidades em três categorias: necessidades como lacunas ou discrepâncias; necessidades como diagnósticas; e necessidades como possibilidades. Salientamos que necessidades como lacunas ou discrepâncias são aquelas que caracterizam o fosso existente entre contrários, separação de dois polos que se contrapõem, realçando o distanciamento existente entre o desejado e o realizado. Necessidades como diagnósticas são aquelas que abrangem as discentes e as docentes iniciantes, cuja ausência causa prejuízo e presença causa benefício. E necessidades como possibilidades são aquelas que trazem em si o novo, que podem tornar-se reais e abstratas, conforme as condições objetivas e subjetivas produzidas.

Em consonância com os estudos de Vieira Pinto (1969), a consciência ingênua é aquela que se prende ao ideal, é empirista, rejeita os problemas lógicos e metodológicos, ou seja, não privilegia os condicionamentos das proposições que profere. Podemos observar ainda que a consciência ingênua não compreende também o objeto e o fenômeno em sua totalidade, em sua unidade, de modo que não consegue relacionar aspectos contraditórios, como, por exemplo, teoria-prática. Nesse sentido, são consciências ingênuas as atitudes que privilegiam a prática sem submetê-la à reflexão filosófica, bem como aquelas que não vivenciam a prática, mas se atêm a teorias e ideias oriundas das suas consciências individuais.

A consciência ingênua relaciona-se às necessidades como lacunas ou discrepâncias. Sobre essa tipologia, Bandeira (2014, p. 133) afirma: "[...] as discrepâncias são identificadas como falta, carência que demonstra desacordo da situação atual em comparação com a situação idealizada e desejada, caracterizando o vazio entre dois polos". Essa consciência é incapaz de admitir os próprios condicionamentos e de explicitar que esse vazio entre a situação atual e desejada é uma manifestação aparente, ou seja, não compreende a si mesma, assim como a realidade objetiva e subjetiva.

A segunda consciência encontrada é a que chamamos de consciência em transição. Nesse estágio da consciência, o discente e o docente começam a preocupar-se com questões lógico-metodológicas, a relacionar aspectos contraditórios, como teoria-prática, e principia a necessidade de investigar e de criar. Identificamos nessa consciência a manifestação da compreensão dos determinantes, nos quais é preciso refazer o percurso, exercer autocorreção, buscar encontrar as causas e os efeitos das necessidades existentes no limite das descrições. Bandeira (2015, p. 45) nos diz: "[...] a compreensão das possibilidades por meio da unidade teoria e prática social funciona como alternativa de enfrentamento das necessidades instituídas". A autora realça a função da colaboração e da reflexão crítica na explicitação das necessidades formativas de professores iniciantes.

Existe, porém, uma terceira consciência, denominada crítica. Nesta, docentes e discentes se revelam críticos, ao manifestarem os fundamentos que subjazem suas formações e suas práticas docentes, ou seja, têm como guia o método que lhes alicerçam e se tornam capazes de lançar projeções para a realidade emergente. Usam o método de forma intencional, para compreender a si e os condicionamentos das necessidades formativas instituídas, tem ainda clara consciência de como alcançaram o conhecimento, da abrangência e dos limites desse conhecimento para a transformação da realidade, tudo isso através da explicitação do pensamento e da ação investigadora do mundo circundante e de si.

É uma exigência sócio-histórica que o ser humano, em especial o estudante em formação e o profissional docente, desenvolva consciência crítica. O saber científico implica a formação da consciência crítica, da consciência que considere as contradições intrínsecas e extrínsecas de objetos e fenômenos investigados, que os entende na totalidade de que participam, entre outras coisas, que reflete criticamente valores, crenças, concepções e as finalidades do seu trabalho e suas relações com a totalidade da profissão docente. Situamos no estágio de consciência crítica a necessidade entendida como possibilidade, pois a consciência crítica é por essência investigadora, apropriadora (Vieira Pinto, 1969) dos meios que produzem o desenvolvimento de si e do contexto sócio-histórico-cultural.

No caso particular do trabalho do pedagogo, do discente que intenciona aderir à docência, é condição fundamental a reflexão crítica na perspectiva da lógica dialética. Isso significa que refletirá sobre a natureza e o desenvolvimento do trabalho, bem como sobre os fundamentos existenciais e as finalidades sócio-históricas que o condicionam e que geram a luta para produzir o desenvolvimento. Esse processo de reconhecer-se como consciência que se constitui na dimensão social, cultural, política e dessa forma aprofundar o conhecimento de si, buscando novos conhecimentos, produzindo outras e novas ideias, é uma exigência para o professor fazer uso com amplitude das possibilidades que tem e exerce na sua condição de formar alunos críticos. A consciência crítica interessa-se pela escolha do método apropriado, da lógica que alcançará a realidade de maneira a não se prender numa visão idealista das manifestações externas de necessidades formativas de docentes iniciantes e de discentes em processo de formação.

A formação de professores constitui processo inicial, contínuo e multifacetado. Formar o docente, educar o futuro profissional para o pensar e o agir docente na compreensão de suas necessidades, tem como exigência o saber científico implicado na formação da consciência crítica. Nesse caso, o saber científico na formação da consciência crítica considera as contradições intrínsecas e extrínsecas que se apresentam tanto na inserção docente, quanto na formação inicial, aos quais pelo dispositivo da colaboração e da reflexão pretensamente crítica (Bandeira, 2016a; Bandeira, 2016b) se voltará para sua explicitação, criando condições para compreender as circunstâncias de ser e de estar na docência e suas projeções. Situamos no estágio de consciência crítica a necessidade entendida como possibilidade, pois a consciência crítica é investigadora e criadora da sua realidade, pois tanto reflete quanto refrata (Bakhtin, 2009) a condição de ser e de estar discente e docente.

Este estudo está fundamentado na pesquisa qualitativa com manifestação colaborativa e no Materialismo Histórico Dialético que, para Kopnin (1978), conforme cita Bandeira (2014, p. 25), "[...] pressupõe meios que, por um lado orientam o pensamento na busca por identidade entre a dialética, lógica e teoria do conhecimento, e, por outro, permitem a

A DIMENSÃO SUBJETIVA DO PROCESSO EDUCACIONAL

liberdade de criação". Nesse caso, utilizamos as tipologias de necessidades formativas como categorias de interpretação e os estágios de consciência como categorias de análise dos dados produzidos.

A seguir, faremos a análise dos dados obtidos utilizando as categorias analítico-interpretativas consciência e necessidade. A análise abrange dois momentos: o primeiro diz respeito ao encontro com o curso de Pedagogia e ao magistério e o segundo corresponde ao período de inserção à docência.

ENCONTRO DOS DISCENTES E DOS DOCENTES COM O CURSO DE PEDAGOGIA E O MAGISTÉRIO

Este estudo foi realizado na Universidade Federal do Piauí, nos anos de 2014-2015, com quatro partícipes, sendo duas discentes da UFPI e duas docentes iniciantes da instituição mencionada. Para escolha das discentes, os critérios utilizados foram: estar matriculada no curso de Pedagogia dessa instituição de ensino superior (UFPI); ter ou estar cursando a disciplina de Pesquisa em Educação I ou II, sendo que essa disciplina se apresenta no 6º e 7º períodos na matriz curricular do então curso da UFPI; participar de algum projeto de iniciação científica da referida instituição; e aceitar participar da pesquisa. No caso das docentes os critérios foram: ser formada em Pedagogia, estar na condição de docente do curso de Pedagogia da UFPI no período inferior a dois anos. A fim de preservar as identidades, as professoras receberam o nome fictício de D1 e D2 e as discentes receberam o nome de A1 e A2, conforme exigências éticas que asseguram anonimato das partícipes desta pesquisa.

Os dados foram produzidos mediante entrevista reflexiva que "[...] conforme a interação que se estabelece entre entrevistador e entrevistado tem-se um conhecimento organizado de forma específica" (Szymanski, 2004, p. 11). Ela foi organizada por meio de roteiro estruturado contendo questões previamente elaboradas que incluíram a identificação das voluntárias, a formação acadêmica e, no caso de D1 e D2, os dados profissionais. Ressaltamos que as entrevistas foram realizadas no espaço da UFPI e gravadas em áudio com a permissão das partícipes. No primeiro momento, pedimos que elas descrevessem seu encontro com o curso de

Pedagogia e os motivos que as levaram ao magistério, sobre isso temos os relatos:

A1: Eu tenho uma família onde a maioria das mulheres é composta por professoras, [...] então fui muito afetada por isso. Eu sempre achei bonito [...].

A2: [...] eu não queria Pedagogia, [...] mas eu coloquei por influência mesmo, tipo minha mãe é professora, minhas irmãs fizeram Pedagogia aqui (UFPI) e elas falavam muito que era bom eu fazer, que era um curso bom, [...] eu já entrei no curso frustrada [...].

D1: Eu não queria ser pedagoga. [...] Aí, Pedagogia foi um curso que eu não esperava porque foi o curso que deu.

D2: Foram as condições que me levaram a isso, não foi minha primeira opção, mas sempre nesse processo de formação e atuação, outras pessoas faziam essa leitura e me identificavam muito claramente com essa questão de ser professor e, aí, eu fui criando essa identificação e fui me identificando com o curso [...].

Questionamos ainda as partícipes sobre as possibilidades manifestadas ao longo da formação; sobre isso, obtivemos os seguintes relatos:

A1: Olha a UFPI me proporcionou pesquisar [...]. As disciplinas fundamentais já me conquistaram [...] esse realmente é o curso que eu quero ir até o fim, exercer a profissão.

A2: [...] na iniciação científica é outro mundo [...] porque eu tenho a opção de produzir o que me interessa de vivenciar [...] as primeiras disciplinas [...] me encantaram extremamente [...] nos primeiros blocos são fundamentos [...] uma perspectiva que eu tenho que eu espero ansiosamente é poder passar no mestrado.

D1: Foi o curso que passei de primeira e fui levando [...] quando eu comecei a ver o que era o curso [...] e no quinto período eu descobri a pesquisa [...] comecei a estudar para o mestrado [...].

D2: Comecei a trabalhar e estudar ao mesmo tempo e isso me ajudou muito. [...] quando a gente atua como professor e está fazendo a formação você consegue refletir sobre muitas coisas, muitas coisas, o que

A DIMENSÃO SUBJETIVA DO PROCESSO EDUCACIONAL

você lê, do que é discutido em sala, o que é orientado pelo professor na sua formação.

De modo geral, a opção pelo curso de Pedagogia, bem como pelo magistério das discentes e das docentes, foi determinada pelas circunstâncias. Notamos que as duas discentes (A1 e A2) foram influenciadas pela família na opção pela docência, particularmente na condição de ser mulher. A1 demonstra visão idealizada da experiência prática com as mulheres professoras, trazendo evidências da atuação na profissão. A2, em contrapartida, demonstra que sua inserção no curso caracterizou-se por momentos de angústias e incertezas, deixando explícita sua contrariedade com a opção realizada. Nos relatos, as graduandas ressaltam que o encontro com as disciplinas iniciais e a oportunidade de pesquisar assuntos do interesse pessoal foram fundamentais para a compreensão que têm sobre o que querem fazer a partir da formação no curso de Pedagogia. Já durante a formação, A1 afirma que exercerá a profissão docente e A2 expressa o desejo de continuar em formação, almejando ser mestranda e pesquisar aquilo de que gosta.

A partir das narrativas das professoras D1 e D2, a opção pelo magistério foi movida pelas condições externas, trazendo indicativos de que desejavam outro curso, a docência foi a segunda opção. No caso de D1, a escolha do curso se deu por uma necessidade imediata, já no caso de D2 o encontro com a docência se deu por vocação indefinida. As professoras salientam que no decorrer do curso foram encontrando as motivações necessárias para permanecer na área de Pedagogia, nessa trajetória vão tomando gosto pela docência, particularmente em meados do curso e no momento em que são exigidas a exercer a profissão.

Segundo Afanasiev (1968, p. 171), "[...] a necessidade e a causalidade não existem em separado, como categorias puras. [...] Por trás de numerosas casualidades encontraremos sempre a necessidade objetiva, uma lei". Sobre esse momento de encontro com o curso de Pedagogia e o magistério, tanto no caso das discentes quanto no caso das docentes, observamos que a escolha do curso se deu por causa imediata do contexto. As casualidades que conduzem a escolha do curso propiciam a manifestação das necessidades como lacunas, realçando o distanciamento entre as condições objetivas da realidade e as condições subjetivas almejadas.

As partícipes, no entanto, evidenciam que no processo de formação, o que antes era necessidade como lacuna, desenvolve-se e constitui necessidade como possibilidade em face das circunstâncias de engajamento no processo de pesquisa, da iniciação científica e das interações que vão produzindo na vida de estudante e de professor, dando indícios de consciência crítica. Visto que, ao passo que as partícipes são exigidas a explicitar a relação com a escolha da profissão docente, bem como suas motivações, trazem nessa relação o movimento do pensamento-ação, tornam-se capazes de desenvolver o pensar crítico sobre si e a sua forma de se relacionar com a realidade circundante.

Relacionando o período de formação inicial com o processo de travessia da função de estudante para a de docente, questionamos as professoras sobre as necessidades manifestadas no momento de inserção à docência e como essas manifestações de necessidades foram enfrentadas. Trataremos sobre esse momento na seção seguinte.

INSERÇÃO À DOCÊNCIA

A docência, como destaca Nono (2011, p. 19), "[...] corresponde à transição da vida de estudante para a vida mais exigente do trabalho", ou seja, é preciso pensar e agir como docente no âmbito da sala de aula, é o próprio ato de ensinar, é exercer o magistério. Bandeira (2014, p. 102) diz: "[...] a iniciação à docência é travessia que envolve, especialmente, os dois primeiros anos, nos quais fazemos a transição de estudantes para professores". Nesse aspecto, buscamos compreender o período de inserção à docência e a postura tomada pelas professoras frente às necessidades do magistério. Com base nessa travessia do ser estudante para o ser professor, obtivemos das partícipes os seguintes relatos:

> **D1:** Tudo o que planejava estava indo de água a baixo. Eu não tinha clara a teoria que fundamentava minha prática e, consequentemente, prejudicava todo o processo de aprendizagem.

> **D2:** Eu me senti angustiada demais. E agora o que eu vou fazer, como as coisas acontecem, por onde eu começo, a quem eu peço ajuda? Esses questionamentos ficam na cabeça e todos eles levam a outro [...] Será que vou conseguir?

A DIMENSÃO SUBJETIVA DO PROCESSO EDUCACIONAL

Nesses relatos, as partícipes realçam as angústias, os conflitos, as dificuldades que solapam a entrada na docência. D1 e D2 evidenciam que na inserção à docência muitas reflexões são desencadeadas, que englobam desde a relação entre o idealizado e o planejado, bem como o que fazer e por que fazer em face da falta de clareza da teoria que subjaz a prática docente. Nesse aspecto, o processo de travessia de estudante para a função de docente é marcado pelo "choque de realidade", no qual as professoras iniciantes revisam a entrada na docência, evidenciando o descompasso entre o planejado e o realizado, o medo, a necessidade de entender o pensar e o agir docente.

De acordo com Bandeira (2014, p. 96), a tipologia de necessidades como discrepância ou lacunas tem como atributos "[...] a limitação à prática ou à teoria, distanciamento entre o prescrito e a realidade"; atributos esses explicitados pelas partícipes, especialmente D1: "[...] eu não tinha clara a teoria que fundamentava minha prática". As partícipes demonstram que o período de inserção à docência foi permeado por lacunas presentes tanto no contexto da formação inicial quanto no momento de travessia docente, haja vista que a opção pela docência estava em segundo plano, e ao explicitarem o aparente vazio entre a teoria trabalhada no contexto da formação inicial e a realidade objetiva da prática, trazem evidências da urgência de compreensão da relação teoria-prática, em outras palavras, de explicitar os fundamentos da prática docente constituída e em via de constituição das possibilidades que lutam por emergirem.

Destarte, ao passo que as partícipes expressam necessidades como lacunas, também trazem indicativos da tipologia de necessidades como diagnósticas, sobretudo quando em seus relatos expressam *check-up* da prática realizada no contexto da sala de aula, ressaltando a relação entre benefícios e prejuízos oriundos do processo de formação e que são trazidos à tona na emergência da travessia de estudante a docente. Em consonância com Bandeira (2014, p. 134), compreendemos que "[...] a função diagnóstica é utilizada para identificar conhecimentos prévios, a fim de estabelecer comparação com o previsto e o realizado". Nesse sentido, a ação diagnóstica expressada pelas partícipes possibilita oportunidade para pensar-agir sobre o processo formativo que as constituíram, caracterizando assim a consciência em transição que privilegia indicadores descritivos que sinalizam o devir.

Ao questionarmos as professoras sobre como enfrentaram as manifestações de necessidades na prática docente, obtivemos os seguintes relatos:

D1: A pesquisa [...] a empiria me deu a visão de que isso deveria ser estudado, porque me inquietava.

D2: Comecei a buscar [...] a ler, a trocar ideias com outros professores, procurar os mais experientes. Você pesquisa também, e aí você começa. [...] É a sua necessidade. E, vai te levar a alguma coisa, a estudar, a conversar com outros professores, a planejar.

Os relatos selecionados para análise expressam o posicionamento das partícipes a respeito do enfrentamento das necessidades presentes no processo de inserção à docência. Tanto nos relatos de D1 quanto nos de D2 fica evidenciada a relação com a pesquisa; as trocas de experiências, vivências e leituras realizadas mobilizaram o desenvolvimento das partícipes e, em decorrência, provocaram novas necessidades que não se limitam a sua manifestação externa, pois portam o devir, ou seja, a possibilidade. Bandeira (2014, p. 94) afirma: "[...] a possibilidade tem uma estrutura abstrata do objeto novo que ainda não consolidou todos os aspectos imprescindíveis para a sua materialização"; isso implica a transformação do pensar-agir atual das partícipes que, conforme as condições são criadas, se desenvolvem transformando em realidade o que outrora fora possibilidade. Segundo Vieira Pinto (1969), produzir ciência tem como exigência atuar socialmente com os outros.

Nesse sentido, ao entrarem na docência, em face da realidade posta, as professoras manifestaram que a pesquisa e as interações produzidas constituem meio para gerar necessidades, para compreender o multifacetado contexto educacional e, nesse momento, mostram indícios de uma consciência crítica. Consciência que passa a agir sobre a realidade para entendê-la e que precisa prover-se do conhecimento existente, assim como a busca dos instrumentos teórico-metodológicos que possibilitem a superação das necessidades na sua forma casual e circunstancial de influências do contexto imediato, intencionando o desenvolvimento da atividade docente, da produção das condições para sua transformação, ou seja, à medida que as partícipes são provocadas em suas reflexões, condições são criadas para o seu desenvolvimento pessoal e profissional.

CONSIDERAÇÕES FINAIS

Este estudo contribuiu para a explicitação das necessidades formativas de docentes iniciantes e de discentes em processo de formação. A pesquisa evidenciou que o período de inserção à docência é prenhe de necessidades, particularmente caracterizada na sua forma externa, trazendo a colaboração e a reflexão pretensamente crítica como exigências para compreensão e explicitação das necessidades como possibilidades na constituição do ser e do estar docente com consciência crítica.

A investigação traz evidências da exigência de pensar a relação da formação inicial e a inserção de principiantes na docência, haja vista que os dados demonstram que discentes e docentes manifestam na formação e na condição de professor iniciante consciências que privilegiam características ingênuas, no que se referem às finalidades e às responsabilidades do trabalho que realizam.

Dessa forma, interpretar necessidades na perspectiva do materialismo histórico dialético nos convoca a observar também nosso movimento de partícipes no trabalho de investigação, que pelo viés das escolhas éticas e teórico-metodológicas produzidas nos convoca a refletir e refratar a iniciação científica, o engajamento no grupo Formar e no Procad para compreender a função de estudante, de futura professora, de pesquisadora, de docente formadora, assim como de quem está sempre se humanizando e se constituindo nas relações colaborativas da intrínseca relação de unidade pesquisa-formação. Nesse caso, compreender quem somos, que necessidades portamos, constituem exigências para o entendimento das necessidades fundamentais e determinantes que caracterizam a prática formativa e a docência. Portanto, é urgente ter como temática de discussão as relações produzidas na formação e na docência de iniciantes, particularmente, na compreensão da base teórico-filosófica-metodológica da realidade objetiva e subjetiva das necessidades formativas da profissão docente.

REFERÊNCIAS

AFANASIEV, Victor. *Fundamentos de filosofia*. Rio de Janeiro: Civilização Brasileira, 1968.

BAKHTIN, Mikhail. *Marxismo e filosofia da linguagem*. 13. ed. São Paulo: Hucitec, 2009.

BANDEIRA, Hilda Maria Martins. *Necessidades formativas de professores iniciantes na produção da práxis*: realidade e possibilidades. 2014. 248 f. Tese (Doutorado em Educação.) — Universidade Federal do Piauí, Teresina.

BANDEIRA, Hilda Maria Martins; IBIAPINA, Maria Lopes de Melo. Tipologias de necessidades formativas de professores iniciantes: realidade e possibilidades em contextos colaborativos. In: ARAUJO, Francisco Antonio Machado; MARQUES, Eliana de Sousa Alencar (Orgs.). *Educação em pesquisas*: reflexões teóricas e relatos de pesquisa em educação. Teresina: EDUFPI, 2015. p. 35-52.

_____. *Diário pedagógico*: o uno e o múltiplo das reflexões docentes. Curitiba: CRV, 2016a.

_____. Pesquisa colaborativa: unidade pesquisa-formação. In: IBIAPINA, Ivana Maria Lopes de Melo; BANDEIRA, Hilda Maria Martins; ARAUJO, Francisco Antonio Machado (Orgs.). *Pesquisa colaborativa*: multirreferenciais e práticas convergentes. Teresina: EDUFPI, 2016b. p. 63-73.

GUARNIERI, Maria Regina (Org.). *Aprendendo a ensinar*: o caminho nada suave da docência. Campinas: Autores Associados, 2000.

KOPNIN, Pável Vassílievitch. *A dialética como lógica e teoria do conhecimento*. Rio de Janeiro: Civilização Brasileira, 1978.

LIMA, Emília Freitas (Org.). *Sobrevivências no início da docência*. Brasília: Líber Livro, 2006.

NONO, Maévi Anabel. *Professores iniciantes*: o papel da escola em sua formação. Porto Alegre: Mediação, 2011.

SZYMANSKI, Heloisa; ALMEIDA, Laurinda Ramalho; BRANDINI, Regina Célia Almeida (Orgs.). *A entrevista na pesquisa em educação*: a prática reflexiva. Brasília: Líber Livro, 2004.

VIEIRA PINTO, Álvaro. *Ciência e existência*. Rio de Janeiro: Civilização Brasileira, 1969.

Capítulo 9

A dimensão subjetiva da gestão escolar:
uma análise a partir dos sentidos e significados de participantes de equipes gestoras sobre a atividade desenvolvida

Elvira Godinho Aranha (FEDUC)
Wanda Maria Junqueira de Aguiar (PUC-SP)

INTRODUÇÃO

Nosso objetivo neste capítulo é discutir a gestão escolar a partir dos resultados de uma pesquisa que teve como foco três equipes gestoras escolares, compostas de diretor, coordenador e vice-diretor, que atuavam em três escolas públicas da Grande São Paulo.

Na perspectiva que defenderemos neste trabalho, a gestão escolar se realiza por meio dos profissionais que a compõem, o que implica inevitavelmente a discussão sobre o processo histórico-social de formação e de atuação desses gestores, e também das condições sociais e históricas constitutivas da instituição escolar, e que nelas são desenvolvidas as práticas de gestão, desde as mais gerais, como as políticas públicas para a educação, a ideologia, até aquelas relacionadas aos objetivos da instituição em questão, ao modo de funcionamento, organização, incluindo as determinações próprias das relações entre os sujeitos envolvidos — diretores, coordenadores, professores, alunos e pais.

Ao nos referirmos a essas mediações constitutivas da escola de modo geral e, mais especificamente, da gestão escolar, trazemos à tona a importância dos sujeitos envolvidos na realização dessa atividade e, como desdobramento, a necessária compreensão do movimento dialético e histórico de produção das significações de tais sujeitos. Desse modo, intencionamos criar zonas de inteligibilidade sobre as significações construídas pelos gestores escolares sobre suas experiências, modos de agir, suas crenças, valores etc. Entendemos que a partir da dialética articulação dessas múltiplas significações, teremos condições de explicitar e debater a Dimensão Subjetiva da Gestão Escolar, presente, ativa, constituída e constituinte da escola em questão. É fundamental, portanto, compreender como os envolvidos significam sua atividade, ou seja, como ela se configura subjetivamente para esses sujeitos. Entendemos que a investigação de tais aspectos nos permitiu, a partir da análise histórica e dialética de processos pessoais, tornar visíveis processos e/ou fenômenos sociais e culturais que, sem dúvida, são expressões subjetivas da realidade.

A base teórica assumida é da Psicologia Sócio-histórica, que ao adotar o Método Histórico dialético oferece uma concepção de homem "que se constitui numa relação dialética com o social e a história, um homem que, ao mesmo tempo, é único, singular e histórico" (Aguiar e Ozella, 2006, p. 224). Tal concepção dialética e histórica aponta que as contradições presentes na realidade social geram transformação e possíveis superações dessa realidade, e permite reconhecer que as ações e as relações humanas são resultado de um processo ativo que pode ser reconhecido e identificado em suas leis materiais.

Nessa direção, o pesquisador investiga as "determinações", entendidas como traços constitutivos dos fenômenos, elementos sociais e históricos que dialeticamente se tornam propriedades do sujeito histórico. A localização, a explicitação e a explicação das determinações permitem a ultrapassagem do imediato, buscando sua gênese histórica, pela qual, dissolvida sua imediaticidade, chega-se ao concreto. O concreto é o concreto pensado. Kosik (1963/2011, p. 36), se referindo ao concreto pensado, aponta que este se torna compreensível por meio da mediação do abstrato (concreto imediato), do todo por meio da mediação da parte, pois o caminho da verdade envolve o desvio, já que o todo não é imediatamente cognoscível. Frente a essas observações é essencial valermo-nos das "categorias", que neste quadro teórico e metodológico podem ser entendidas como abstrações que se constituem a partir da realidade e que orientam a investigação dos processos, ou seja, "as categorias são uma construção ideal que carrega o movimento do fenômeno estudado, sua materialidade, suas contradições e sua historicidade" (Aguiar e Ozzella, 2006, p. 95).

As categorias adotadas nesta investigação, mediação, historicidade, atividade, sentido, significado, subjetividade e dimensão subjetiva da realidade, estão mutuamente relacionadas e possibilitaram a apreensão do concreto. Ao adotarmos essas categorias, o objetivo foi criar possibilidades de desvelamento das determinações constitutivas da atividade dos sujeitos, processo que, no caso desta pesquisa, permitiu aproximação das significações constituídas pelos gestores acerca de sua atividade.

Postulamos que a dinâmica dos sentidos e significados materializados na linguagem é entendida como a síntese entre objetividade e subjetividade, e nos ajuda a compreender a dialética do interno-externo, o movimento em que o social se converte em individual, mais precisamente, em subjetivo. Referimo-nos ao movimento em que as experiências externas se subjetivam, ou melhor, se convertem em experiências únicas e singulares. Constitui-se aí a subjetividade. Rubinstein (1967 *apud* González Rey, 2003, p. 77) aponta que "a dimensão social não se mantém como fato externo com respeito ao homem, ela penetra e desde dentro determina sua consciência". Essa perspectiva rompe com a dicotomização entre objetivo e subjetivo, externo-interno, indivíduo-sociedade, permitindo que nos aproximemos das zonas de sentido constituídas pelos sujeitos, no caso, gestores, sem perder a dialeticidade constitutiva desta dimensão da realidade.

Compreendemos que, a partir da análise desse movimento em que sujeito e história mutuamente se constituem, da teorização e da decorrente interpretação da realidade pesquisada, ou seja, das significações dos gestores sobre a atividade por eles realizadas, foi possível a expansão do conhecimento a respeito da realidade escolar e do tema gestão escolar. A análise do material produzido durante a pesquisa foi realizada por meio dos núcleos de significação e a discussão dos resultados foi sustentada por autores contemporâneos que discutem este tema (Libâneo, Oliveira e Toschi, 2012; Paro, 2006; 2012; Campos, 2010; Kemmis, 1987; Fullan, 1982/2009; entre outros).

A seguir, apresentaremos desenho da pesquisa, os critérios para a seleção das escolas, as características delas. Em seguida, detalharemos os procedimentos de análise e, finalmente, apresentaremos uma síntese das análises de cada núcleo constituído e teceremos as considerações finais.

A PESQUISA

Com intenção de apreender o processo de constituição das significações atribuídas pelas participantes de equipes gestoras à sua atividade, selecionamos educadoras (diretora, coordenadora e assistente) que trabalhavam em escolas, as quais voluntariamente participavam de projetos oferecidos por grupos de pesquisa ligados à Pontifícia Universidade Católica de São Paulo (Atividade Docente e Subjetividade e Linguagem e Atividades em Contextos Escolares — LACE).[1] É importante destacar que o trabalho desenvolvido pelos dois grupos de pesquisa está embasado na Teoria Sócio-histórica e que pretendem de diferentes maneiras, no curso das pesquisas que desenvolvem, além de produzir conhecimento, intervir na realidade estudada com vista à sua transformação. Dessa forma, a seleção dos sujeitos foi orientada pela possibilidade de termos condições favoráveis para apreender as significações das gestoras sobre o que fazem e como fazem, discutindo com elas, compartilhando informações e análises preliminares.

Assim, foram fatores determinantes na escolha das participantes: a adesão voluntária a tais projetos; e o interesse manifesto em desenvolver práticas voltadas aos avanços e às transformações na escola.

Outro critério considerado foi selecionar equipes gestoras que atuavam em duas diferentes redes de ensino oficiais: um Centro de Educação Infantil (CEI), integrante da Rede Municipal de Educação de São Paulo (SME-SP), e duas escolas de ensino fundamental da Rede Estadual de Educação de São Paulo (SEE-SP). Esse conjunto pareceu interessante na medida em que as escolas focalizavam públicos com idades diferentes.

Na Escola Estadual Carlos de Oliveira, a equipe gestora era composta pela diretora "Elza", a vice-diretora "Lourdes" e a coordenadora "Vânia", e com elas realizamos entrevistas e sessões reflexivas. Na escola Estadual José Fernandes, participaram: a diretora "Alice", a vice-diretora "Marilda" e a coordenadora "Deise", e realizamos entrevistas e encontros de formação. No Centro de Educação infantil (CEI) participaram a diretora "Ane" e a coordenadora "Sílvia", uma vez que, por ocasião da pesquisa, não havia o cargo de assistente na escola municipal. Com essas participantes realizamos entrevistas e sessões reflexivas. Aqui cabe destacarmos que a pesquisadora, por ocasião da produção de informações, participava como doutoranda e pesquisadora de todos esses projetos, que tinham em comum a *Pesquisa Crítica de Colaboração* (Magalhães, 2012; Liberali, 2012). A Pesquisa Crítica de Colaboração, doravante PCCol, está ancorada na perspectiva da Teoria Sócio-histórica, tal como vem sendo

---

1. Grupos de pesquisa: Atividade Docente e Subjetividade. Educação Psicologia da Educação e Linguagem e Atividades em Contextos Escolares (LACE), Linguística Aplicada e Estudos da Linguagem (LAEL), ambos da Pontifícia Universidade de São Paulo.

discutida por Magalhães e colaboradores desde 1990, e vem sido desenvolvida no contexto escolar, sempre situada num paradigma crítico. A proposta da PCCol tem a meta de realizar intervenção comprometida com a transformação social. Agrega pesquisa e formação, além de criar a possibilidade de os participantes (incluindo os pesquisadores) aprenderem por meio da participação coletiva na condução da pesquisa, pressupondo seu comprometimento com a produção de conhecimentos significativos e com a transformação não apenas das práticas dos participantes, mas também da comunidade e do contexto mais amplo em que ela se insere.

OS INSTRUMENTOS DE PRODUÇÃO DA INFORMAÇÃO

As informações foram produzidas em diversas interações da pesquisadora com as diretoras, coordenadoras e vice-diretoras (quando havia). Em cada uma das escolas realizamos entrevistas, reuniões reflexivas e encontros de formação. No entanto, em cada escola o emprego destes instrumentos teve suas peculiaridades, pelas características do projeto em foco.

A ANÁLISE DAS INFORMAÇÕES: A PROPOSTA DOS NÚCLEOS DE SIGNIFICAÇÃO

Aguiar e Ozella (2013, p. 302) apontam, em consonância com Oliveira (2001, p. 1), que o humano é apreendido "pela compreensão de como a singularidade se constrói na universalidade e ao mesmo tempo e do mesmo modo, como a universalidade se concretiza na singularidade, tendo a particularidade como mediação". Numa leitura dialética, perseguimos a apreensão do processo constitutivo das significações para nos apropriarmos daquilo que diz respeito ao sujeito, daquilo que representa a possibilidade do novo, que, mesmo quando não colocado explícita ou intencionalmente, deve ser compreendido como social e historicamente constituído.

Entendemos que o trabalho analítico nos possibilita ir além da aparência imediata e compreender as significações como síntese de múltiplas determinações que dialeticamente compõem e explicitam uma dimensão específica da realidade, a dimensão subjetiva, no caso, da gestão escolar.

A CONSTITUIÇÃO DOS NÚCLEOS DE SIGNIFICAÇÃO: A APREENSÃO DA DIMENSÃO SUBJETIVA DA REALIDADE

Os *núcleos de significação* (Aguiar e Ozella, 2006; 2013) constituem um procedimento teórico-metodológico para a apreensão das significações que os participantes da pesquisa revelam em suas enunciações. O recurso metodológico contempla os seguintes movimentos, dialeticamente articulados: (1) leituras do material transcrito (flutuante e recorrente); (2) identificação da(s) palavra(s) com significado, ou seja, da(s) palavra(s) inserida(s) em um contexto, que será(ão) chamada(s) de pré-indicador(es); (3) agrupamento dos pré-indicadores em indicadores; e (4) reunião dos indicadores em núcleos de significação. Os núcleos de significação que foram criados já correspondem a uma abstração maior, pois é um momento em que os conteúdos dos indicadores se articulam dialeticamente, sendo que, nesse processo, são trazidos também elementos oriundos das produções acadêmicas e teóricas disponíveis na sociedade, no intuito de construirmos explicações que saiam da aparência e alcancem o concreto (Aguiar; Ozella, 2013; Aguiar, Soares e Machado, 2014). Importante esclarecer que no processo de análise os pré-indicadores devem ser vistos como teses que, a qualquer momento, a depender do avanço do processo analítico, podem ser negadas, em decorrência de novo arranjo, gestando, nesse processo, novas interpretações que, provavelmente, expressem um movimento analítico-interpretativo de superação.

No caso da pesquisa em foco, analisamos cada entrevista, reunião reflexiva ou encontros de formação separadamente. No tratamento das situações específicas, identificamos o conjunto de pré- indicadores de cada um para verificar, no conjunto do material daquela situação, aqueles que poderiam ser agrupados para a construção dos indicadores. Importante apontarmos que antes de os pré-indicadores serem agrupados os participantes foram nomeados, de modo a não perdermos a origem das falas, garantindo que, se fosse o caso, poderíamos voltar aos sujeitos.

No momento de constituição dos núcleos de significação, novamente houve a necessidade de revisitar todo o processo de seleção dos pré-indicadores e dos indicadores, agora, porém, com outro olhar. Assim, podemos afirmar que a constituição dos núcleos, coerentemente com o pensamento dialético, precisou negar os indicadores enquanto tal, para que, num movimento de superação, eles fossem articulados produzindo novas sínteses, que seriam, agora, o ponto de partida para revisitar o processo como totalidade.

Neste processo foram construídos quatro núcleos de significação, cuja nomeação sempre continha uma frase expressa por um dos participantes, que de certa forma sintetizava os conteúdos ali desvelados.

Considerando que os núcleos de significação foram criados para sistematizar as zonas de sentidos que expressam a dimensão subjetiva da gestão escolar, iremos apresentar e discutir brevemente os quatro núcleos.

O núcleo 1, denominado *"Entre o compromisso com a comunidade, a sobrecarga administrativa e a necessidade de estudar: 'gestão de pessoas é a coisa mais importante da escola'"*, foi inferido a partir da análise do material das participantes da escola Carlos de Oliveira. As significações aí articuladas foram expressas pelas participantes (diretora Elza, coordenadora, Vânia e vice-diretora, Lourdes). De modo geral, elas se referiram a como compreendiam a comunidade, os pais, os alunos, os professores, os impedimentos pessoais e materiais e as impossibilidades de exercerem sua atividade/função. Entendendo que essas significações se constituem a partir de múltiplas mediações, destacaremos, no caso, as econômicas, sociais e culturais, mais especificamente aquelas sintetizadas e expressas pela comunidade em que a escola se insere; e as institucionais, ou seja, aquelas gestadas no modo de funcionamento da escola, incluindo aí as relações de poder. O fio condutor da organização desse núcleo foram as falas da diretora, figura central do núcleo exposto, mas trouxemos também a fala das outras participantes por apresentar conteúdos que reiteram as questões importantes. Os grifos das falas abaixo são nossos.

A análise evidenciou que as participantes apontavam a realidade social como terrível, quase impeditiva do desenvolvimento da humanidade dos alunos.

A DIMENSÃO SUBJETIVA DO PROCESSO EDUCACIONAL

Vice-diretora: Eu acho assim, é uma comunidade que tudo o que ela precisa ela vem na escola, ela acha que **a escola resolve tudo**, né? (...) É, então, tudo eles vêm aqui, até um problema **do posto de saúde** eles vêm aqui ver, recorrem à escola. Por quê? **Porque a escola atende**, a escola dá né, **dá atenção**. Mesmo que a gente não possa resolver a gente dá atenção, **a gente recebe**. Então, é uma comunidade assim, carente. (...) Carente **de direitos, né?**

Frente a esta realidade, as gestoras comprometem-se, procuram colaborar tanto com os professores como com os alunos, mas, muitas vezes, agem no imediatismo.

Diretora: **Eu não tenho** [professor substituto]. A única eventual que eu tinha pegou licença-prêmio. (...)**. Temos professor que entrou de licença em junho.** (Eu **conversei** com a professora, **eu pedi pra professora**. Você vai viajar já na sexta-feira? Não?!.**Na sexta-feira você pode vir? Mesmo você estando de licença você vem?** Aí quando **eu conseguir um profes-sor** pra sua sala, **eu te dou esse dia depois.** (...) Eu já liguei, [na direto-ria] mas não tem. (...) Então, **eu já combino** com os professores "não falta, se tiver necessidade de faltar, **avisa com muita antecedência, pra gente procurar alguém pra ficar na sala".** A gente trabalha em torno disso.

Entendemos que a escola, como instituição que produz e reproduz as contradições sociais, possui recursos para enfrentar as questões peda-gógicas/educacionais, é isso que cabe a ela, a seus profissionais. A pes-quisa, numa abordagem colaborativo-crítica, pode-se constituir como um lócus para esse tipo de reflexão. E é preciso numa proposta como a de-senvolvida criar momentos de reflexão que ajudem a superar um agir no imediatismo, pautada numa visão cotidiana do pensamento que toma "o fragmento pelo todo", que pode e deve ser questionado e criticado.

O desafio foi criar situações em que as participantes reconhecessem a pesquisa como possibilidade de estudar as questões relevantes para elas, de modo a se converterem na oportunidade de desenvolvimento para todos e, assim, refletirem sobre esses determinantes sociais e eco-nômicos não apenas para entendê-los, mas também para, a partir desse entendimento, superá-los e criar alternativas viáveis. Entretanto, para que essas questões fossem enfrentadas com clareza e qualidade, seria necessária a visão de totalidade, ou seja, que as participantes pudessem entender que as questões pedagógicas são particulares e próprias da escola e que, nesta condição, têm de ser tratadas; mas que, ao mesmo tempo, são históricas, devendo ser apreendidas na sua complexidade, na sua gênese. As reflexões apontadas a seguir das gestoras são exemplos deste movimento.

> **Diretora Elza:** (...) a escola é muito viva, né? (...) Então, a todo instante está acontecendo uma coisinha ou outra. (...). Quando **vocês [grupo de pesquisadores] vêm aqui**, a gente **para**. (risos)
>
> Coordenadora: É bom porque **vocês falam a verdade**. (risos)
>
> Diretora Elza: Aí **vocês vêm pra gente ficar pensando** exatamente nisso. **A gente acaba olhando** isso tudo **e começa a pensar,** né?
>
> **Vice-diretora**: A gente consegue **ver as angústias, refletir e consegue até ver o que está dando resultado**. (risos)
>
> **Diretora Elza**: **A gente marcava e desmarcava** [com as pesquisadoras]. Eu falei: gente, **vai parecer que a gente não quer.** (risos) Na verdade, **a gente não queria mesmo**. (...) Ai meu Deus, eu estou com tanta coisa. De repente uma parada assim com você.

Entendemos que oportunizar momentos de reflexão é uma condição para que movimentos de transformação possam acontecer, que a alienação possa ser enfrentada: *"A gente consegue ver as angústias, refletir e consegue até ver o que está dando resultado"*. No entanto, esse movimento reflexivo pode criar desconfortos e incompreensões, pode gerar *"o não querer e o querer"* em conflito constante, numa verdadeira *"ebulição"*. Portanto, uma pesquisa que se propõe crítica e em colaboração tem de ser sistemática e contínua.

O núcleo 2, *"Os desafios da gestão na escola: as fragilidades da formação, a desvalorização do profissional e a burocracia da rede: 'a gente não tem professor'"*, foi composto a partir das falas da diretora Alice, da vice-diretora, Marilda e da coordenadora Deise, participantes da equipe gestora da Escola Estadual José Fernandes.[2] As falas foram produzidas em en-

---

2. A escola participava do projeto de formação denominado LEDA, (Leitura e Escrita nas Diferentes Áreas) desenvolvido pelo grupo LACE.

trevistas e reuniões de formação do Projeto LEDA, durante o ano de 2010. A articulação dialética dos indicadores permitiu compreender como as práticas de gestão escolar expostas pelas profissionais estão transpassadas por questões de diferentes ordens, e estas vão desde as fragilidades na formação inicial dos professores e das próprias gestoras, até as dificuldades para gerir a falta de docentes e os impedimentos impostos pelas condições de trabalho. A contribuição desse núcleo foi destacar as questões estruturais, políticas e organizacionais que constituem a atividade das gestoras. Esse núcleo evidencia que a gestão parece ser significada como atividade de resolução de problemas, sendo essas significações que moviam suas ações, na urgência e no imediatismo.

> **Diretora Alice:** (...) a gente tá assim **MUITO exacerbada**... é um... é um **montante de funções que a gente tem que fazer...** que **praticamente não sobra tempo pra nada,** nada, principalmente **agora que não tem professor né**... Então a gente tá entrando em sala de aula... **direto** ainda mais por conta **dessa... de falta de professor... tá::... o ó do boro (...).**

Na intenção de compreender os vários determinantes da situação apontada na fala das gestoras, recorremos ao trabalho de Santos (2012), que fez uma extensa pesquisa sobre a política de administração de pessoal docente na SEE/SP[3] nas últimas décadas. As conclusões mostram que a admissão de elevado contingente de professores temporários[4] realizada pela SEE "submete tanto os professores como a escola a conviver com uma situação de precariedade" (Santos, 2012, p. 154). Essa realidade é detalhada pela diretora Alice nas falas que compõem o indicador a seguir:

> **Diretora Alice:** não... **porque não depende da vontade dele [professor]... independe da vontade dele...** então a coisa está tão... tão... roxa... **está tão difícil que a gente nem sabe como vai ser o processo de escolha do ano que vem... né... tem coisa de vínculo empregatício**... **aquelas**

---

3. SEE/SP: Secretaria Estadual de Educação de São Paulo.

4. Professores temporários são aqueles contratados a título precário, sem concurso e que podem, no máximo, ficar um ano no cargo. Após esse período, se houver concurso e esses professores (também chamados eventuais) não forem aprovados, não podem mais assumir aulas na rede.

novas leis... aquelas coisas... então assim... o ano que vem... o que eu pensava que fosse acontecer daqui uns dois anos... está acontecendo agora... não que ( ) de ciclo dois né... ciclo um ainda você consegue... então assim... **o ano que vem se continuar toda essa legislação**... muitos professores que estão dando aula com a gente hoje que **são até legais**... são bons... **eles são proibidos de ministrar docência no Estado o ano que vem... porque eles têm que ficar congelados 200 dias.**

Tais falas evidenciam o que Santos (2012, p. 155) discute sobre os professores contratados a título precário quando afirma:

"[...] esses profissionais pouco contribuem para a promoção da continuidade do projeto pedagógico da escola, uma vez que a instabilidade, característica do contrato de trabalho estabelecido, não permite vínculos duradouros com a instituição e a integração dos mesmos à equipe de trabalho e aos alunos".

A condição de precariedade vivida pelos profissionais da rede se estende também aos salários recebidos, questão apontada pelas gestoras quando discutiam as dificuldades que enfrentam para envolver o professor no planejamento da escola.

Vice-diretora Marilda: Só pra você ter uma noção (...) eu escutei de um professor falando assim: que **a gente exige demais aqui pelo salário que eles recebem**. Eles falaram assim: eu vou pendurar o meu holerite aqui pra mostrar que vocês estão cobrando demais (...). Então, a gente tem muito professor com essa visão: **eu não ganho pra isso, para o que é cobrado.**

Diretora Alice: E **o professor ainda fala** que vai **dar aula de 1,99**. [reais]

Naquele contexto, as atividades das gestoras acabavam balizadas por suas experiências pregressas em sala de aula ou na vice-direção (no caso da diretora), por suas vivências cotidianas e pela ideia de boa vontade.

Coordenadora Deise: além de ser coordenadora, [eu] **faço mais**, eu vou até em sala de aula, porque eu tenho essa **preocupação, eu tenho muito dó das crianças**, sabe? (...) Então, **eu acho um absurdo** o aluno vir aqui e **ficar com a inspetora vendo vídeo. Eu fico remoendo isso por dentro**, mas tem dias que isso acontece. Porque **eu sou uma só**, ainda que a Marilda e Alice **também** vão em sala de aula.

A DIMENSÃO SUBJETIVA DO PROCESSO EDUCACIONAL 193

Essas experiências, muitas vezes esvaziadas de saberes profissionais, pouco permitiam a avaliação crítica e complexa da realidade vivenciada. Desse modo, pautadas pela cotidianidade, cada uma das gestoras adotava critérios distintos para compreender e atuar, critérios esses tecidos pelo senso comum, dos tempos da sala de aula, tomando a si mesmas como referência. Por essa orientação prática, ora centralizavam, ora delegavam o ensino e a aprendizagem dos alunos a professores, considerados pouco preparados para a tarefa que exercem, o que dificulta uma atuação que possa articular os vários profissionais da escola em torno de objetivos comuns.

Ao analisar as questões evidenciadas no núcleo 2 — os problemas que as gestoras encontram na prática docente, as dificuldades apontadas na própria formação, as dificuldades de contratação de profissionais —, somos induzidos a concordar com Fernandes (2008, p. 43), quando aponta que:

> [...] dos diretores e coordenadores pedagógicos sem uma formação pedagógica e política específica para a atuação nas escolas, é cobrada a articulação do coletivo, a elaboração de Projetos Políticos Pedagógicos, a formação de professores para os novos tempos, a resolução de problemas de ordem pedagógica e financeira, a proatividade, entre outras coisas.

O que evidenciamos é que as gestoras nada mais fazem do que expressar, de modo vivo e contundente, um grande empenho na realização das atividades, mas comprometido por uma cotidianidade que, como nos ensina Heller (1977, p. 153), exige que cada um se submeta, "nas eventuais situações conflitivas, às aspirações particulares, às exigências do costume". Entendemos que a reflexão crítica sobre o conhecimento necessário para a atividade do educador, que é professor e gestor, é algo que deve ser intencionalmente proposto e desenvolvido pelas políticas de formação de professores, de modo a não se abandonar o cotidiano, o que seria impossível, mas, a partir dele, injetar a reflexão científica, fundamentada, crítica e comprometida socialmente.

O núcleo de significação 3, "Aprendizagem da equipe gestora e a possível construção de um processo colaborativo crítico: *'Não adianta cobrar, a gente tem que fazer junto'*", foi fundamental para compreender como os encontros de formação realizados durante o primeiro ano do

Projeto LEDA foram constitutivos da reflexão e aprendizagem em relação à gestão escolar.

Os encontros formativos desenvolvidos durante o projeto se constituíram num espaço social em que os processos de significação apareciam e se reorganizavam de diferentes formas e em níveis distintos, nos diferentes encontros. Foi a partir desses encontros com a equipe de pesquisadores e equipe gestora que se construiu uma visão que supera a "cobrança" sobre os professores e se avançou na reflexão sobre a possibilidade de a equipe se responsabilizar para uma proposta de "fazer junto", de criar uma comunidade de aprendizagem com os docentes, como mostra o recorte do indicador "Acompanhamento do trabalho dos professores: insuficiente, assistemático e ocasional":

> **Pesq.: como é que vocês levantam a percepção que vocês têm dos professores?** É a partir do quê? A partir da fala dele? A partir do relato?
>
> **Coordenadora:** é a partir na verdade do que a gente... *observa* assim...
>
> **Pesq.:** é dessa observação cotidiana?
>
> **Coordenadora:** não observação **ali de sala de aula...** mas coisas que a gente acaba... **"CAPTANDO"**.
>
> **Vice-diretora:** né... às vezes **pais** que mandam **bilhete** ou o **aluno fala** uma coisa e a **gente passa a observar ou de conversa...** é::*que mais?* **as próprias crianças também né?... elas sempre falam.**
>
> **Vice-diretora:** (...) **a não ser que a gente vá dentro da sala pra acompanhar... ou tá pegando o caderno da criança com o semanário pra comparar**...
>
> **Coordenadora: meio que fiscalização.**
>
> **Vice-diretora:** meio que **vigiar.**

Observamos que a vice-diretora e a coordenadora, em resposta às perguntas da pesquisadora, apresentam elementos e exemplos que colaboram para a compreensão da situação que estava sendo vivida na escola: o conhecimento sobre o trabalho do professor era superficial, marcado pela ausência de procedimentos sistemáticos para conhecer e acompanhar o trabalho pedagógico.

A DIMENSÃO SUBJETIVA DO PROCESSO EDUCACIONAL

Ao responder à pergunta da pesquisadora "é dessa observação cotidiana?", a coordenadora completa a frase que iniciou com o verbo "captando", o que revela que ela também tem dificuldade de explicitar a atividade realizada.

Mesmo frente a essas situações, no desenvolvimento da pesquisa encontramos elementos que indicam que as participantes refletiram sobre suas próprias colocações, e essas reflexões indicaram novos modos de pensar, sentir e agir, como sugerem as falas presentes no indicador a seguir.

Indicador: *A observação, o relato e compartilhamento: movimentos em direção à reflexão crítica*

Diretora Alice: agora **que a gente está se permitindo esse espaço de terça-feira** [no projeto LEDA]**... que a gente está se educando**... é um momento de estudo também né... porque **nem a gente estuda muito (...)**. então... assim, acho que é uma pergunta também **que a gente tem que fazer pra gente** também né... **"como nós estudamos né?"** a gente não tem um espaço pra isso... **e eu estou vendo uma necessidade grande agora.**

Na fala anterior, a diretora reconhece o pouco tempo de estudo que a equipe e ela mesma tinham. E ela se questiona: "é uma pergunta também que a gente tem que fazer pra gente também, né... *'como nós estudamos né?'"*. Notamos que Alice, ao destacar *"e eu estou vendo uma necessidade grande agora"*, sugere que as experiências vividas no lócus do projeto foram também geradoras de novas necessidades e, nessa condição, impulsionaram novas formas de ação.

As reflexões da diretora Alice sugerem também que, a partir da observação e posterior reflexão, o que ela viu inicialmente *na* professora se converteu num movimento em que ela se tornou o Outro para si mesma, o que no plano intersubjetivo pode ser compreendido como uma relação de interação da pessoa com ela mesma. Como nos mostra Vigotski (1925/2004, p. 82, grifos nossos):

Temos consciência de nós mesmos porque a temos dos demais e pelo mesmo procedimento através do qual conhecemos os demais, porque nós mesmos em relação a nós mesmos somos o mesmo que os demais em relação a nós. Tenho consciência de mim mesmo somente na medida em que **para mim sou o outro**...

Nessa perspectiva, podemos apontar para a importância dos instrumentos utilizados nos encontros de formação: a linguagem materializada nas discussões, a observação e o relato como mobilizadores do pensamento. Desse modo, agregado às perguntas e às colocações das participantes, o relato se converteu em poderoso instrumento para a reflexão e para a aprendizagem. As análises desenvolvidas sugerem também a importância de processo intencional e organizado de reflexão teoricamente orientada, que tem a possibilidade de superar a reflexão prática, marcada pelo senso comum. E concorre para compreender que todo esse movimento reflexivo foi uma situação geradora de novos sentidos sobre atividade das gestoras. Podemos entender que, nesses encontros, Alice vive um momento de suspensão do cotidiano (Heller, 1978/1989), da observação acrítica, das opiniões prontas sobre o professor, sem o ter visto na atividade, e a diretora se movimenta em direção a um novo olhar, mais crítico, que avança em relação à aparente realidade.

O núcleo de significação 4, "Gestão na escola: planejar, delegar e acompanhar: *'a gente pensa junto, acompanha e avalia'*", nos permite compreender o processo de constituição da equipe gestora, diretora e coordenadora, que trabalhavam juntas havia sete anos por ocasião da pesquisa, como coloca a diretora: ***"Foi todo um processo de constituição da gente como uma dupla gestora"***, e destacar as formações de que conjuntamente participaram:

> **Diretora Ane:** [a formação de diretor e coordenador]. Eles corriam paralelos, né? Teve momentos, que era junto.
>
> **Coordenadora Sílvia:** De início essas reuniões eram assim: eram todas as escolas de educação infantil juntas, eu não me lembro ao certo os detalhes. Eu não lembro se era por adesão... já teve momentos em que as formações eram por convocação e depois adesão.
>
> (..)
>
> **Coordenadora Sílvia**: Quando **eu penso** nessa retrospectiva [de 7 anos], eu acho que tem **vários fatores aí, para os bons resultados na nossa constituição como dupla gestora aqui na escola,** a maturidade do grupo [de coordenadores da DRE[5]] **se conquistou** aos poucos também, **o**

---

5. DRE: Diretoria Regional de Ensino.

perfil das pessoas envolvidas, **conquistou-se aos** poucos, **um ambiente** que as **pessoas ficavam** à vontade pra compartilhar os trabalhos dentro do seu contexto. Isso eu acho que foi uma grande conquista (...). **Eu acho que é uma grande conquista.** A gente tem que enxergar o percurso do trabalho de cada um em seu próprio contexto. **Eu acho que isso foi discutido muito, eu acho que isso foi muito valorizado.**

As falas anteriores apontam para a importância da formação que elas tiveram e indicam a relevância do trabalho conjunto de diretor e coordenador no planejamento da atividade de formação na escola, bem como a atenção que elas atribuem a esse processo, o qual é intencionalmente organizado pelos órgãos competentes. Cabe destacar que a coordenadora Sílvia afirma a importância da constituição da dupla gestora com foco no trabalho.

Coordenadora Sílvia: Mas, no final na escola, **quando acontece,** porque é **mesmo dupla gestora na escola que faz**. Não é fácil acontecer, coordenador e diretor como uma dupla que **compartilha trabalho.**

Coordenadora Sílvia: Tinha uns **estranhamentos** até a gente se conhecer direito. Até eu saber quem eu era e quem era ela. No primeiro dia **eu pensei**: essa °**diretora deve ser difícil!**

Diretora Ane: **Ela** [Sílvia] **não ouvia**. Então, tá, **como a gente** vai **trabalhar** essas **diferenças** aí?

Diretora Ane: (...) a gente precisava **se conhecer** muito bem (...).

Coordenadora Sílvia (5-12-12): **É o vínculo de confiança** [entre coordenadora e diretora] **que tem que ser construído, né? (...)**

Diretora Ane: **Foi construído e estabelecido.** [Eu falava para as professoras] **"Tudo bem, está ótimo, mas você vai falar com a Sílvia, que é a pessoa direta ligada a vocês."**

Tais falas indicam a importância de um tempo e de referências comuns para orientar o trabalho e o planejamento.

Diretora Ane: Nós já começávamos **a focar a criança**. É o princípio da nossa concepção, **todo o nosso trabalho em prol da criança.**

Coordenadora Sílvia: **Essa questão que o foco está na criança, a coisa foi se construindo**. Mas, **que criança é essa**? Cada um pode ter um **feudo** diferente em sala de aula. Aí **a gente afinou a concepção de criança**. Aquela **criança** que **experimenta** o mundo, **protagonista ativa da relação, que pra elas pequenas coisas são** descobertas, que **ela** tem **que explorar** os mundos, **os materiais**, que é autora.

Todas essas experiências parecem ter sido fundamentais para que elas se constituíssem uma dupla gestora que *"pensa junto, acompanha e avalia"*.

O AVANÇO DA INTERPRETAÇÃO INTERNÚCLEOS E A APREENSÃO DA DIMENSÃO SUBJETIVA DA REALIDADE

Mantendo o método histórico dialético como princípio orientador, a articulação dos núcleos na interpretação *internúcleos* gera possibilidades de que a nossa compreensão progrida, na medida em que elementos da parte se articulam entre si e com a totalidade, gerando um movimento mais totalizante. Movimento esse que aponta para novas compreensões, novos nexos, dando nova qualidade à interpretação. Foi a partir da análise efetuada que pudemos apreender diferentes significações que percorrem todos os núcleos assumindo nuances específicas em cada um, mediados pelas condições objetivas e subjetivas presentes que constituem as significações que as participantes atribuem à sua atividade de gestora escolar.

Como um primeiro ponto que emergiu desta análise, destacamos a importância do diretor escolar. Como mostram Saviani; Almeida Souza e Valdemarin, (2006), Libâneo, Oliveira e Toschi (2007), até hoje o diretor de escola é considerado o interlocutor institucional da administração do ensino e, dessa forma, assume papel central na estrutura hierárquico-administrativa do ensino público. As ações do diretor devem ser de liderança intencional que supõe o administrativo, mas o relaciona intrinsecamente ao pedagógico, dado que tais instâncias não se separam. Quando a gestão escolar dos diretores é iluminada pela dimensão pedagógica, seu poder se expande. Tal aspecto foi observado nas expressões das gestoras articuladas no núcleo 4. Nele a diretora aparece como líder de comunidade escolar, liderança compartilhada com a coordenadora e com os outros integrantes da equipe de educadores.

Nessa direção, reafirmamos, como a literatura tem apontado, que a possibilidade de a escola se constituir em uma comunidade educativa, crítica e transformadora e de o diretor se transformar em líder vai depender das condições objetivas e subjetivas que a determinam. Entre essas determinações, temos que atentar para a formação atual do diretor e dos demais componentes da equipe gestora, bem como para os aspectos estruturais que a condicionam.

Também evidenciamos o peso da dimensão administrativa, muitas vezes em detrimento da pedagógica, reduzindo a atividade das gestoras a aspectos meramente burocráticos como mostra a discussão nos núcleos 1 e 2, em que as diretoras Elza e Alice expressaram *a correria do dia a dia* que ocupava parte considerável de seu tempo, impedindo-as de se ocuparem da dimensão pedagógica da escola. Tais questões, apontadas pelas participantes, encontram eco na literatura (Paro, 2006; 2012; Libâneo, Oliveira e Toschi, 2012; Placco e Souza, 2012) e apontam que os diretores, e às vezes até mesmo os coordenadores, acabam reduzidos a gerir o cotidiano, função que o diretor também tem, ainda que não exclusiva. Atualmente a escola, considerada o centro do sistema educativo, se responsabiliza por um sem-número de tarefas, tais como: pagamentos, vida funcional, licenças e afastamentos de professores, controle da frequência dos alunos e satisfação aos programas sociais, fluxos da cantina e merenda escolar, limpeza e manutenção do prédio e equipamentos de todo o tipo etc.

Entendemos que, na esfera administrativa, é fundamental a escola contar com um sistema eficiente de manejo e controle dos processos que estão centralizados na instituição, dado que, como já dito, a escola atualmente ocupa lugar de unidade básica do sistema educativo, e como depreendemos, se responsabiliza pela organização de toda a vida funcional daqueles que a constituem (funcionários, professores, alunos).

Outra questão foi a preocupação das gestoras em relação ao quadro de professores com os quais podem contar, que se deseja preparado e reconhecido pela importância social do papel que exerce. A análise indicou que nem sempre as gestoras contavam com professores em quantidades suficientes, e evidenciou uma constante falta de docentes, ora por conta das políticas de contratação do Estado, ora por conta de concursos e remoções extemporâneas. Nesse sentido, foi possível depreender o esforço que as gestoras tinham de fazer para evitar que os alunos ficassem sem aula, o que as levavam a *"estabelecer acordos com os professores em relação a licenças e afastamentos"*, como ficou evidente no núcleo 1, e também muitas vezes substituir os próprios professores, como se notou mais marcadamente no núcleo 2. Todas essas providências, pertinentes ao cotidiano, levavam-nas ao esgotamento e contribuíam para afastá-las da dimensão pedagógica de sua atividade. Reduzidas à dimensão estritamente administrativa, como gerentes do cotidiano, são diminuídos os poderes que lhe são conferidos e sua esfera de ação torna-se eminentemente burocrática, pragmática, recorrendo ao economicismo, à reprodução, o que acaba por favorecer, muitas vezes, a manutenção de um cotidiano repetitivo, pouco reflexivo e, assim, alienado (Heller, 1978/1989).

Constatamos que, além de um quadro insuficiente de professores, muitas vezes estes estão pouco preparados para responder com competência aos desafios da escola que se propõe a incluir milhões de pessoas que anteriormente estavam excluídas do sistema formal de ensino. Para dar conta dessa tarefa, os professores deveriam ter sólida formação inicial, sustentada por formação contínua que os permitisse a apropriação dos conteúdos necessários, assim como da reflexão que produzisse alternativas para as demandas dos contextos específicos em que atuam.

Estes achados têm consonância com as discussões de Paro (2012), que evidenciam a problemática da precarização do trabalho docente, marcada pela desvalorização social decorrente dos baixos salários, o que tem atraído para essa categoria profissional pessoas que acabam por se conformar com a condição de precariedade que caracteriza sua atividade como gestor de escola. Apreendemos nas significações expressas pelas participantes condições estruturais referentes à carreira e à remuneração docente, às políticas de formação inicial e contínuas insuficientes que, de certa forma, dificultam, e até inviabilizam, a produção da escola que se deseja como comunidade aprendente, democrática e plural.

Desse modo, se a política educacional atual coloca a escola como o centro do sistema educativo, e aponta a importância de ela se transformar em centro de formação, cabe questionar que condições objetivas são produzidas para que isso se dê a contento.

Entendemos que a responsabilização da escola não pode significar a desresponsabilização do Estado, que tem o papel de investir na melhoria de elementos estruturais relacionados ao processo educacional, aportando investimentos substanciais às escolas e aos sistemas de ensino (Passone, 2014). Somente a partir de uma política educacional consistente e de recursos suficientes para efetivá-la é que conseguiremos transformar a realidade atual da educação brasileira. Nessa direção, Alice e Elza apontam que têm consciência da fragilidade de sua formação inicial, e suas falas são marcadas por expressões que sugerem intenso sofrimento e angústia por entenderem que não estão aptas a realizar aquilo que se espera e que elas próprias se propõem: acompanhar o trabalho pedagógico ou estabelecer critérios para supervisioná-lo. Deise e Marilda expressam de diferentes maneiras também as dificuldades que tinham para acompanhar o trabalho dos professores e, se, por um lado, responsabilizam a falta de condições estruturais, por outro, deixam entrever também as fragilidades na sua própria formação inicial e contínua. As gestoras indicam que muitas vezes utilizam a sua própria experiência em sala de aula como o critério para avaliar a prática dos professores. Entretanto, há evidências, especialmente no núcleo 4, de que propostas de formação oferecidas pelo sistema de ensino oficial (Secretarias, Diretorias etc.) colaboram para ampliar a experiência prática, possibilitando encontrar espaços em que a prática é iluminada pela teoria, o que potencializa sua reflexão e consegue ampliar seu raio de ação.

Cabe destacar que a análise dos núcleos revelou que as gestoras refletiam muito sobre os temas apontados, os impedimentos e possibilidades e, muitas vezes, procuraram e se engajaram em espaços de formação e tipos de formação que julgavam necessários. Observamos que se as profissionais encontram espaços de formação que dialogam com suas experiências e necessidades, evidencia-se que há desenvolvimento e aprendizagem e que se pode potencialmente impactar de maneira positiva os processos de formação e de gestão que se desenvolvem na escola. Destacamos que a análise do núcleo 3 mostrou como a intervenção sistematizada e teoricamente orientada possibilitou a reflexão das gestoras sobre sua atividade, e, ao introduzir novos elementos, movimentou as formas de sentir, pensar e agir dos envolvidos, ou seja, mobilizou novas configurações subjetivas, que tiveram repercussões nas relações que se estabeleceram com os professores na escola.

Concluímos que os encontros de formação analisados no núcleo 3 representam, no conjunto da pesquisa, a possibilidade de, a partir de uma metodologia colaborativa crítica, favorecer que as gestoras se apropriem das objetivações genéricas (Heller, 1978/1989), da produção acumulada sobre a sua atividade. Ou seja, os encontros de formação, ao oportunizarem reflexões intencionalmente organizadas, disponibilizar textos e outras produções teóricas, constituíram-se em momentos nos quais as reflexões desenvolvidas possibilitaram a suspensão do cotidiano. Como aponta Carvalho (2012, p. 27), "esta suspensão da vida cotidiana não é fuga: é um circuito, porque se sai dela e se retoma a ela de forma modificada". Essa autora discute que à medida que essas suspensões são mais frequentes, a reapropriação do ser genérico é mais profunda e a percepção do cotidiano é enriquecida.

Nesse sentido, destacamos que a análise aqui apresentada teve a intenção de recompor a atividade destas gestoras: Alice, Elza, Ane, Lourdes, Marilda, Deise, Vânia e Sílvia, sobre as formas de sentir, pensar e agir, com a perspectiva de contribuir para ampliação do debate sobre as sérias questões educacionais deste país e, considerando as análises aqui desenvolvidas, mais especificamente para a compreensão da complexidade do tema gestão escolar. Ao interpretarmos as significações constituídas pelas gestoras sobre a atividade que exercem, tivemos a oportunidade de conhecer também a dimensão subjetiva da gestão escolar e, por que não, da realidade da educação, seus desafios e impasses.

Para finalizar, destacamos a necessária coerência teórico-metodológica na condução desta investigação. Nesse sentido, afirmamos a importância do procedimento teórico-metodológico utilizado na análise, os núcleos de significação, dado que por meio dele foi possível uma análise que resgatasse as contradições, o movimento e, desse modo, a historicidade constitutiva da realidade estudada, ultrapassando as significações individuais, avançando para a apreensão da dimensão subjetiva desta realidade.

REFERÊNCIAS

AGUIAR, W. M. J.; OZELLA, S. Núcleos de significação como instrumento para a apreensão da constituição dos sentidos. *Psicologia*: Ciência e Profissão, São Paulo, v. 26, n. 2, p. 222-47, 2006.

A DIMENSÃO SUBJETIVA DO PROCESSO EDUCACIONAL

_____; _____. Apreensão dos sentidos: aprimorando a proposta dos núcleos de significação. *Revista Brasileira de Estudos Pedagógicos*, Brasília, v. 94, n. 236, p. 299-322, jan./abr. 2013. Disponível em: <http://rbep.inep.gov.br/index.php/RBEP/article/viewFile/2271/1908>. Acesso em: 12 jul. 2013.

_____; SOARES, J. R.; MACHADO, V. C. *Núcleos de significação*: uma proposta histórico-dialética de apreensão das significações, 2014. (Mimeo.)

ARANHA, E. M. G. *Equipe gestora escolar*: as significações que as participantes atribuem a sua atividade na escola. Um estudo na perspectiva sócio-histórica. 2015. Tese (Doutorado em Educação: Psicologia da Educação.) — Pontifícia Universidade Católica, São Paulo.

CAMPOS, M. M. Reformas educacionais: impactos e perspectivas para o currículo. *Revista e-Curriculum*, São Paulo: PUC-SP, v. 6, n. 1, p. 5-9, 2010. Disponível em: <http://revistas.pucsp.br/index.php/curriculum>. Acesso em: 10 jul. 2013.

CARVALHO, G. M. M. V. de. *Gestão em cadeias criativas*: a atividade de escrita do projeto político-pedagógico e a produção da cultura de colaboração 2014. Tese (Doutorado em Linguística Aplicada e Estudos de Linguagem.) — Pontifícia Universidade Católica, São Paulo.

CARVALHO, M. C. O conhecimento da vida cotidiana: base necessária para a prática social. In: NETTO, J. P.; CARVALHO, M. C. Cotidiano conhecimento e História 10. ed. São Paulo: Cortez, 2012.

CARVALHO, M. V.; AGUIAR, W. M. J. Autoconfrontação: narrativa videogravada, reflexividade e formação do professor como ser para si. In: MAIA, H.; FUMES, N. de L. F.; AGUIAR, W. M. J. (Orgs.). *Formação, atividade e subjetividade*: aspectos indissociáveis da docência. Nova Iguaçu: Marsupial, 2013. p. 193-237.

FERNANDES, M. J. da S. *A coordenação pedagógica em face das reformas escolares paulistas (1996-2007)*. 2008. Tese (Doutorado em Educação Escolar.) — Faculdade de Ciências e Letras, Unesp, Araraquara.

FULLAN, M. *O significado da mudança educacional*. Porto Alegre: Artes Médicas, 2009 [1982].

GONZÁLEZ-REY, F. *Sujeito e subjetividade*: uma aproximação histórico-cultural. São Paulo: Pioneira/Thomson, 2003.

HELLER, A. *Sociología de la vida cotidiana*. 4. ed. Barcelona: Península, 1977.

_____. *Cotidiano e história*. 6. ed. Rio de Janeiro: Paz & Terra, 1989 [1978].

KEMMIS, S. Critical reflection. In: WIDEEN, M. F.; ANDREWS, I. (Eds.). *Staff development for school improvement*. Philadelphia: The Falmer Press, 1987. p. 73-90.

KOSIK, K. *Dialética do concreto*. São Paulo: Paz e Terra, 2011 [1963].

LIBÂNEO, J. C. *Organização e gestão da escola*: teoria e prática. Goiânia: Alternativa, 2007.

LIBÂNEO, J. C.; OLIVEIRA, J. F.; TOSCHI, M. S. *Educação escolar*: políticas, estrutura e organização. São Paulo: Cortez, 2007.

_____. *Educação escolar*: políticas, estrutura e organização. 10. ed. São Paulo: Cortez, 2012.

LIBERALI, F. C. Cadeia criativa na educação infantil: a intencionalidade na produção de objetos compartilhados. In: SILVA, L. S. P.; LOPES, J. J. M. (Orgs.). *Diálogos de pesquisas sobre crianças e infâncias*. Niterói: Editora da UFF, 2010. v. 1, p. 41-60.

_____. Cadeia criativa: uma possibilidade para a formação crítica na perspectiva sócio-cultural. In: MAGALHÃES, M. C. C.; FIDALGO, S. S. (Orgs.). *Questões de método e de linguagem na formação docente*. Campinas: Mercado de Letras, 2011. p. 42-62.

_____. Gestão escolar na perspectiva da teoria da atividade sócio-histórico-cultural. In: _____; MATEUS, E.; DAMIANOVIC, M. C. (Orgs.). *A teoria da atividade sócio-histórico-cultural e a escola*: recriando realidades sociais. Campinas: Pontes, 2012. p. 89-108.

MAGALHÃES, M. C. C. Pesquisa crítica de colaboração: escolhas epistemometodológicas na organização e condução de pesquisas de intervenção no contexto escolar. In: _____; FIDALGO, S. S. (Orgs.). *Questões de método e de linguagem na formação docente*. Campinas: Mercado de Letras, 2011. p. 13-40.

_____. Vygotsky e a pesquisa de intervenção no contexto escolar: a pesquisa crítica de colaboração — PCCol. In: LIBERALLI, F. C.; MATEUS, E.; DAMIANOVIC, M. C. (Orgs.). *A teoria da atividade sócio-histórico-cultural e a escola. Recriando realidades sociais*. Campinas: Pontes, 2012. p. 13-26.

_____. Escolhas teórico-metodológicas em pesquisas com formação de professores: as relações colaborativo-críticas na constituição de educadores. In: MATEUS, E.; OLIVEIRA, N. B. (Orgs.). *Estudos críticos da linguagem e formação de professores/as de línguas*. Campinas: Pontes, 2014.

OLIVEIRA, B. A dialética do singular-particular-universal. In: ENCONTRO DE PSICOLOGIA SOCIAL E COMUNITÁRIA, 5. *Anais...* Bauru: Abrapso, 2001. p. 1-24. Disponível em <http://stoa.usp.br/mpp5004/files/-1/18602/ADialeticaDoSingularParticularUniversal.pdf>. Acesso em: 18 fev. 2013.

PARO, V. H. *Gestão democrática da escola pública*. São Paulo: Ática, 2006. (Col. Educação em Ação.)

_____. *Administração escolar*: introdução crítica. 17. ed. São Paulo: Cortez, 2012.

PASSONE, E. F. Incentivos Monetários Para Professores: Avaliação, Gestão e Responsabilização na Educação Básica. In: *Cadernos de Pesquisa*, v. 44, n. 152. p. 424-448, abr./jun. 2014.

PLACCO, V. M.; SOUZA, V. L. O trabalho do coordenador pedagógico na visão de professores e diretores: contribuições à compreensão de sua identidade profissional. In: _____; ALMEIDA, L. R. *O coordenador pedagógico*: provocações e possibilidades de atuação. São Paulo: Loyola, 2012. p. 9-20.

SANTOS, E. S. *A situação funcional dos professores da rede estadual paulista*: problemas de seleção e admissão e dos concursos públicos (1976-2010). 2012. Tese (Doutorado em Educação.) — História Política e Sociedade, Pontifícia Universidade Católica, São Paulo.

SAVIANI, D. *Da nova LDB ao Plano Nacional de Educação*: por uma outra política educacional. 3. ed. rev. Campinas: Autores Associados, 2000.

_____. Formação de professores: aspectos históricos e teóricos do problema no contexto brasileiro. *Revista Brasileira de Educação*, Rio de Janeiro, v. 14, n. 40, p. 143-55, jan./abr. 2009.

VIGOTSKI, L. S. A consciência como problema da psicologia do comportamento. In: _____. *Teoria e método em psicologia*. São Paulo: Martins Fontes, 2004 [1925]. p. 55-85.

Capítulo 10

A dimensão subjetiva da desigualdade social no processo de escolarização

Ana Mercês Bahia Bock (PUC-SP)
Rita de Cássia Mitleg Kulnig (PUC-SP e FAACZ)
Luane Neves Santos (PUC-SP)
Raizel Rechtman (PUC-SP)
Brisa Bejarano Campos (PUC-SP)
Rodrigo Toledo (PUC-SP)

O termo desigualdade, como nos explica Reis (2004, p. 38), carrega subjacente a noção de um padrão de justiça distributiva. Nas palavras da autora, "[...] igualdade e desigualdade social pressupõem referência a uma unidade, a uma identidade coletiva ou a um todo no interior do qual ganham sentido julgamentos morais sobre critérios e padrões distributivos". Dizendo de outra forma, para percebermos algo como desigual, precisamos definir um padrão de igualdade. Esse padrão de igualdade social é contingente e não natural: construído histórica e culturalmente em uma dada sociedade.

Reis (2004) questiona como definir o fenômeno da igualdade, ou seu oposto, a desigualdade, sem se referir apenas ao estatuto teórico do fenômeno — um valor, um éthos, uma ideologia. Afirma que compartilhamos mais ou menos de uma mesma noção comum, genérica, de igualdade, e que a percebemos como uma coisa boa. E acrescenta que, apesar de a igualdade ser reconhecida como algo virtuoso pelas sociedades, torna-se extremamente nebulosa quando tentamos precisá-la, existindo, simultaneamente, em determinada sociedade, uma multiplicidade de concepções de igualdade. É somente no campo das políticas sociais que conseguimos explicitar seu entendimento.

No caso das políticas educacionais, a Lei n. 9.493/96 — Lei de Diretrizes e Bases da Educação Nacional (LDB) — explicita, em seu artigo 3º, incisos I e IX, que o ensino deverá ser ministrado com base nos princípios da igualdade de condições para o acesso e permanência na escola e da garantia de padrão de qualidade. Porém, ainda que o desafio da universalização do acesso e da permanência em uma das etapas da educação básica, o ensino fundamental, já tenha sido praticamente superado no Brasil, os resultados da aprendizagem dos estudantes ainda são muito questionados, colocando a qualidade da educação no epicentro das discussões no Brasil.

Como lembra Libâneo (2012), há uma dualidade perversa no sistema escolar brasileiro que alimenta e reforça a desigualdade social: uma "escola do conhecimento" para os ricos e uma "escola do acolhimento social" para os pobres. Essa dualidade no sistema educacional também

A DIMENSÃO SUBJETIVA DO PROCESSO EDUCACIONAL

pode ser evidenciada quando tomamos como indicadores índices de analfabetismo, defasagem idade/série, média de anos de escolaridade da população e os comparamos entre regiões e/ou estratos sociais.

O possível enfrentamento do fenômeno da desigualdade social exige um maior conhecimento sobre ele. Tradicionalmente, evidenciam--se os aspectos econômicos, sobretudo a diferença na distribuição de renda e no acesso aos bens produzidos, mas, como afirmam Scalon (2011) e Pochmann et al. (2005), apenas identificar e quantificar a pobreza não é o suficiente para enfrentar as desigualdades sociais, principalmente em "países como o Brasil, que se especializaram em produzir e reproduzir em níveis cada vez mais sofisticados a exclusão social" (Pochmann et al., 2005, p. 9). Essa forma hegemônica de estudar o fenômeno da desigualdade social, segundo os autores, exclui todo um processo de transmissão afetiva e emocional de valores, processo invisível em nossa sociedade, ignorando a gênese cultural da desigualdade (Souza, 2004; 2006; 2009).

Assim, a desigualdade social no Brasil é reproduzida cotidianamente por meios simbólicos, diferentes do chicote do senhor de escravos ou do poder pessoal do dono da terra, ou seja, a perpetuação da desigualdade em nossa sociedade está baseada em valores (Souza, 2003). E a internalização desses valores, "em abstrato", pelas classes menos favorecidas as penaliza "em concreto" na dimensão da vida cotidiana.

A desigualdade de renda adquire, assim, uma tonalidade hierárquica em relação aos espaços sociais, produzindo conotações de superioridade e inferioridade nas diversas esferas da vida social (Souza, 2006). Em sociedades como a nossa, a estrutura das relações que se estabelece nos níveis intra e interpessoais produz a existência de redes invisíveis e objetivas que desqualificam os indivíduos e grupos sociais precarizados como "subprodutores" e "subcidadãos", tendo como consequência a formação do que Souza (2006) denomina uma "ralé estrutural".

Esta perspectiva de compreensão do fenômeno da desigualdade social também é apontada por Gonçalves Filho (2007), quando ressalta que esse fenômeno torna evidente a dominação, bem como remete à ideia de uma igualdade que foi recusada no direito de o sujeito agir, falar, tomar parte nas iniciativas e decisões. Como o autor nos explica, quando as condições vivenciadas pelos "dominados" são persistentes, ligadas ao interesse e desejo dos "grupos dominadores", a igualdade é recusada e a dominação afirmada, gerando no ser dominado um sentimento de humilhação, em que a melancolia se impõe e a vergonha se torna crônica.

A escola, para além da responsabilidade de transmitir valores às gerações futuras, constitui-se como uma instância onde tais valores são (re)produzidos. Ou seja, o processo educacional reapresenta, em sua configuração, os elementos da realidade social mais ampla, que, em nossa sociedade, é profundamente marcada pela desigualdade social. Dessa forma, a escola configura-se como espaço privilegiado para o estudo da Dimensão Subjetiva da Desigualdade Social por expressar em seus cotidianos as significações constituídas sobre esse fenômeno.

O estudo da Dimensão Subjetiva se apresenta como uma possibilidade apontada pela Psicologia Sócio-histórica de superar a dicotomia objetividade/subjetividade presente em várias pesquisas sobre os fenômenos sociais por perceber que ambas as dimensões se constituem e se transformam mutuamente, em um processo dialético. Podemos tomar a dimensão subjetiva como a "[...] síntese entre as condições materiais e a interpretação subjetiva dada a elas. Ou seja, representa a expressão de experiências subjetivas em um determinado campo material, em um processo em que tanto o polo subjetivo como o objetivo transformam-se" (Gonçalves e Bock, 2009, p. 143).

A investigação da dimensão subjetiva tem utilizado como seu principal recurso metodológico o estudo das significações (sentidos e significados) constituídas e constituintes de um fenômeno, no caso deste estudo sobre a desigualdade social. A identificação dos conteúdos de natureza subjetiva que compõem esse fenômeno poderá abrir perspectivas para o enfrentamento das diversas formas de manifestação da desigualdade social.

Entendemos que pesquisar os sentidos e os significados dos jovens sobre suas vivências escolares, marcadas por contextos desiguais, é uma estratégia potente para a investigação da dimensão subjetiva da desigualdade social, pois tais vivências evidenciam as relações sociais que os jovens estabelecem entre si, com os professores, pais, equipe gestora e mesmo com toda a escola, revelando, a partir dos seus processos de escolarização, aspectos subjetivos importantes para compreender esse fenômeno social. Nesse sentido, algumas questões vêm nos inquietando ao longo dos anos: como a desigualdade social está posta na escola? Terá ela formatos e expressões específicas? Que afetos e sentimentos acompanham a experiência escolar em situação social de desigualdade?

A PESQUISA

Para responder às questões propostas, vem sendo realizada, no programa de estudos pós-graduados em Educação: Psicologia da Educação, da Pontifícia Universidade Católica de São Paulo, a pesquisa intitulada "A dimensão subjetiva da desigualdade social: sua expressão na escola", coordenada pela prof. Dr. Ana Mercês Bahia Bock, cujo objetivo é analisar essa dimensão com base nas significações constituídas por jovens pobres e ricos sobre suas vivências escolares.

A pesquisa vem sendo construída a partir de três fundamentos ancorados no materialismo histórico e dialético: os pressupostos teóricos da Psicologia Sócio-histórica (Bock, Gonçalves e Furtado, 2015), os princípios da epistemologia qualitativa (Rey, 2005) e o recurso metodológico dos núcleos de significação (Aguiar e Ozella, 2006; 2013; Aguiar, Soares e Machado, 2015), e tem como sujeitos jovens pobres e ricos, com idade entre 14 e 15 anos, que cursam o nono ano do ensino fundamental em escolas das redes pública e privada da cidade de São Paulo.

Para a definição do critério de rico e pobre, utilizamos a localização da residência dos jovens, considerando, para a cidade de São Paulo, o *Atlas da exclusão social no Brasil*, proposto por Campos et al. (2004), que segmenta a cidade em zonas a partir da construção de um índice de exclusão social que agrega três dimensões: vida digna, conhecimento e vulnerabilidade. Compreendendo, contudo, a desigualdade social em sua complexidade, no contato com os jovens buscamos caracterizar outros aspectos que ajudavam a evidenciar sua condição social, ou seja, na conversa com os jovens destacamos e registramos informações que complementavam as primeiras, exemplo disso é o nível de instrução dos pais ou profissão e ocupação deles.

De modo convergente com a proposta da epistemologia qualitativa, adotamos a conversação como técnica para produção dos dados, tal qual proposta por Rey (2005). Na perspectiva desse autor, pesquisador e participante compõem uma unidade dialógica na qual ambas as partes precisam se implicar para que haja produção de sentidos. A fluidez é o elemento que permite essa produção a partir do momento em que na conversação, mais do que perguntas, ou a obediência a um roteiro estruturado, são oferecidos temas norteadores para o diálogo. Dessa forma, não esperamos do sujeito um dado preexistente para nos dispor: os dados são construídos na relação dialógica pesquisador-participante.

A conversação deve ser norteada por eixos que permitam responder aos objetivos da pesquisa. Os eixos se caracterizam por questões, comentários, reflexões, em torno de temáticas específicas. Nesta pesquisa são dois os eixos: o jovem e a desigualdade na vida; e o aluno e a expressão da desigualdade na escola.

No primeiro, buscamos caracterizar as relações sociais estabelecidas pelo jovem com vista a dar visibilidade a seu modo de vida cotidiana. Como é sua casa, a relação com o bairro e a cidade, atividades diárias, lazer, questões envolvendo a família e também o trabalho e vivências escolares dos pais. No segundo eixo, a ênfase é na vivência escolar do jovem. Procuramos investigar sentidos associados à escola que frequenta e à imagem que possui sobre a escola "do outro", aquele considerado pelo jovem como desigual a ele. Investigamos os aspectos estruturais, organizacionais e funcionais da escola, com interesse sobre os modos de relação estabelecidos com colegas/amigos, professores, funcionários e gestores. Também nos interessava conhecer como se processam as relações hierárquicas e formas de participação na vida escolar, dando ênfase na relação do jovem com a aprendizagem/saber, a função que atribui à escola e às perspectivas no projeto de (para o) futuro.

Para a análise dos dados produzidos na conversação, recorremos à metodologia proposta por Aguiar e Ozella (2006; 2013): os núcleos de significação, que integram os significados e os sentidos, numa dinâmica em que ambos se constituem mutuamente por meio dos aspectos simbólicos e emocionais.

A sistematização dos núcleos de significação se inicia com a leitura flutuante e organização do material em torno de pré-indicadores. Aguiar e Ozella (2013) sugerem a seleção de trechos significativos da fala dos sujeitos pelo seu caráter simbólico ou emocional, porém alertam que as palavras devem ser apreendidas no contexto que lhes atribui significado, seja o contexto da narrativa do sujeito ou mesmo das condições históri-

A DIMENSÃO SUBJETIVA DO PROCESSO EDUCACIONAL

co-sociais que o constituem, sendo o objetivo da investigação critério básico para seleção dos pré-indicadores.

Na sequência do processo de análise, o movimento empreendido é de aglutinação dos pré-indicadores em torno de indicadores. Essa junção pode ser em decorrência de similaridade, complementaridade ou contraposição entre os pré-indicadores, o que conduzirá a um número bem menor quando comparado à diversidade deles. Já os núcleos "devem ser construídos de modo a sintetizar as mediações constitutivas do sujeito; mediações essas que constituem o sujeito no seu modo de pensar, sentir e agir" (Aguiar e Ozella, 2013, p. 310). Nesse sentido, o processo de construção dos núcleos de significação é fundamentalmente construtivo-interpretativo, pois é construído a partir da compreensão crítica do pesquisador em relação à realidade.

A composição dos núcleos de significação deve dar visibilidade a aspectos importantes e reveladores do sujeito, articulando a fala ao contexto social, político e econômico, e contribuir para o objetivo da pesquisa. Nessa direção, até mesmo a nomeação dos núcleos busca fortalecer os sentidos construídos. Em geral, estes nomes são extraídos da própria fala dos sujeitos, buscando explicitar o movimento do sujeito articulado aos objetivos do estudo, mas nem sempre os sujeitos expressam sínteses tão claras. Após a construção dos núcleos de significação, propõe-se a análise internúcleos com vista a uma compreensão mais global do sujeito (Aguiar e Ozella, 2013).

Tomando como pressuposto que histórias, aparentemente singulares, podem, como sínteses de significações, nos revelar aspectos importantes da dimensão subjetiva da realidade e dos fenômenos sociais, como apontado pela epistemologia qualitativa (Rey, 2005), apresentaremos a seguir a análise da narrativa de dois dos jovens participantes desta pesquisa, cuja vivência escolar é emblemática para o estudo da dimensão subjetiva da desigualdade social e sua expressão na escola.

UM ZÉ (NINGUÉM?)

Zé é residente de um bairro da zona vermelha da cidade de São Paulo (Campos et al., 2004), considerada a zona com maior índice de exclusão social. Sempre estudou em escolas da rede pública estadual de São Paulo. Ele tem dois irmãos e duas irmãs, sendo dois por parte de pai e dois por parte de mãe. Todos estudam. Residia com o pai em uma cidade próxima à capital, porém atualmente mora com a mãe e o padrasto em São Paulo. Seu pai estudou até a sétima série. Em seu relato, explica que ele é aposentado. No entanto, sua tia nos afirma, em momento posterior, que o pai de Zé está preso. Sua mãe completou o ensino médio e trabalha em uma gráfica.

A seguir apresentaremos oito núcleos de significação, resultado do processo de análise construtivo-interpretativo do relato de Zé sobre seu cotidiano e vivência escolar.

Núcleo 1 — Cotidiano: territórios, atividades e amigos

Zé, em seu relato, valoriza pouco o território onde mora, situando a ideia de que este é desorganizado e "bagunçado", sem problematizar a ausência dos acessos culturais (teatro, cinema, espaços públicos, etc.) no bairro, pois busca tais equipamentos em outros locais: "[...] *porque aqui* [referindo-se ao seu bairro atual] *é muita bagunça e tal, muita bagunça. Minha tia quer sair daqui também"*. Situa, além disso, relações de amizade independentes da escola: "amigos da rua". Sua rotina inclui ir à escola, mas fora dela, em geral, não realiza atividades escolares. A descrição da sua rotina privilegia atividades lúdicas, como jogar *videogame* e estar com os amigos: "*Gosto* [de ir pra escola], *já virou, já virou rotina já.* [silêncio] *O dia que não tem aula, é brincar"*. A partir do seu relato e da nossa análise, consideramos que a escola ocupa pouca centralidade na vida de Zé.

Núcleo 2 — "[...] tem bastante lição... aprendi nada, na verdade"

Sobre a relação de Zé com o saber, chama-nos a atenção a ênfase na exterioridade do conhecimento (o conhecimento está na aula, no livro, na lousa, na biblioteca, entre outros) com pouca apropriação do jovem sobre seu processo de aprendizagem, expressa na frase *"aprendi nada"*. Sobre a sua escola, Zé refere excesso de lições e ênfase na lógica avaliativa da instituição escolar que, no entanto, ele não considera se reverter em aprendizado: *"Nós faz bastante isso. Atividade assim pra nota.* [..] *Escreve muito, bastante. Copia, copiar bastante da lousa. Bastante lição o professor passa..."* Parece-nos que Zé não consegue reconhecer que tais procedimentos fazem parte de uma cultura estudantil e que eles poderiam ser ferramentas para a construção de conhecimentos.

No relato sobre a rotina escolar, Zé parece se relacionar pouco com objetos de conhecimento escolarizado, seja dentro ou fora da escola, o que pode nos indicar pistas sobre as fragilidades do seu processo de aprendizagem: *"Momento de leitura? Minha escola não tem isso, eu não faço isso, eu não sei. Até tem biblioteca, você pode ir lá, pegar uns livro lá para ler em casa, mas eu não faço isso, eu não pego livro na escola".*

Núcleo 3 — *"Escola é um lugar que você praticamente vive lá dentro... eu gostava mais de ir embora"*

A partir do relato de Zé, percebemos que foi constituída uma relação ambivalente com a escola. Por um lado, um ambiente que compõe sua rotina (*"vive lá dentro"*), cuja função é significada como espaço para fazer amigos e necessária para conquistar um emprego melhor, mas que não se tem um vínculo forte de pertencimento e de afeto, pois *"gostava mais de ir embora"*. Reporta-se, assim, à função de socialização, abordada por autores como Libâneo (2012), e à noção da escola como redentora da pobreza. Por outro, Zé relata experiências desconfortáveis: relação desapropriada com o saber e a escola, além de humilhações pela direção frente à indisciplina escolar. Quando questionado, por exemplo, sobre como apresentaria sua escola a um estranho, ele responde de forma enfática: *"eu não ia apresentar* [a escola], *eu ia dar ele pra algum inspetor apresentar, eu faria isso. Estranho levar uma pessoa pra apresentar a escola, eu não faria isso".*

A "bagunça" parece surgir como uma forma de expressão para os alunos que não se engajam nas lições por ausência dos recursos mínimos de aprendizagem para o desenvolvimento da tarefa (*"não sabe fazer"*), bem como uma alternativa à ausência de atividades que envolvam e favoreçam as relações (valorizar a socialização e reconhecer a centralidade dos amigos), o corpo e o movimento. Nesse sentido, Zé ressalta experiências positivas nas aulas de Educação Física, destacando o trabalho coletivo, lúdico, informal (fora da sala), mas que parecem ficar restritas a essa disciplina.

Outro aspecto importante é a significação da escola como um espaço que protege da rua, vista como local onde os jovens estarão propensos a exercer comportamentos inadequados: "[por que abrem a escola no final de semana] *Pro pessoal não ficar na rua né, dando mal exemplo para as outras pessoas, deixa a escola aberta, pra molecada vim e jogar bola e tal assim".*

Núcleo 4 — "[...] a escola [particular] tem mais dinheiro, deve ser mais organizada que a pública"

Zé caracteriza sua escola como desorganizada quando comparada a uma escola particular, presente no seu imaginário. Situa condições precárias da escola pública, tanto do ponto de vista material (ausência de livros, lanche pouco atrativo), quanto no aspecto pedagógico (alta rotatividade de docentes, pouca implicação dos professores substitutos). Esse processo produz implicações diretas no cotidiano escolar, como podemos observar no relato que se segue sobre as aulas dos professores substitutos: *"Não, ninguém faz lição, na verdade ele* [professor substituto] *passa coisa qualquer, mas ninguém faz. [...] Por que eu acho que o professor tipo... não vai... não vai prestar atenção na lição dele, não vai contar nada, ninguém faz né? Não adianta nada".*

Outro aspecto destacado são as relações estabelecidas por gestores e professores com os alunos, nas quais há a percepção de pouca cobrança: *"minha escola tem uniforme, mas ninguém usa. Tem que comprar uniforme, mas ninguém compra".*

Núcleo 5 — "[...] porque ninguém liga... dizem que tem que estudar..."

Sobre as relações vivenciadas na escola, destacam-se, no relato de Zé, fortes componentes de amparo e desamparo. Por um lado, há sentimentos de menosprezo e desatenção, mesmo em momentos fundamentais, como nos casos de briga entre os alunos: *"Tipo, quando sai sangue, aí tem que separar, né, se não fica lá né brigando igual umas loucas. Deixa brigar, ninguém não tem nada a ver, por que vai separar?"*

Por outro, tanto os professores quanto os pais reproduzem discursos moralistas e incentivadores acerca da importância de manter bom comportamento, assim como do estudo como ferramenta de superação da condição social dos jovens pobres, como ilustrado nas falas a seguir:

[meus avós dizem] *Que eu tenho que estudar, que mais pra frente a vida vai ser difícil para mim, que eu sou um jovem, quero as coisas, tenho que estudar. Vou ter família, assim... [...] Professores todos, quase todos, falei isso, que eu quero tentar ser piloto. Eles falam legal, não sei o que, e que tem que correr atrás... eles falaram... para que eu consiga.*

Tais discursos não acompanham, contudo, ações práticas e efetivas de suporte a esses alunos: "[sobre apoiar no projeto de depois da escola] Não. Ninguém ajuda com isso".

Núcleo 6 — "[...] se não tivesse a escola, ter amigos seria difícil"

Zé enfatiza sobremaneira a importância das relações de amizade no ambiente escolar, destacando-se a função de socialização para além da função pedagógica da escola: "[sobre trazer conhecimento da escola para a vida] *É, eu não sei, mas eu acho que sim, vou levar bastante coisa. Amigos, principalmente amigos vou levar bastante,* [pensando] *bastante*". Quando questionado sobre de que gostava na escola, ele fala: *"eu gostava dos amigos né, eu gostava bastante dos meus amigos".*

Núcleo 7 — "Os professores não gritam, eles botam para fora ou levam para a direção... O professor ajuda bastante!"

A relação constituída entre professores e alunos também ganha uma conotação ambivalente na narrativa de Zé. Por um lado, os docentes ocupam função de amparo e orientação junto aos alunos: "[aprendeu a conversar] *Com os professores, o professor ensina. Fala: 'não faz isso não cara, que senão, vai, no futuro, vai piorar pra você'".* Por outro, também são caracterizados como fontes de repressão e pouco compromisso para com o processo de ensino-aprendizagem: *"Tem uns professores que quando ficam bravo, tipo, eles não chegam a ofender, mas tipo, fala pra ficar quieto. Os professores não gritam não, eles botam pra fora, ou leva para direção".*

Núcleo 8 — "[...] é ruim para mim ficar sonhando"

Zé apresenta ao longo da conversação muitas dificuldades para planificar seu futuro. Consideramos que esse processo associa-se a dados da materialidade: sobre a continuidade escolar, por exemplo, Zé vivencia um tipo de socialização que não inclui a faculdade como horizonte principal: *"Ninguém fala sobre isso* [fazer faculdade]".

E mesmo quando a universidade é incluída, está associada com sofrimento pelas dificuldades financeiras e de apreensão do conhecimento: "[seus tios] *Tiveram* [que estudar muito], *nossa!!! Estudaram pra caramba* [pensando]... *trabalhava bastante também, de dia trabalhava e a noite era faculdade* [silêncio]". Ele conclui destacando que "é diferente [quando a pessoa não precisa trabalhar e fazer a faculdade ao mesmo tempo] é mais fácil, [silêncio] *é diferente"*.

Nesse sentido, quando se trata do futuro, tanto pais quanto professores estimulam um estudo com fins instrumentais definidos, mas cujo percurso é pouco especificado. Concebido como ruptura com o presente, o futuro é simbolizado na esperança de conseguir um trabalho que gere um valor (financeiro e social) superior a sua realidade atual, mas sem implicar alunos e professores no processo de ensino-aprendizagem: "[onde você imagina que você vai estar trabalhando? Que emprego melhor seria esse?] *Eu não sei* [pensando] Não faço ideia. [pensando] *Ganhando bem tá bom* [silêncio/risos]".

QUANDO O MUNDO ESTÁ AOS MEUS PÉS: O ARTHUR

Em contraponto aos relatos de Zé, apresentamos os sete núcleos de significação resultados do processo de análise construtivo-interpretativo da narrativa de Arthur, jovem da mesma idade de Zé, porém de uma classe social rica.

Como Zé, Arthur também cursa o nono ano do ensino fundamental, porém em uma escola da rede privada da cidade de São Paulo, situada em um bairro da zona verde, considerada, de acordo com Campos et al. (2004), a zona com o menor índice de exclusão social. Arthur reside em outro bairro da zona verde, próximo de sua escola. Sempre estudou em escolas da rede privada. É filho único e mora com a mãe. Os pais são separados. Tanto o pai quanto a mãe possuem duas graduações, sendo ambos graduados em Direito. A segunda graduação da mãe é em Filo-

A DIMENSÃO SUBJETIVA DO PROCESSO EDUCACIONAL 219

sofia e do pai em Psicologia. A mãe concluiu o mestrado e é servidora pública estadual. O pai, atualmente aposentado, já ocupou alto cargo no funcionalismo público federal.

Núcleo 1 — *"A minha escola representa muito para mim porque é quase só isso que eu faço"*

O cotidiano de Arthur pode ser descrito a partir da escola. Além das atividades curriculares obrigatórias, a escola onde estuda oferece uma gama de atividades extracurriculares que possibilitam ao jovem "preencher" seu tempo. Além dessas atividades extracurriculares oferecidas pela escola, Arthur também ocupa suas tardes com aulas de guitarra em casa e frequenta um cursinho preparatório para um exame seletivo que prestará para ingresso no ensino médio em outra escola. No tempo que sobra, Arthur passa vendo tevê, dormindo, lendo. Nos finais de semana, além de estudar, às vezes também sai com os amigos *"[...] para ir no shopping ou parque Villa-Lobos... e é isso... às vezes eu vou pra casa do meu pai"*.

Considerando que a mobilização de Arthur pela cidade fica praticamente restrita entre a casa e a escola, como ele bem expressa, a escola é quase tudo para ele: um espaço que agrega aprendizagem, lazer e convivência.

Núcleo 2 — *"A escola é lugar de aprender sobre as coisas e aprender a conviver"*

Para Arthur, a escola se apresenta como um espaço de aprendizagens. Tanto um espaço de aprendizagem de valores quanto de um saber sistematizado. Aprendizagens que Arthur não questiona, por entender serem importantes para sua formação: *"Escola é o lugar que você vai pra você aprender sobre as coisas, coisas que você vai precisar para sua formação e sobre algumas matérias mais específicas do conhecimento, tipo, História, Matemática, Português..."*.

Arthur percebe a aula como uma atividade de ensino que supõe, ao mesmo tempo, a presença do professor, responsável pela atividade de ensinar, e a presença do aluno, responsável pela atividade de aprendizagem. Ou seja, compreende que no processo de ensino-aprendizagem tanto as atividades dos professores quanto as dos alunos são importantes para que se tenha êxito:

[descrevendo o que é a escola] *Tem momento que você fica... são as aulas mesmo. Que é todo mundo sentado enfileirado, com o professor na frente e o professor apresentando as coisas que você precisa saber, e... e você fica anotando e perguntando as suas dúvidas que isso você vai usar pras provas que com o que cada professor ensina em cada trimestre e eles fazem uma prova pra ver se você, se... o tanto de conhecimento que eles passaram você absorveu.*

Apesar de creditar a responsabilidade da aula, entendida como um momento por excelência para a realização da aprendizagem, ao professor e ao aluno, Arthur marca em sua narrativa a posição hierárquica entre eles. O professor é o que detém o saber, o responsável pela escolha dos conhecimentos que deverão ser aprendidos, e o aluno é aquele que deverá receber esses conhecimentos, inclusive os que deverão sustentar para o convívio social. A escola para Arthur é o lugar de apropriação de valores, símbolos, atitudes: *"[...] pra você saber ficar no meio de outras pessoas e ouvir a opinião dos outros e... é, pra você ter essa experiência de como é viver em grupo".*

Núcleo 3 — *"Escola poderia ser o lugar para você fazer coisas diferentes, com menos regrinhas do tipo ter que ficar sentado todo mundo em fileira e sem conversar"*

Arthur demonstra, em seu relato, uma grande familiaridade com o ambiente escolar: o espaço físico, os modos de funcionamentos e as relações estabelecidas.

A escola geralmente tem as salas de aula, que é onde você tem as aulas; tem geralmente quadras porque é pra você ter aula de Educação Física... essas coisas... o pátio onde você fica geralmente socializando com as outras pessoas; tem a biblioteca pra... é onde você pode pegar livros que você precisa para as disciplinas, tem uma sala de artes, pras aulas de artes... tem também uma sala de música e... uma sala de teatro que são disciplinas que você pode optar fazer junto com as que são obrigatórias... e é isso que tem na escola.

Percebe que apesar de ter a "liberdade" de realizar algumas escolhas, elas são controladas pela escola: *"Tem* [funcionário], *fica na praça olhando pra ver se ninguém sai. Tem um que fica perto da padaria, aí tem nas faixas, uns funcionários que ficam com aquela bandeirinha. E dentro da escola também, nas quadras tem sempre um por perto".* E, esse mesmo espaço de controle

A DIMENSÃO SUBJETIVA DO PROCESSO EDUCACIONAL

se apresenta também como um espaço de cuidado, de acompanhamento, de apoio: "*Cada* TP [Trabalho Pessoal] *é com um professor... aí você tem dúvida, você põe seu nome no atendimento e você vai falar com o professor individualmente*".

Núcleo 4 — "Você vai para a escola de manhã e por mais que seja chato, você fala: pelo menos vou encontrar meus amigos"

Podemos perceber na narrativa de Arthur que a função maior da escola para ele, além da aprendizagem dos saberes sistematizados e dos valores, é ela configurar-se como um espaço que possibilita o estabelecimento de laços de amizades e redes de relações. "[...] *os meus maiores amigos... tem um que eu conheci na primeira passagem que eu tive pela escola, que... na verdade, é... alguns dos meus amigos, acho que dois, eu conheci pela primeira passagem que eu tive pela escola e eu nunca perdi tanto contato assim*".

Núcleo 5 — "Eu gosto bastante de Estudos Sociais por causa do professor e... acho que gosto bastante de Ciências porque eu acho Ciências bem útil até!"

Arthur apresenta em sua narrativa uma contradição em relação à função da escola. Por um lado valoriza o posicionamento de um professor que propicia condições para que os alunos desenvolvam uma postura mais crítica e reflexiva (racionalidade crítica), como pode ser percebido em trecho de sua narrativa, como o seguinte:

> [...] *Na aula ele faz reflexões que na verdade, apesar de não ter tanto a ver com a aula dele, que não tem a ver com a matéria mesmo, mas que ele une a matéria dele com a sociedade que a gente vive, fazendo umas ligações. É a aula dele ajuda muito a gente a pensar em coisas, tipo, que a gente nunca pensava. E, bom, eu gosto muito da aula dele.*

Por outro lado, espera que o professor "não perca tempo" com a aula, limitando-se apenas à transmissão daqueles conteúdos que tenham uma aplicabilidade imediata, enfatizando, desse modo, uma racionalidade instrumental: "[...] *e eu não gosto dele, porque ele fala muito e ele viaja muito.* [...] *ele falou que... ele começou a falar da dengue, aí ele começou a falar das greves do Japão... e... não tem muito a ver com Educação Física. E eu não gosto tanto disso, que a gente perde muito tempo de aula".*

Porém, ao destacar em sua narrativa a importância da afetividade na relação professor *versus* aluno, Arthur apresenta outro tipo de racionalidade em que deveriam ser pautadas as relações e a realização das atividades: *"Quando a professora de Matemática fica falando e ninguém faz nada não adianta ela falar isso todo dia que não vai mudar. Posso gostar menos dela e fazer menos coisa dela. E é, tentar ser mais simpático. Tipo, sociável, sei lá, brincar mais e, é... ser menos sério assim. Deixar a aula mais interessante".*

Núcleo 6 — "E de resto, acho que é bem diferente assim. Tudo"

Arthur, em sua narrativa, demonstra uma grande intimidade com o espaço escolar, descrevendo com certa facilidade e familiaridade seu ambiente e rotina. Porém, como sempre frequentou escolas privadas, foi solicitado a descrever como seria esse ambiente: o espaço físico, o funcionamento, as relações, em uma instituição da rede pública. Para ele, a escola pública se apresenta como desorganizada; menos rígida; os alunos estudam menos; os professores não estimulam a reflexão; há falta de professores; a estrutura física é precária; a violência marca as relações.

> *Ah, eu não sei, acho que... deve ser... não sei, talvez mais desorganizado* [referindo-se à escola pública]. *Menos rígido de ter gente vendo onde você tá e se você foi mesmo. E o que você fez de verdade, deve ser mais... é, tipo, mais gente faltando. Deve ter menos controle eu acho. É o que eu imagino.* [Som de dúvida em relação à pergunta se o fato de ter menos controle é bom ou ruim.] *Por um lado é ruim, né? Porque incentiva menos você ir lá e fazer. Mas assim, se você for pensar, talvez por um outro fosse bom até. Não tem ninguém vendo se você tá lá. Mas acho que é ruim em geral.*

Para Arthur, essa escola não daria a ele as mesmas condições que a sua lhe proporciona para realizar seus projetos de futuro: *"É, talvez ficasse um pouco mais difícil assim. Não sei, dependendo da escola que eu entrasse talvez eu ficasse com uma defasagem. E fosse mais difícil de eu, dependendo do que eu quiser fazer, talvez ficasse mais difícil, eu tivesse que tipo, fazer, tipo cursinho, e é isso. Tudo o mais".*

Núcleo 7 — *"Eu prefiro esperar e ir vendo o que acontece"*

Talvez por não precisar tomar uma decisão imediata sobre o ingresso no mundo do trabalho e contar com condições materiais que lhe propiciem adiar essa decisão, Arthur pensa pouco em relação a seu futuro: *"Eu penso* [no meu futuro] *um pouco, só que aí eu começo a pensar e aí eu desisto porque, sei lá, eu não consigo decidir direito isso ai, eu falo 'meu, melhor esperar um pouco'".*

Porém, reconhece a importância da escola para essa tomada de decisão, percebendo-a como uma instância social que propicia condições para a passagem de um saber espontâneo para um saber sistematizado: *"*[...] são coisas fundamentais que eu vou precisar pra minha formação *futura, tipo uma base que eu preciso ter e que a partir dessa base eu posso me aprofundar no que eu quiser, tem uma base pra escolher o que eu vou querer fazer".*

SOBRE ARTHUR E ZÉ: O QUE AS HISTÓRIAS SINGULARES NOS DIZEM SOBRE O COLETIVO

Com base nos relatos das vivências escolares de Zé e Arthur, destacamos três aspectos que se reportam ao processo de escolarização, vivido de forma diversa pelos jovens, tendo por critério a condição social distinta entre eles e que compõem a dimensão subjetiva da desigualdade social a partir do estudo da inserção desses jovens na escola: o sentido da escola, o projeto de (para o) futuro e as concepções sobre a escola do outro.

O sentido da escola para os jovens é constituído de maneira distinta a depender das condições sociais de cada um. Entre os jovens que frequentam escolas particulares de elite, percebemos que há grande familiaridade com o espaço e a rotina escolares, considerando, inclusive, que tal familiaridade antecede a entrada destes na instituição de ensino ao ser favorecida por um ambiente doméstico que possibilita a esses jovens vivenciarem e significarem a escola como uma experiência de continuidade em relação à cultura e aos valores, e não de ruptura.

Essas escolas apresentam um suporte físico e relacional significativo aos alunos, o que favorece, entre outros aspectos, a centralidade afetiva na relação professor-aluno e com os demais funcionários. Esse processo apresenta uma dimensão de amparo, mas configura também vivências pautadas pelo controle e vigilância. O espaço escolar é significado, assim, como um lugar de convivência, apropriação de valores e atitudes (função de socialização), sem perder de vista a transmissão-assimilação do saber sistematizado (função pedagógica). Percebe-se, portanto, nas significações, grande centralidade da escola e forte presença na rotina desses jovens.

A significação do espaço escolar entre os jovens ricos permite a expressão de uma contradição importante: por um lado o incentivo à racionalidade crítica, em que a escola constrói uma proposta pedagógica que convida os alunos a desenvolver uma postura reflexiva e problematizadora sobre o cotidiano e, por outro, a ênfase em uma racionalidade instrumental, ancorada nos usos pragmáticos do conhecimento, sobretudo, na pressão em torno do vestibular.

Essa centralidade do vestibular já indica o compromisso da escola na construção de um projeto de futuro dos jovens ricos que envolva a continuidade dos estudos na educação superior, garantindo acesso a universidades de destaque e a escolha dos cursos de acordo com os interesses pessoais de cada jovem, atravessada também por valores familiares. Destaca-se, entretanto que, por possuir a garantia dos meios de subsistência da vida, ainda que seja convocado a planificar seu futuro, não há, entre esses jovens, a necessidade de uma decisão imediata sobre ele.

Diferentemente, entre os jovens que frequentam escolas públicas em bairros com alto índice de exclusão social, é comum identificar dificuldades deles em planificar seu futuro, considerando dados da materialidade e relações subjetivas que estimulam o estudo com fins instrumentais definidos, porém pouco especificados: esperança de conseguir um trabalho que gere um valor (financeiro e social) superior a sua realidade, a qual expressa a significação da escola como redentora da pobreza.

Constituem-se para esses jovens, em geral, significações de uma escola como lugar para fazer amigos, na qual a dimensão do acolhimento social se sobrepõe à dimensão da escola como espaço de conhecimento (Libâneo, 2012). Esse processo contribui para instituir pouca centralidade da escola na rotina diária desses jovens, que já apresentam pouco familiaridade com o espaço escolar: espaço do outro. Há ênfase na exterioridade no processo de aprendizagem: o conhecimento está na aula, no livro, na lousa, na biblioteca, entre outros; existe pouca apropriação do sujeito sobre seu processo de aprendizagem.

Ou seja, a ação escolar permite que se acrescentem novas determinações que enriquecem as anteriores: saber de senso comum/popular para um saber erudito. Constitui-se, assim, uma relação contraditória com a instituição de ensino, permeada por relações ambivalentes entre alunos, professores, gestores e funcionários. A escola passa a ser significada como espaço de bagunça, humilhação, desemparo e menosprezo; ao mesmo tempo também como o local que protege da rua. Não percebendo que a escola é um espaço de ruptura com a condição social, a camada pobre desacredita de si mesma, mas continua acreditando na escola.

Nesse sentido, ao serem questionados sobre a escola do outro, aquele considerado como desigual, os jovens pobres expressam que uma escola diferente da sua será, em geral, particular, e que por ter mais dinheiro, será mais organizada que a pública. Os jovens ricos também se concentram na significação sobre o binômio organização/desorganização, qualificando que a escola do outro será pública, desorganizada e que por ser menos rígida, os alunos estudam menos, os professores não estimulam a reflexão e as condições objetivas não favorecem o aprendizado: falta de docentes, estrutura física precária, violência, entre outras.

A experiência escolar é vivida de forma desigual. Desse modo, a desigualdade social se reverbera na escola fomentando uma reprodução ideológica de naturalização do padrão dominante, o que inclui a escola se apresentar como um espaço meritocrático, baseado no esforço pessoal, ainda que as oportunidades não sejam iguais para todos. Analisando, porém, pela categoria da contradição, assumimos, como outros autores (Saviani, 1982; Libâneo, 1984; Luckesi, 1990; Freire, 1996; Cortella, 2006; Rios, 2007), que a escola é o lugar da reprodução da desigualdade social, mas também um espaço potente para empreender ações com vista à superação das diferenças.

Como nos alertam Bock, Gonçalves e Hasegawa (2015), é preciso ter cuidado para não cair "na armadilha de que a pouca escolarização gera pobreza e desigualdade", aspecto este que tem se apresentado como conteúdo importante e forte da dimensão subjetiva da desigualdade social. Essa lógica aponta para a necessidade de reposicionar, de maneira dialética, as inversões que têm sido produzidas quando se discutem causas e consequências da desigualdade, principalmente o discurso comum de que é essencialmente a ausência da educação que produz pobreza e desigualdade social no Brasil. Por outro lado, a defasagem na escolaridade, se não é o único fator que compõe a desigualdade social, é certamente uma das explicações para a desigualdade de renda, pelo seu impacto na remuneração do trabalho.

Vimos anteriormente que as significações dos jovens não são constituídas somente pelo fato de serem pobres ou ricos, mas pela condição de viverem num contexto desigual e significarem suas vivências também na comparação com o "outro". Nesse sentido, os relatos de Arthur e Zé nos ajudam a evidenciar por meio das distintas vivências escolares o argumento contrário. Qual seja? Não é, em princípio, a pouca escolarização que gera pobreza e desigualdade, apesar de reconhecermos sua importância como aspecto de superação da desigualdade social. É justamente por serem pobres e desiguais que a certas pessoas são destinadas, desde muito cedo, condições objetivas e subjetivas precárias no que se refere à escolarização, o que contribui para retroalimentar sua condição social no mundo.

REFERÊNCIAS

AGUIAR, W. M. J.; OZELLA, S. Núcleos de significação como instrumento para a apreensão da constituição dos sentidos. *Psicologia Ciência e Profissão*, v. 26, n. 2, p. 222-46, 2006.

_____. Apreensão dos sentidos: aprimorando a proposta dos núcleos de significação. *Revista Brasileira de Estudos Pedagógicos*, v. 94, n. 236, p. 299-322, jan./abr. 2013.

_____; SOARES, J. R.; MACHADO, V. C. Núcleos de significação: uma proposta histórico-dialética de apreensão das significações. *Cadernos de Pesquisa*, v. 45, n. 155, p. 56-75, jan./mar. 2015.

BOCK, A. M. B.; GONÇALVES, M. G. M.; FURTADO, O. (Orgs.). *Psicologia sócio-histórica*: uma perspectiva crítica em psicologia. 6. ed. São Paulo: Cortez, 2015.

_____; _____; HASEGAWA, M. A dimensão subjetiva da desigualdade social: sua expressão na escola. In: ANACHE, A. A.; SCOZ, B. J. L.; CASTANHO, M. I. S. *Sociedade contemporânea*: subjetividade e educação. São Paulo: Memnon, 2015. p. 131-59.

A DIMENSÃO SUBJETIVA DO PROCESSO EDUCACIONAL

CAMPOS, A. et al. (Orgs.). *Atlas da exclusão social no Brasil*: dinâmica e manifestação territorial. 2. ed. São Paulo: Cortez, 2004.

CORTELLA, M. S. *A escola e o conhecimento*: fundamentos epistemológicos e políticos. São Paulo: Cortez/Instituto Paulo Freire, 2006.

FREIRE, P. *Pedagogia da autonomia*: saberes necessários à prática educativa. São Paulo: Paz e Terra, 1996.

GONÇALVES FILHO, J. M. Humilhação social: humilhação política. In: SOUZA, B. de P. (Org.). *Orientação à queixa escolar*. São Paulo: Casa do Psicólogo, 2007.

GONÇALVES, M. G. M.; BOCK, A. M. B. A dimensão subjetiva dos fenômenos sociais. In:_____; _____ (Orgs.). *A dimensão subjetiva da realidade:* uma leitura sócio-histórica. São Paulo: Cortez, 2009. p. 116-57.

LIBÂNEO, J. C. *Democratização da escola pública*. São Paulo: Loyola, 1984.

_____. O dualismo perverso da escola pública brasileira: escola do conhecimento para os ricos, escola do acolhimento social para os pobres.*Educação e Pesquisa*, São Paulo, v. 38, n. 1, p. 13-28, mar. 2012. Disponível em <http://www.scielo.br/scielo.php?script=sci_arttext&pid=S1517-97022012000100002&lng=en&nrm=iso>. Acesso em: 25 fev. 2015.

LUCKESI, C. C. *Filosofia da educação*. São Paulo: Cortez, 1990.

POCHMANN, M. et al. (Orgs.). *Atlas da exclusão social no Brasil*. São Paulo: Cortez, 2005. v. 3: Os ricos no Brasil.

REIS, E. P. A desigualdade na visão das elites e do povo brasileiro. In: SCALON, C. (Org.). *Imagens da desigualdade*. Belo Horizonte: Editora UFMG; Rio de Janeiro: Iuperj/Faperj, 2004.

REY, F. L. G. *Pesquisa qualitativa e subjetividade*: os processos de construção da informação. São Paulo: Thomson, 2005.

RIOS, T. A. *Ética e competência*. São Paulo: Cortez, 2007.

SAVIANI, D. *Educação*: do senso comum à consciência filosófica. São Paulo: Cortez/Autores Associados, 1982.

SCALON, C. Desigualdade, pobreza e políticas públicas: notas para um debate. *Contemporânea — Revista de Sociologia da UFSCar*, v. 1, p. 49-68, 2011.

SOUZA, J. *A construção social da subcidadania*: para uma sociologia política da modernidade periférica. Belo Horizonte: Editora UFMG; Rio de Janeiro: Iuperj, 2003. (Col. Origem.)

_____. Modernização periférica e naturalização da desigualdade: o caso brasileiro. In: SCALON, C. (Org.). *Imagens da desigualdade*. Belo Horizonte: Editora UFMG; Rio de Janeiro: Iuperj/Ucam, 2004.

_____. Apresentação. In: SOUZA, J. (Org.). *A invisibilidade da desigualdade brasileira*. Belo Horizonte: Editora UFMG, 2006. p. 9-21.

_____. *A ralé brasileira*: quem é e como vive. Belo Horizonte: Editora UFMG, 2009.

Capítulo 11

Significações sobre escola e projeto de futuro em uma sociedade desigual

Ana Mercês Bahia Bock (PUC-SP)
Solange Alves Perdigão (PUC-SP e IFBA)
Luane Neves Santos (PUC-SP)
Rita de Cássia Mitleg Kulnig (PUC-SP e FAACZ)
Rodrigo Toledo (PUC-SP)

Circula na internet um poema cuja autoria é creditada a Paulo Freire.[1] Nesse poema, a ideia central é de que "a escola é, sobretudo, gente que trabalha, que estuda, que se alegra, se conhece e se estima". Ou seja, estudantes, professores, funcionários, pais e gestores, com seus saberes, éticas, emoções e compromissos políticos e pedagógicos constituem a escola. Paulo Freire, com certeza, queria dar visibilidade à existência de sujeitos construindo e compondo a instituição de ensino. Isso tem uma implicação importante para as pesquisas sobre a escola, pois se queremos compreendê-la de modo mais completo, é importante conhecermos o que pensam e sentem os sujeitos que nela atuam; que significações são constituídas sobre ela, sobre suas funções e tarefas, suas atividades e conteúdos e são parte da realidade, na medida em que partilhadas pelo conjunto de sujeitos que ali estão. Chamamos esse conjunto de registros simbólicos, de natureza psicológica, de dimensão subjetiva da realidade.

O estudo da dimensão subjetiva da realidade escolar busca exatamente dar visibilidade às particularidades que caracterizam as significações constituídas pelos diversos sujeitos que compõem este cenário educacional. Conhecê-las é compreender a sociedade em sua totalidade e vice-versa, uma vez que esses sujeitos não se constituem no isolamento, mas mediados pela história e pela cultura.

Em pesquisas que temos realizado em nosso grupo de pesquisa "Dimensão subjetiva da desigualdade social e suas diversas expressões" encontramos, com frequência, a ideia de que a escola é importante porque permite um futuro melhor. Em especial nos grupos pobres da po-

---

1. De acordo com os filhos de Paulo Freire, esse poema não foi escrito por ele e sim por uma educadora que assistia a uma palestra dele. Com base no que ouvia, ela escreveu o poema utilizando frases e ideias de Freire. No final da palestra, aproximou-se dele e lhe entregou o papel, sem se identificar. Freire nunca publicou esse poema em nenhum de seus livros, embora suas ideias sobre a escola tenham sido captadas pela autora e traduzidas no poema. (Informação disponível no *site* oficial do Instituto Paulo Freire. Disponível em: <http://www.paulo-freire.org/perguntas-frequentes>. Acesso em: 12 jun. 2016.

A DIMENSÃO SUBJETIVA DO PROCESSO EDUCACIONAL

pulação, essa resposta aparece com frequência altíssima.[2] Uma pergunta foi se constituindo e se fortalecendo como curiosidade científica: o que os jovens querem dizer quando afirmam que querem um futuro melhor? Como significam essa ideia de futuro? Que projetos possuem para o futuro? E como é a relação desse futuro com a escola?

Como já constatadas por alguns pesquisadores (Charlot, 2001; Dias, 2011; Leão et al., 2011; Abramovay et al., 2015), são múltiplas as significações que os jovens dão à escola e ao saber. Também diversos são os matizes dos projetos de futuro juvenis, tema investigado por outros autores (Oliveira, Pinto e Souza, 2003; Weller, 2014; Melsert e Bock, 2015). Nesta pesquisa, realizada em uma escola municipal de ensino fundamental situada em um bairro com elevado índice de exclusão social da cidade de São Paulo (Campos et al., 2004),[3] objetivamos conhecer as significações de futuro e da relação entre o futuro e a escola constituídas por jovens estudantes. Dar visibilidade a essas significações impõe-nos não apenas ouvi-las como "um exercício democrático formal" (Abramovay et al., 2015), mas também desvelar as múltiplas determinações que as constituem, fornecendo subsídios para a elaboração de políticas públicas que melhor atendam às demandas desses diversos jovens.

A PESQUISA

Partindo do pressuposto de que um planejamento mais consciente do futuro leva o estudante a ressignificar sua relação com os estudos e

---

2. A pesquisa aqui referida é "A dimensão subjetiva da desigualdade social e sua expressão na escola" e vem sendo desenvolvida no Programa de Estudos Pós-Graduados em Educação: Psicologia da Educação da Pontifícia Universidade Católica de São Paulo, sob a coordenação da profa. Dra. Ana Mercês Bahia Bock e está relatada no capítulo 10 deste livro.

3. A cidade de São Paulo é identificada em quatro zonas, caracterizadas pelas cores vermelha, laranja, amarela e verde que representam o grau de beneficiamento econômico, social e político de que a população de cada zona desfruta. Essas zonas representam uma variação no índice de exclusão, que é a síntese das três dimensões da exclusão social: vida digna, conhecimento e vulnerabilidade. Essas três dimensões são compostas por índices que variam de 0 (o tecido social e econômico em sua pior condição) a 1 (o tecido econômico e social na sua melhor condição), sendo que os bairros situados na zona vermelha são aqueles com o maior índice de exclusão social e os na zona verde com o menor índice de exclusão social.

com a escola, contribuindo assim para a superação de dificuldades enfrentadas no cotidiano escolar, a equipe gestora da EMEF Futuro[4] solicitou à coordenação do projeto "Tecendo redes de colaboração no ensino e na pesquisa em educação: um estudo sobre a dimensão subjetiva da realidade escolar"[5] a elaboração de uma proposta de atividade direcionada aos alunos do 9º ano do ensino fundamental.

Assim, partindo dos objetivos de atender à demanda posta pela escola e de conhecer as significações de futuro e da relação entre futuro e escola constituídas pelos jovens em uma sociedade marcada pela desigualdade social, foi elaborada uma proposta de Orientação Profissional (OP) de abordagem sócio-histórica (Bock, 2002; 2010). A atividade junto aos jovens foi composta de cinco encontros, com uma hora e meia de duração cada. Essa intervenção foi o ponto de partida para a produção de dados desta pesquisa.

Esses encontros, planejados e coordenados pelo grupo de pesquisadores, aconteceram no turno de estudo dos alunos, no período de setembro a novembro do ano de 2015 e tiveram como temáticas: os determinantes das escolhas; os critérios e valores que norteiam as escolhas; o mundo do trabalho; as profissões; a relação do projeto de futuro com a escola.

Para melhor fundamentar o planejamento desses encontros, foi realizada uma reunião com a diretora e coordenadora pedagógica, o que possibilitou aos pesquisadores identificar as expectativas da escola em relação ao trabalho a ser desenvolvido com os alunos, o conhecimento de alguns aspectos relacionados à estrutura e funcionamento da instituição de ensino, bem como um conhecimento inicial do perfil do público a ser atendido. Nessa reunião, foi apresentada pelos pesquisadores uma proposta preliminar do trabalho a ser desenvolvido com os estudantes, indicando possibilidades e limites de atendimento às expectativas apresentadas.

Todas as atividades desenvolvidas nos encontros foram registradas por meio de filmagens, gravação em áudio, registro taquigráfico e produções escritas dos estudantes, compondo o *corpus* empírico desta pesquisa.

---

4. Nome fictício.

5. Pesquisa inserida no Programa Nacional de Cooperação Acadêmica vinculado à Coordenação de Aperfeiçoamento de Pessoal de Nível Superior (Capes), edital 073/2013, coordenada pela Prof. Dr. Wanda Maria Junqueira, da Pontifícia Universidade Católica de São Paulo (PUC).

Conhecendo os participantes e o campo de pesquisa

A EMEF Futuro é uma escola pública da rede municipal que oferece, além do ensino regular, também a modalidade Educação de Jovens e Adultos (EJA). A escola está situada em um bairro caracterizado como laranja, isto é, de índice médio de exclusão social, em fronteira com bairros caracterizados como vermelhos, de alto índice de exclusão (Campos, et al., 2004). Ou seja, a população ali residente é pobre.

Os jovens participantes da pesquisa foram selecionados pela própria escola, que usou como critério de escolha a ordem de inscrição na atividade e o limite máximo de dez estudantes por turma, entre as quatro turmas de 9º ano, somando 40 participantes divididos em dois grupos de 20. Dos 40 estudantes inscritos, 26 eram do sexo feminino e 14 do masculino.

Para caracterização socioeconômica dos participantes foi aplicado, no último encontro, um questionário com 16 perguntas. Os resultados indicaram que a maioria deles tinha 14 anos. Todas as respostas sinalizaram que esses jovens residiam com a mãe e apenas 59% dos partícipes afirmaram morar também com o pai ou padrasto. Aproximadamente 64% deles indicaram residir em habitações em que viviam três ou quatro pessoas e 73% que estas continham apenas um banheiro. Os dados revelaram também que a maior parte (73%) se afirmou como preto ou pardo e 68% declarou professar religiões cristãs — católica ou evangélica. Aproximadamente metade indicou morar no mesmo bairro em que se localiza a escola, enquanto a outra metade indicou residir em bairros vizinhos. Todos os jovens declararam realizar algum tipo de tarefa em casa, sendo que limpar a casa e lavar louça foram as mais citadas, e 9% deles afirmaram exercer algum tipo de atividade remunerada.

Em relação à continuidade dos estudos, todos os jovens declararam a intenção de continuar, mas apenas 64% deles afirmaram a intenção de fazer o ensino médio na rede pública. Quanto à escolarização dos pais, os jovens declararam que as mães possuem um maior nível de escolaridade que os pais: com 50% tendo concluído o ensino médio, enquanto o índice para os pais foi de 27%. Em relação ao ensino superior, 18% dos jovens afirmaram que o pai ou a mãe o havia concluído. Porém, ao informarem a profissão/ocupação dos pais, apenas duas das profissões citadas necessitam das credenciais do ensino superior: jornalista (um pai e uma mãe) e advogado (uma mãe).

Os encontros de orientação profissional: produzindo os dados da pesquisa

Com base na proposta desenvolvida por Bock (2002; 2010) para um trabalho de Orientação Profissional (OP) na perspectiva sócio-histórica, os encontros realizados com os alunos foram planejados tendo como eixos norteadores a compreensão da OP como não restrita à escolha da profissão, mas como delineamento do projeto de vida dos sujeitos; a concepção do jovem como sujeito ativo na construção de sua própria escolha; a oferta de um espaço de debate e reflexão sobre essa escolha e seus determinantes, por meio de estratégias que favoreceram a busca de informações e a possibilidade de diálogo entre os jovens e os pesquisadores. Considerando que a escolha é um processo individual, apesar de sua natureza social, em nenhum momento houve interferência dos pesquisadores no sentido de apontar as "melhores" escolhas para os participantes. O propósito central foi, ao contrário, a busca de progressiva tomada de consciência quanto aos determinantes constitutivos do processo de escolher realizado por eles.

O primeiro encontro teve como temática central *a escolha*. Inicialmente, os pesquisadores explicaram a proposta do projeto, sua relação com a produção de dados para a pesquisa, e realizaram uma leitura conjunta do Termo de Assentimento que foi assinado por cada estudante, após serem feitos os esclarecimentos das dúvidas surgidas. Depois de realizada essa etapa inicial, os participantes elaboraram redações respondendo à proposta: "Imagine-se em 2025 e descreva sua trajetória de vida até este momento, indicando o papel da escola na construção desta história pessoal". Terminada a escrita, cada participante se apresentou, narrando a trajetória imaginada. Em seguida, foi realizado um debate a respeito dos determinantes das escolhas realizadas.

No segundo encontro, *os valores* constituíram a temática central. Esse encontro teve como objetivos a identificação e a reflexão sobre os valores que norteiam as escolhas elaboradas no processo de planificação do futuro. Cada participante foi orientado a preencher um crachá indicando seu nome e/ou apelido, uma pessoa ou profissão com a qual se identificasse e a justificativa para essa identificação. Em seguida, a partir das apresentações feitas pelos participantes dos registros que fizeram nos crachás, foi realizada uma discussão a respeito dos valores e critérios norteadores das escolhas e compreendidos como mais importantes pelo grupo para a construção de seus planos de futuro. Foi também debatida a importância do outro e dos valores compartilhados socialmente na constituição desses planos.

Considerando a centralidade do trabalho na vida humana, o terceiro encontro foi dedicado à *informação sobre o mundo do trabalho e as profissões*. Esse encontro foi dividido em dois momentos. Inicialmente, o grupo discutiu de modo crítico sobre o significado de conceitos como trabalho, emprego, profissão, trabalho formal e informal, remuneração, mercado de trabalho, entre outros. Utilizando a técnica de tempestade de ideias, o grupo também listou o máximo de profissões conhecidas. Esse primeiro momento possibilitou a identificação do quanto conheciam ou desconheciam sobre os temas debatidos. A segunda parte do encontro, realizada no laboratório de informática da escola, teve como foco a orientação quanto às possíveis fontes de pesquisa para aprofundamento do conhecimento relativo aos temas debatidos no primeiro momento. Como exercício para essa busca de dados, foi solicitado que cada participante pesquisasse informações referentes a uma profissão por ele desejada. A fonte indicada para essa pesquisa foi o programa Desafio Profissão.[6] No final do encontro, os participantes comentaram sobre as descobertas relativas à profissão pesquisada, sobre a importância de conhecer as profissões para realizarem suas escolhas profissionais e de relacionarem a escolha da profissão com o estilo de vida que pretendem para o futuro.

No quarto encontro, que teve como objetivo mais específico de reflexão os valores e os critérios norteadores das escolhas especificamente profissionais, foi realizada uma atividade nomeada como Jogo do Governo (Bock, 2002). Nesse jogo, três participantes atuaram como governantes e tiveram como tarefa escolher três trabalhadores do país que teriam a opção de realizar a mudança de área de atuação profissional, sabendo que essa oportunidade de mudança só se daria, naquele país imaginário, uma vez a cada ano. Os estudantes que atuaram como trabalhadores defenderam seus argumentos em prol de sua atuação em área profissional de seu maior interesse. Após a realização do jogo, os critérios utilizados tanto para as defesas realizadas pelos trabalhadores que queriam trocar de área quanto para o julgamento dos governantes foram debatidos pelos grupos.

---

6. Programa coordenado pelo orientador profissional Silvio Bock (Nace) e produzido pela TV PUC. *Site* oficial do Programa Desafio Profissão:<http://www.tvpuc.com.br/sites/?page_id=3386>.

O último encontro, cujos objetivos principais foram a síntese do processo de planificação do futuro e o estabelecimento das relações entre esses futuros e o processo de escolarização, teve como estratégia a elaboração e discussão sobre redações. Com uma consigna semelhante à proposta do primeiro encontro, os participantes foram solicitados, a projetando-se imaginariamente para dez anos à frente, exporem seus planos para o futuro abordando questões como trabalho, estudo, família, local de residência, viagens, lazer, conquistas, dificuldades, entre outras por eles citadas nas redações solicitadas. Também, de forma semelhante ao que havia sido realizado no primeiro encontro, foram orientados a relacionarem o processo de escolarização com o futuro imaginado. Ao final do encontro, os participantes avaliaram o projeto e foram realizadas as despedidas entre eles e a equipe de pesquisadores.

A ANÁLISE DOS DADOS

A análise dos dados é entendida nessa pesquisa como um processo construtivo-interpretativo (González Rey, 2005), ou seja, uma interpretação do pesquisador, que partindo da materialidade da expressão dos sujeitos empreende um

> [...] esforço analítico de ultrapassar [...] [a] aparência [...] e ir em busca das determinações (históricas e sociais), que se configuram no plano do sujeito como motivações, necessidades, interesses (que são, portanto, individuais e históricos), para chegar ao sentido atribuído/constituído pelo sujeito (Aguiar, 2011, p. 131).

Com esse propósito, as expressões dos sujeitos, materializadas nessa pesquisa nas redações produzidas, nos registros elaborados na confecção dos crachás e nas transcrições das falas, foram organizadas em quadros, destacando pré-indicadores e indicadores selecionados *a posteriori*, que possibilitaram a construção de cinco Núcleos de Significação (Aguiar e Ozella, 2013; Aguiar, Soares, Machado, 2015) que expressam, na perspectiva analítico-interpretativa dos pesquisadores, as significações constituídas pelos jovens participantes dessa pesquisa sobre o futuro e sobre a relação da escola com seus projetos de futuro.

O FUTURO COMO RUPTURA COM O PRESENTE

Dib e Castro (2010) indicam que o termo projeto de futuro surgiu em meados do século XX e, embora tenha sofrido atualizações ao longo de sua história, se consolidou como explicação para uma intenção, um objetivo, um planejamento que busca corresponder às preocupações e às expectativas da vida. Para as autoras, o projeto de futuro, seja ele individual ou coletivo, vai encontrar seu fundamento/estrutura na forma como os sujeitos vivem suas experiências cotidianamente.

Mesmo vivendo em condições desiguais de acesso aos direitos e às oportunidades, os jovens de diferentes camadas sociais têm se assemelhado quanto ao que projetam para seus futuros, como assinalam pesquisas recentes (Melsert e Bock, 2015; Abramovay et al., 2015). Essas pesquisas ressaltam, nos projetos de futuro idealizados pelos jovens, a centralidade do trabalho, assim como uma reprodução do padrão de adulto valorizado socialmente: com família nuclear burguesa e com emprego estável, que possibilite acesso a consumo e lazer, aspectos que aparecem na projeção de futuro de praticamente todos os jovens participantes dessa pesquisa.

Em relação à profissionalização, a escolarização ganha centralidade nessa projeção ao associarem a esse futuro profissões que necessitam, em sua grande maioria, de uma certificação universitária para exercê-las. Há um significativo predomínio de escolhas por profissões mais tradicionais como medicina, medicina veterinária, enfermagem, engenharia, direito e pedagogia.

Associada a essa aspiração profissional, há a idealização de uma estabilidade financeira possibilitando uma mobilidade social, superando as condições de vida do presente. A aquisição da casa própria, de um carro e a realização de sonhos de viagens ao exterior aparecem com frequência nos projetos dos jovens. Em seus discursos, marcam intensamente a ideia de ruptura com o atual modo de vida e as condições socioeconômicas que o caracterizam.

Alguns deles, para além da possibilidade de aquisição de bens materiais, almejam também a fama. Buscam a realização desse sonho por meio da escolha por profissões na área das artes ou esportes, em que casos de sucesso ocupam grande espaço nos meios de comunicação de massa. A associação dos sonhos de fama e fortuna é revelada por meio da identificação com ídolos que trazem, em suas histórias, evidências da possibilidade de mobilidade social e superação das limitações econômicas. Essas opções sinalizam a busca de uma via de acesso à nova condição social e econômica, o salto de uma condição à outra, por outros caminhos que não o da escolarização e formação profissional técnica ou universitária. Entre esses jovens, não foram raros os que relataram casos de alcance da fama e riqueza de seus ídolos, realizado, quase magicamente, pela explosão súbita de popularidade de seus vídeos exibidos na internet.

Esses projetos de futuro idealizados pelos jovens, comumente associados a uma ruptura com o estado atual de suas condições de vida, apresentaram-se atrelados a um esforço pessoal. Esforço esse representado pela necessidade de empreenderem (super)ações para realização do próprio projeto, considerando as variadas dificuldades que se impõem aos seus sonhos, em um processo que agrega valor às conquistas, por meio da centralização da responsabilidade pessoal, fortemente ancorada em uma ideologia social meritocrática.

Para Melsert e Bock (2015), o esforço pessoal é significado como o meio para superar a pobreza e suas difíceis condições de vida. No trabalho dessas autoras, como nessa pesquisa, comumente o esforço pessoal dos jovens aparece na forma de um movimento individual que, diferentemente dos jovens de extratos sociais ricos, não pode ou não tem como contar com sua família para garantir sua colocação social e profissional. Melsert e Bock (2015, p. 778) ainda destacam que o sucesso a que o jovem pobre aspira para seu futuro envolve uma autovalorização, uma vez que "é construído com seu próprio suor, a partir de seu próprio mérito".

Dessa maneira, o sucesso ou o fracasso na concretização de seus projetos de futuro são compreendidos como resultados de ações individuais, desconsiderando as determinações objetivas e estruturais de uma sociedade em que as oportunidades são distribuídas de forma desigual.

SEM ESCOLA NÃO TEM FUTURO

De maneira geral, como já apontado neste texto, os jovens participantes dessa pesquisa creditam ao processo de escolarização um importante papel na construção de seus projetos de futuro, destacando a necessidade de credenciais fornecidas pelo sistema formal de ensino para

A DIMENSÃO SUBJETIVA DO PROCESSO EDUCACIONAL

a concretização desses projetos. A escola apresenta-se, assim, como um espaço potente, ainda que contraditório, uma vez que, se por um lado a percebem como meio de acesso a outros níveis de escolarização e ao trabalho, por outro, problematizam situações que se constituem como obstáculos que encontrarão ao longo do processo de escolarização que poderão interromper seus sonhos/planos para o futuro.

Serão apresentados, a seguir, quatro núcleos de significação, que reunimos sob o título mais amplo de "Sem escola não tem futuro", que buscam evidenciar os modos pelos quais esses jovens significam a escola como um espaço de contribuições, mas também de entraves, para a construção e realização dos sonhos e projetos de futuro.

A escola entre a base e o básico: "a escola é importante porque é onde tudo começa"

Nas significações dos jovens sobre seu futuro, a escola aparece como um espaço fundamental, destacado por sua estrutura e função, apresentando-se como uma espécie de base sobre a qual o presente projeta um futuro melhor, como expressa um dos jovens em sua redação: *"Na minha opinião, a escola é importante porque é onde tudo começa. Sem a escola você não aprende nada"*. Porém, que aprendizagens são essas que os jovens atribuem à escola?

Entre as potencialidades da escola que favorecem a construção do futuro almejado, presentes nas narrativas dos jovens, emergem significações que ressaltam aprendizagens de habilidades básicas requeridas em uma sociedade letrada,[7] como a leitura, a escrita e o cálculo, relacionadas, em especial, às disciplinas de Português e Matemática, como claramente destacadas em uma das redações: *"A escola me ajudou muito nesta trilha com a matéria de Português, agora eu falo certo [...] com a Matemática, agora eu conto o meu dinheiro"*.

Essas habilidades, associadas tanto à gerência da vida cotidiana, quanto à possibilidade de continuidade de estudos em níveis mais ele-

---

7. O termo sociedade letrada está sendo utilizado neste texto para referir-se a uma sociedade em que há diferentes espaços de registros escritos e mecanismos de produção distintos, reprodução e difusão desses registros.

vados, como exemplificado na fala seguinte: *"Porque para você ingressar em qualquer faculdade, eu acho que você precisa ter o ensino básico que a escola oferece"*, traduzem a predominância de uma racionalidade instrumental que orienta a relação desses jovens com a escola e o saber.

Uma relação que não questiona a natureza do conhecimento, naturalizando-o como algo dado *a priori*, importando tão somente sua eficácia: um meio para se atingir um fim, que no caso dos jovens participantes dessa pesquisa, traduz-se como a continuação de seus estudos e a profissionalização. Portanto, o conhecimento sistematizado, trabalhado na escola, uma construção histórica e social, é transvestido de uma neutralidade, de uma universalidade, que tem como única finalidade a construção do bem-estar dos indivíduos, não sendo questionadas as relações de poder e interesse nele subjacentes.

Nesse sentido, é emblemática a expressão *"agora eu falo certo"*, destacada em uma das redações realizadas pelos jovens. Emblemática por expressar o ideal de "língua certa", normalmente vinculada ao ensino da gramática normativa, sem, no entanto, problematizar a questão de que

> [...] a *norma-padrão* (o ideal de "língua certa" que circula no senso comum) é o construto cultural de um determinado momento histórico, vinculado a determinadas classes sociais, a determinadas concepções de sociedade e a determinados tipos de relações de controle e coerção social (Bagno e Rangel, 2005, p. 73, grifos dos autores).

Essa reflexão feita por Bagno e Rangel (2005), sobre o ensino da Língua Portuguesa realizado nas escolas, nos reporta aos debates clássicos sobre o papel e a função dela como instituição especificamente configurada para desenvolver o processo de socialização das novas gerações, que tem como um de seus objetivos a formação de cidadãos capazes de intervir na vida pública.

Sacristán e Pérez Gómez (1998) ressaltam que a preparação do cidadão para intervir na vida pública, em uma sociedade formalmente democrática na vida política, porém regida por uma economia de mercado, comporta uma demanda contraditória nesse processo de socialização: na esfera política, em princípio todas as pessoas têm os mesmos direitos; na esfera econômica, a primazia passa a ser o da propriedade. Isso requer da escola, segundo os autores, preparar os alunos para pen-

A DIMENSÃO SUBJETIVA DO PROCESSO EDUCACIONAL

sar criticamente e agir de maneira democrática numa sociedade não democrática. Dessa forma, à escola caberia "[...] facilitar e estimular *a participação ativa e crítica* dos alunos/as nas diferentes tarefas que se desenvolvem na aula e que constituem o modo de viver da comunidade democrática de aprendizagem" (Sacristán e Pérez Gómez, 1998, p. 26, grifos dos autores).

Apesar de alguns jovens referirem-se à escola como a base de sua aprendizagem, essa base não é associada a uma apropriação crítica do conhecimento, mas a um conhecimento instrumental básico para a inserção no mundo do trabalho e do consumo e regido por parâmetros de caráter mercadológico.

A relação com os professores: (des)afetos

A escola, em seu sentido lato, materializa-se para os jovens participantes dessa pesquisa como um espaço de experiências potencializadoras ou restritivas à concretização de seus projetos de futuro. Corroborando com a afirmativa de Abromavay et al. (2015, p. 37) que afirmam:"[...] em distintas pesquisas, o espaço escolar é visto pelos jovens de maneira ambígua: algumas vezes, o lugar de socialização e de convívio com os amigos e outras, um lugar de conflitos entre os pares e entre os alunos e os adultos da escola", os sujeitos dessa pesquisa apontam para a importância das suas interações com os docentes na constituição de seus projetos de futuro.

Nesse contexto, que ora se apresenta como um espaço potencializador, noutra como um espaço restritivo, as experiências estabelecidas entre alunos e professores, marcadas pelas posições de referência e hierarquia ocupadas por eles, desempenham um papel importante no processo de aprendizagem dos estudantes, como sinalizam alguns dos jovens durante os debates realizados nos encontros.

No primeiro caso, a escola vivida como um espaço de relações potencializadoras, os jovens significam o(a) professor(a) como um apoio significativo para a realização de seus projetos, tanto pelo auxílio dado pelos docentes na apropriação de conhecimentos, quanto pela referência positiva de incentivo/motivação para seu engajamento nos estudos e na vida: *"A escola me incentivou muito na minha jornada e hoje agradeço a todos os professores"."Fiz uma faculdade ótima graças aos professores.""*[Sem] *o apoio dos professores* [...] *eu não seria bem-sucedida".*

Ao significarem a escola como um espaço de experiências restritivas, que poderão impactar negativamente na concretização de seus projetos de futuro, os jovens enumeram situações em que o professor é representado como uma referência negativa: como aquele que não se compromete com seu trabalho, traduzido pelo alto absenteísmo sem reposição adequada das aulas; como aquele que gera atritos em sala de aula, o que leva à falta de motivação do aluno em relação às aprendizagens relativas à disciplina ministrada; como aquele que "não tem didática", não sabe explicar direito, dar uma "boa aula"; como aquele que não respeita as individualidades dos alunos, desqualificando-os e intensificando sua baixa autoestima.

Porém, após serem provocados à reflexão nos momentos de debates, os jovens explicitam que a qualidade das relações não é uma via de mão única, sendo responsabilidade de todos os sujeitos que dela participam, como ressaltado por um dos jovens no trecho destacado a seguir:

> *Agora com o professor, acaba assim, realmente tendo uma grande falta de respeito. Eu acho, assim... o professor tinha que ter mais respeito de todo mundo, assim... O porquê? É que o professor, ele é uma autoridade, ele está ali para te explicar. Mas tem até o exemplo dela* [referindo-se à fala anterior de uma colega]*, que ela falou que o professor... ele não te respeitando, assim... tem muitos professores aqui que não respeitam os alunos, tratam com ignorância também... dá patada, é bem grosso com os alunos e os alunos acabam sendo bem grossos também.*

Esses dados nos levam à reflexão sobre o quanto o nível de consciência de professores e estudantes à respeito da importância da escola para a constituição do projeto de futuro e do quanto as interações realizadas em sala de aula assumem um papel fundamental nesse processo. O planejamento do futuro e os caminhos de sua concretização não se dão de forma abstrata, mas a partir das experiências interativas concretas e constituídas como sentido subjetivo por esses sujeitos. Assim, as experiências escolares cotidianas configuram-se como determinantes dos projetos de futuro.

A DIMENSÃO SUBJETIVA DO PROCESSO EDUCACIONAL

A escola, passaporte para o mundo do trabalho

Para todos os jovens que participaram dessa pesquisa, a escola é significada como um espaço intermediário e preparatório para a vida adulta, na qual se enfatiza a inserção no mundo do trabalho, mas também a constituição familiar e o provimento de uma vida material digna e confortável. Seja por meio da possibilidade de conseguirem credenciais para o ingresso na universidade ou em cursos técnicos, seja pela oportunidade de aprendizagem de algumas competências ou habilidades que permitirão a inserção imediata no mundo do trabalho.

Dessa forma, a escola é o passaporte para o mundo do trabalho, que permite a inserção imediata ou futura, como destaca o jovem: *"O meu projeto para o futuro é ser advogada, então a escola vai me ajudar bastante. A escola está me ajudando agora também, porque se você quiser trabalhar nessa idade eles perguntam em que ano você está. Então a escola ajuda".*

A chance de inserção imediata ou posterior à realização do ensino médio, que muitos estudantes pensam realizar em escolas técnicas, é apontada pelos jovens como possibilidade de custeio das formações profissionais de nível superior, que, em geral, planejam cursar em instituições da rede privada, onde acreditam ter maior facilidade de acesso.

Alimentam a expectativa de aquisição de empregos ou trabalhos promotores de um "futuro melhor", em geral associados a carreiras universitárias, sendo papel da escola possibilitar as condições para aprovação no vestibular: *"A escola é importante, pois na escola aprendemos as matérias para que conseguiremos passar no Enem e conseguir fazer uma faculdade, para que no futuro conseguimos trabalhar do que gostamos e queremos".* Alguns dos estudantes pesquisados não planejam trabalhar em profissões que exijam formação técnica ou universitária, conforme mencionado anteriormente, e citam como possibilidades ocupacionais aquelas ligadas a artes ou esportes. Como via de acesso e sucesso na carreira, contam com a descoberta de suas produções e talentos artísticos ou esportivos por produtores ou "olheiros" nos ambientes virtuais da internet ou nos "peneirões" dos times esportivos. A maioria destes, entretanto, adota como carreiras alternativas aquelas ligadas à formação universitária.

"A escola ajuda, mas poderia ajudar mais"

Quanto às significações dos jovens sobre a escola e sua contribuição ao projeto de futuro, a fala de um dos estudantes nos parece muito emblemática: *"a escola ajuda, mas poderia ajudar mais"*. Há, nesse sentido, reconhecimento da escola como uma instituição significativa para a vida desses jovens e a construção dos seus projetos de futuro, sem perder de vista a problematização sobre os desafios que essa instituição ainda precisa superar para auxiliar com maior potência esses jovens.

Na percepção dos jovens, a escola contribui para suas perspectivas de futuro, na medida em que há profissionais comprometidos, que os sensibilizam para a importância do aprendizado, motivando-os a construir novos horizontes. A ênfase, aqui, refere-se aos aspectos relacionais que permeiam a vivência escolar. *"Na escola é possível ter a ajuda dos professores e coordenadores, te motivando e acreditando no seu potencial."*

Outra dimensão relevante nas significações dos jovens sobre a escola e sua importância no projeto de futuro refere-se aos aspectos relacionais e humanos: escola como espaço para fazer amigos, aprender a lidar com as diferenças (respeitar os outros), além de construir estratégias para o desenvolvimento físico e emocional dos estudantes, estimulando que se tornem pessoas responsáveis: *"A escola é importante porque ela abre novos caminhos; ajuda a decidir uma profissão; a fazer novos amigos; a como lidar com as pessoas que você não tem muita afinidade; a trabalhar com o setor físico e até emocional". "Algumas vezes, influencia nas suas decisões de hoje ou de amanhã." "Eu aprendi a ser responsável, o que hoje em dia eu preciso muito."* A escola me ajudou pois me deu disciplina, dinâmica de grupo, respeito ao próximo..." etc.

Quanto à percepção de que a escola "poderia ajudar mais", os principais questionamentos dos jovens referem-se ao debate entre quantidade e qualidade do ensino. Sobre a quantidade, apresentam reclamações quanto ao absenteísmo docente. Acrescentam ao debate sobre as aulas vagas a ideia de que deficiências na qualidade do ensino são tão ou mais prejudiciais do que problemas na quantidade de aulas oferecidas. Para os jovens, a percepção de prejuízos no ensino, seja por dificuldades na quantidade, seja pela qualidade das aulas, leva a potenciais perdas nas oportunidades do futuro: *"Eu acho que a professora faltou duas semanas seguidas, aí chega no dia ela tenta colocar tudo numa aula só".*

A DIMENSÃO SUBJETIVA DO PROCESSO EDUCACIONAL

Observa-se, porém, pouca problematização sobre as mediações necessárias para que a escola possa cumprir sua função de impulsionar o projeto de futuro desses jovens. Um dos elementos considerados é o papel dos próprios estudantes, no que tange a responsabilizar-se em conjunto com o(a) professor(a) quanto ao processo de ensino-aprendizagem.

Uma aula, para além dos conteúdos formais de que trata, ensina também o lugar social de quem a realiza. Quem realiza a aula? O que faz das interações entre professores e estudantes uma experiência potencializadora para a elaboração dos projetos de futuro? Em geral, as respostas indicaram um papel passivo adotado pelos alunos, que não se concebem como responsáveis pela qualidade de sua escolarização, atribuindo ao docente o papel de *dar* a aula. Ao mesmo tempo, referem-se frequentemente ao futuro como resultado de suas ações e esforços individuais. Possivelmente, projeto de futuro e processo de escolarização encontrem-se, de forma contraditória, ora intimamente relacionados, ora pensados como dicotomicamente desvinculados.

CONSIDERAÇÕES FINAIS

A percepção da escola como ponte para o mundo do trabalho, tanto pela apropriação de conhecimentos básicos para a vida cotidiana, quanto pelos conhecimentos instrumentais necessários para aprovação no vestibular e inserção em carreiras universitárias, está presente nas projeções feitas pelos jovens para o futuro. Tais carreiras são consideradas potenciais para aquisição de um trabalho que garanta, além da satisfação, o provimento de uma boa renda, elemento central na ideia de um "futuro melhor", um futuro que signifique um rompimento com as condições vividas no presente. A qualificação "melhor" que acompanha a ideia de futuro parece ser sinônimo de um futuro diferente deste presente que vivem agora, envolvendo principalmente a superação de uma condição de pobreza, de carência, de falta, de pouco conforto, de poucos bens e propriedades.

Essa projeção de um "futuro melhor" também aparece condicionada ao sucesso e à fama que as carreiras artísticas e esportivas "prometem", como alternativas a uma "vida boa" alcançada sem a necessidade de uma disputa a uma vaga nas instituições de ensino superior.

Apesar de projetarem seus futuros profissionais, pôde-se constatar um significativo desconhecimento por parte dos jovens a respeito das profissões, do mercado de trabalho e da lógica do mundo do trabalho. Uma das possíveis explicações para isso pode ser pensada a partir das condições oferecidas a esses jovens para a reflexão sobre o futuro profissional, tanto na escola quanto em seus cotidianos extraescolares.

É bastante compartilhada socialmente a ideia de que a escolha profissional deve ocorrer nos momentos prévios ao ingresso na universidade, ou seja, no ensino médio. Esse padrão é mais adequado para aqueles estudantes que, pertencendo a extratos sociais com maior poder aquisitivo, não necessitam refletir sobre a profissionalização até que realizem a escolha do curso superior que irão frequentar.

Para jovens das camadas mais empobrecidas, entretanto, a profissionalização pode se dar no próprio nível médio de escolarização. Muitos dos jovens pesquisados demonstraram o interesse em realizar o ensino médio em escolas técnicas. Frequentemente justificaram essa opção por ela representar um meio de acesso a postos de trabalho que viabilizassem, posteriormente, o custeio do curso superior em instituições privadas.

Entretanto, apesar de estarem nos últimos meses do último ano do ensino fundamental, quando da realização dessa pesquisa, ainda não haviam refletido sobre a profissão de nível técnico que escolheriam. A trajetória profissional, iniciada mais precocemente nas classes populares, permanece irrefletida e pouco consciente. Assim, torna-se mais difícil o processo de elaboração de projetos de futuro embasados nas condições concretas de vida desses estudantes. Faltam possibilidades para a reflexão e a criação de condições de superação. Essa reflexão sobre as condições e os possíveis meios de superação é justamente o objetivo de intervenções de Orientação Profissional, ainda tão raras nos ambientes escolares de nosso país.

No entanto, precisamos ficar alertas, pois os processos assumidos pela escola para a preparação para o mundo do trabalho tanto podem promover a igualdade de oportunidades ou a mobilidade social, como reproduzir e reafirmar as diferenças sociais de origem dos indivíduos e grupos. Também não podemos superestimar o papel da escola na superação das limitações enfrentadas por estudantes de classes sociais empobrecidas, visto que grande parte dos meios de acesso e sucesso nos processos de escolarização e inserção no mundo do trabalho são dependentes de condições infraestruturais destinadas às diferentes classes sociais em uma sociedade desigual.

REFERÊNCIAS

ABRAMOVAY, Miriam et al. *Juventudes na escola, sentidos e buscas:* por que frequentam? Brasília: Flacso-Brasil, OEI, MEC, 2015.

AGUIAR, Wanda Maria Junqueira. A pesquisa em psicologia sócio-histórica: contribuições para o debate metodológico. In: BOCK, Ana Mercês Bahia; GONÇALVES, Maria da Graça M.; FURTADO, Odair. (Orgs.). *Psicologia sócio--histórica*: uma perspectiva crítica em psicologia. 5. ed. São Paulo: Cortez, 2011. p. 129-40.

AGUIAR, Wanda Maria Junqueira; OZELLA, Sérgio. Apreensão dos sentidos: aprimorando a proposta dos núcleos de significação. *Revista Brasileira de Estudos Pedagógicos*, v. 94, n. 236, p. 299-322, jan./abr. 2013.

_____; SOARES, Júlio Ribeiro; MACHADO, Virgínia Campos. Núcleos de significação: uma proposta histórico-dialética de apreensão das significações. *Cadernos de Pesquisa*, v. 45, n. 155, p. 56-75, jan./mar. 2015.

BAGNO, Marcos; RANGEL, Egon de Oliveira. Tarefas da educação linguística no Brasil. *Revista Brasileira de Linguística Aplicada*, Belo Horizonte, v. 5, n. 1, p. 63-81, 2005. Disponível em: <http://www.scielo.br/scielo.php?script=sci_arttext&pid=S1984-63982005000100004>. Acesso em: 2 jun. 2016.

BOCK, Silvio Duarte. *Orientação profissional*: a abordagem sócio-histórica. São Paulo: Cortez, 2002.

_____. *Orientação profissional para as classes pobres*. São Paulo: Cortez, 2010.

CAMPOS, André et al. (Orgs.). *Atlas da exclusão social no Brasil*: dinâmica e manifestação territorial. 2. ed. São Paulo: Cortez, 2004.

CHARLOT, Bernard (Org.). *Os jovens e o saber*: perspectivas mundiais. Porto Alegre: Artmed, 2001.

DIAS, Aline Fávaro. *O jovem autor de ato infracional e a educação escolar*: significados, desafios e caminhos para a permanência na escola. 2011. 169 f. Dissertação (Mestrado em Educação.) — Programa de Estudos Pós-graduados em Educação, Universidade Federal de São Carlos, São Carlos.

DIB, Sandra Korman; CASTRO, Lucia Rabello de. O trabalho é projeto de vida para os jovens? *Cadernos de Psicologia Social do Trabalho*, São Paulo, v. 13, n. 1, p. 1-15, 2010. Disponível em: <http://pepsic.bvsalud.org/scielo.php?script=sci_arttext&pid=S1516371720100000100002&lng=pt&nrm=iso>. Acesso em: 13 jun. 2016.

GONZÁLEZ REY, Fernando Luiz. *Pesquisa qualitativa e subjetividade*: os processos de construção da informação. São Paulo: Pioneira Thompson Learning, 2005.

LEÃO, Geraldo et al. Jovens olhares sobre a escola de ensino médio. *Caderno Cedes*, Campinas, v. 31, n. 84, p. 253-73, maio/ago. 2011. Disponível em: <http://www.scielo.br/pdf/ccedes/v31n84/a06v31n84.pdf>. Acesso em: 25 jan. 2016.

MELSERT, Ana Luísa de Marsillac; BOCK, Ana Mercês Bahia. Dimensão subjetiva da desigualdade social: estudo de projetos de futuro de jovens ricos e pobres. *Educ. Pesqui.*, São Paulo, v. 41, n. 3, p. 773-89, set. 2015. Disponível em: <http://www.scielo.br/scielo.php?script=sci_arttext&pid=S1517970220150003000773&lng=en&nrm=iso>. Acesso em: 13 jun. 2016.

OLIVEIRA, Maria Cláudia Santos Lopes de; PINTO, Raquel Gomes; SOUZA, Alessandra da Silva. Perspectivas de futuro entre adolescentes: universidade, trabalho e relacionamentos na transição para a vida adulta. *Temas em Psicologia*, Ribeirão Preto, v. 11, n. 1, p. 16-27, jun. 2003. Disponível em: <http://pepsic.bvsalud.org/scielo.php?script=sci_arttext&pid=S1413-389X2003000100003&lng=pt&nrm=iso>. Acesso em: 13 jun. 2016.

SACRISTÁN, J. Gimeno; PÉREZ GÓMEZ, Angel. I. *Compreender e transformar o ensino*. 4.ed. Porto Alegre: Artmed, 1998.

WELLER, Wivian. Jovens no ensino médio. In: DAYRREL, Juarez; CARRANO, Paulo; MAIA, Carla Linhares (Orgs.). *Juventude e ensino médio*: sujeitos e currículos em diálogo. Belo Horizonte: Editora UFMG, 2014. p. 137-54. Disponível em: <http://educacaointegral.org.br/wp-content/uploads/2015/01/livro-completo_juventude-e-ensino-medio_2014.pdf> Acesso em: 13 jun. 2016.

Capítulo 12

Formação continuada do docente para a inclusão:
as mediações produzidas pela consultoria colaborativa e a autoconfrontação

Alessandra Bonorandi Dounis (PPGE-UFAL)
Neiza de Lourdes Frederico Fumes (PPGE-UFAL)

INTRODUÇÃO

Este capítulo é um recorte da pesquisa de mestrado *Atividade docente e inclusão: as mediações da consultoria colaborativa* (Dounis, 2013), desenvolvida do Programa de Pós-graduação em Educação da Universidade Federal de Alagoas, que teve como um dos objetivos analisar as possibilidades da Consultoria Colaborativa na formação continuada de professores, no que tange à eliminação de barreiras para a aprendizagem da pessoa com deficiência, na perspectiva da inclusão escolar. São essas as discussões que apresentaremos a seguir.

A preocupação pelo tema decorreu da revisão da literatura (Dounis, 2013) que mostrou, entre os possíveis componentes para a efetivação de uma educação inclusiva, que o professor envolvido nesse processo tinha papel central no desenvolvimento de uma também escola inclusiva. Contudo, é importante salientar que parte das pesquisas pondera que a ação do professor deve integrar uma equipe multiprofissional, fazer parte de um projeto coletivo mais alargado e, ainda, deve-se centrar fogo em melhorar as condições gerais de trabalho nas escolas, a partir da implementação das políticas de inclusão e formação continuada já existentes (Souza, 2006).

Podemos melhor compreender a centralidade do professor na promoção da inclusão escolar se considerarmos que as novas formas de organização curricular e pedagógica inerentes ao processo exigem novos saberes e habilidades, como ainda demandam que os docentes sejam versáteis na escolha de estratégias diversas para alcançar os objetivos de aprendizagem em uma turma heterogênea (Fernandes, Magalhães e Bernardo, 2009).

Todavia, Melo, Martins e Pires (2005) e Manzini (2007) trazem o discurso dos próprios professores que afirmam não se sentirem preparados para oferecer propostas pedagógicas eficazes a essa clientela nas salas de aula comuns.

No entanto, se o professor exerce um papel fundamental na tentativa de estabelecer estratégias para favorecer a inclusão dessas crianças na escola e sente-se despreparado para isso, como entender e enfrentar esse limite social?

No caso daqueles professores que se sentem dessa maneira e que já se encontram inseridos nos sistemas de ensino, a formação continuada pode ser uma das possibilidades para tal.

Candau (1996), já há algum tempo, indicava que para a formação continuada de professores é essencial e inovador considerar os seguintes aspectos nas proposições: a escola deve ser o local privilegiado para a formação; deve haver a valorização do(s) saber(es) docente(s) como referência fundamental em todo o processo de formação; e o entendimento de que há de se considerar as diferentes etapas do desenvolvimento profissional para uma adequada proposição de formação continuada.

Nessa direção, Martins (2008) e Freitas (2008, p. 103) defendem a proposta da formação em serviço como uma possibilidade de "[...] teorização a partir da reflexão docente e do saber-fazer, e por que não, do aprender a fazer". Nessa perspectiva, o professor pode questionar as suas práticas e repensar as estratégias e os recursos a serem articulados para responder às diversas necessidades de seus alunos (Freitas, 2008).

Tendo em conta esses aspectos, defendemos neste capítulo que é imperativo termos ações de formação continuada de professores que os coloquem na posição mais central desse jogo para ampliar suas condições de negociar e decidir sobre suas prioridades e necessidades, aumentando o seu poder de agir para que possam transformar as suas práticas, principalmente em relação a conhecimentos e práticas que não sejam da área pedagógica, mas que são fundamentais no modelo de inclusão escolar adotado no país. Acreditamos que a colaboração e a autoconfrontação são possibilidades para esse processo.

PERCURSO METODOLÓGICO

O delineamento metodológico deste estudo seguiu as prerrogativas da pesquisa qualitativa com abordagem sócio-histórica (Freitas, 2002; 2010), ancorada nos princípios epistemológicos de Vigotski (1996; 2004; 2010) e da Clínica da Atividade de Yves Clot (2007; 2010).

Com base nesses pressupostos, elegemos a Consultoria Colaborativa como nossa abordagem de intervenção na realidade escolar e partimos para uma análise da atividade docente a partir do contato da professora com o Real da Atividade (Clot, 2007; 2010) e baseadas nos conceitos de mediação e Zona de Desenvolvimento Proximal (Vigotski, 1996). Destacamos que a Consultoria Colaborativa é uma das formas de trabalho colaborativo que prevê um modelo de suporte entre os educadores da escola regular e outros profissionais especializados, como terapeutas ocupacionais, psicólogos, fonoaudiólogos e fisioterapeutas (Mendes, 2008; Mendes, Almeida e Toyoda, 2011). De acordo com Churchley (2006), nela são valorizados os saberes de todos os participantes e os profissionais especializados são itinerantes, mas dividem com o professor assistente a responsabilidade quanto ao planejamento e à avaliação dos alunos com deficiência, contribuindo com suas habilidades e conhecimentos específicos em uma perspectiva de formação em serviço (Alpino, 2008).

Além dessas características específicas, Ibiapina (2008) ressalta que o trabalho na perspectiva colaborativa é democrático por permitir que todos os seus atores tenham voz ativa e possam refletir sobre o processo em estudo; o pesquisador passa a ser um mediador e o professor constitui-se, além de sujeito da pesquisa, em um colaborador.

Com isso, a Consultoria e demais propostas de trabalho colaborativo na escola permitem que os seus partícipes coloquem-se sempre em situação de aprendizes, numa relação de troca uns com os outros. Essa aprendizagem — mediada pelo outro — incide na ideia de Zona de Desenvolvimento Proximal (ZDP), que consiste na "[...] distância entre o nível de desenvolvimento real, que se costuma determinar através da solução independente de problemas, e o nível de desenvolvimento potencial, determinado através da solução de problemas [...]" (Vigotski, 1996, p. 112), em colaboração com companheiros mais capazes.

Associando esta ideia à premissa de que a aprendizagem gera desenvolvimento de habilidades e funções que se encontram no nível potencial, e apoiando-nos na afirmação de Vigotski (1996) de que os adultos possuem grande possibilidade de aprendizagem, procuramos aplicar esses conceitos para o trabalho desenvolvido com a professora que participou da pesquisa por meio do processo de colaboração.

Entendemos que na intervenção mediada por um interlocutor que traz saberes de outra área, neste caso da saúde, estaremos atuando na

A DIMENSÃO SUBJETIVA DO PROCESSO EDUCACIONAL

ZDP e promovendo o desenvolvimento das competências, funções e habilidades relacionadas à atividade do professor que se encontram no nível de desenvolvimento potencial (e também das competências e habilidades do pesquisador). Assim, contextualizada na possibilidade de promover a ZDP, a colaboração pode significar uma "[...] ajuda para avançarmos nos nossos processos de desenvolvimento pessoal e profissional" (Ibiapina e Ferreira, 2005, p. 33).

Com foco nas possibilidades de desenvolvimento, transformação e solução de problemas da realidade, nesse caso, relacionados à docência realizada em contexto de inclusão de um aluno com deficiência na escola regular, utilizamos como instrumento de produção de informações dessa pesquisa, além da entrevista reflexiva, a observação colaborativa e as videogravações, seguidas da autoconfrontação simples.

A autoconfrontação é um dispositivo metodológico da Clínica da Atividade de Yves Clot (2007; 2010), que tem início com a videogravação da atividade a ser analisada e se decompõe em outras duas etapas que também são filmadas para posterior análise: a autoconfrontação simples (ACS) e a autoconfrontação cruzada (ACC) (Clot, 2010).

A ACS, procedimento utilizado na nossa pesquisa, caracteriza-se pelo uso da videogravação como suporte para análise do trabalhador junto ao pesquisador. Trata-se de uma atividade em que aquele, confrontado com a imagem de seu próprio trabalho, faz comentários acerca dessa situação para o pesquisador (Clot, 2007).

Nesse contexto, em contato com a sua imagem e na possibilidade de diálogo com o outro, o sujeito tem a possibilidade de desfazer e refazer "[...] os vínculos entre o que ele vê fazer, o que há a fazer, o que gostaria de fazer, o que poderia ter feito, ou, ainda, o que seria a refazer" (Clot, 2010, p. 240). Essas possibilidades de análise, de acordo com Soares e Barbosa (2010), contribuem para que o trabalhador vá além da apreensão da realidade em movimento e restaure a sua capacidade de agir. Nas palavras de Clot (2010, p. 147), permite "[...] sobretudo, ampliar seu poder de ação [...] e [...] servir-se de sua experiência para fazer outras experiências".

Foi com base nessas concepções de responsabilidade compartilhada na construção do conhecimento e no foco de restaurar ou reforçar o poder de agir que desenvolvemos a nossa pesquisa, no período de maio a dezembro de 2011, com Ana,[1] professora do primeiro ano do ensino fundamental da rede pública municipal de Maceió, que tinha em sua sala de aula um aluno com paralisia cerebral, Caio, que tinha, à época, 13 anos de idade e estava em seu primeiro ano de escolarização.

Diante da proposta de Consultoria Colaborativa, utilizamos como principal abordagem a prescrição e a confecção de recursos de Tecnologia Assistiva para as áreas da Comunicação Aumentativa e Alternativa (CAA), da mobilidade e das adaptações pedagógicas, com o intuito de favorecer a participação e a aprendizagem de Caio nas atividades propostas pela professora Ana.

A consultoria, ao adotar a perspectiva da Psicologia Sócio-histórica, teve como objetivo a ampliação do repertório de recursos pedagógicos, visando eliminar as barreiras para a aprendizagem e agir na ZDP da professora Ana, a fim de promover transformações nas habilidades e conhecimentos prévios dela, bem como possibilitar a aquisição de novas habilidades e conhecimentos relacionados ao uso de recursos de Tecnologia Assistiva para favorecer a inclusão escolar.

Nesse contexto, as ACS foram utilizadas como recursos mediadores de reflexões acerca da prática profissional da professora, a partir da seleção de cenas gravadas nos momentos de observação em sala de aula, após o registro de três meses de aulas, na tentativa de identificarmos situações recorrentes e que pudessem gerar discussão a respeito da atividade docente diante da inclusão.

Utilizamos como critérios para a eleição dos episódios cenas que evidenciassem a participação de Caio nas aulas: suas tentativas de sucesso e empecilhos para a aprendizagem; as dificuldades na comunicação entre ele e a professora; e as tentativas de ambos para superar essas dificuldades.

Para as ACS, elaboramos algumas questões para desencadear as discussões propostas pela pesquisa: qual o objetivo da atividade? Como ela via a participação do aluno e a sua intervenção junto a ele? A atividade poderia ser feita de forma diferente? Como? Além dessas questões, como pretendíamos elicitar a reflexão da professora, elaboramos inda-

---

1. Todos os nomes utilizados na pesquisa são fictícios para preservar a identidade dos sujeitos.

gações no decorrer da própria ACS, aproveitando os pontos levantados por ela e ainda outros, relacionados às possíveis modificações que poderíamos realizar no processo da Consultoria Colaborativa, que foi fomentada e retroalimentada pelas ACS.

O processo da Consultoria iniciou-se com a construção de um dispositivo de Comunicação Aumentativa e Alternativa (CAA), visando melhorar a comunicação entre Caio, a professora Ana e os demais alunos da sala. Na primeira intervenção com a CAA, confeccionamos pranchas temáticas com os numerais de 0 a 30, as cores, as letras do alfabeto e alguns materiais e ações característicos da escola. Na sequência, evoluímos para a construção de lâminas para dar suporte à interpretação de texto e recontagem de fábulas e providenciamos, também, adaptações para as atividades pedagógicas.

As adaptações mais importantes foram a substituição da escrita com o lápis pelo computador em algumas atividades na sala de aula e o uso de materiais lúdicos para a aquisição dos conceitos de número, numeral e algarismo. Além disso, também intervimos na mobilidade de Caio, adaptando uma das cadeiras da sala de aula com rodinhas, o que o auxiliou na exploração do espaço e na interação com os outros alunos, inclusive no recreio.

Tomando como base o princípio da Psicologia Sócio-histórica de que não basta descrever os fenômenos, é preciso avançar para a sua interpretação e explicação, definimos como estratégia para analisar as informações produzidas deste estudo a Análise Temática de Bardin (2011).

No contexto da análise, o tema é compreendido como uma asserção sobre determinado assunto, que pode ser representada por meio de palavras, frases ou expressões (Bardin, 2011). A partir daí, buscamos temas recorrentes e significativos nos materiais coletados da entrevista reflexiva, nos episódios videogravados e nas ACS.

ANÁLISE DAS INFORMAÇÕES PRODUZIDAS

Verificamos que, antes mesmo da intervenção, a professora Ana já tentava criar ou adaptar algumas atividades para facilitar a participação de Caio a partir de sua experiência e de ideias que encontrava em livros, revistas ou internet. No entanto, apesar de relatar não ser tão difícil lidar com as dificuldades do adolescente com paralisia cerebral, a professora, ao deparar-se com as imagens dos episódios selecionados para as ACS, teve acesso ao real da sua atividade e identificou algumas questões que permeavam sua prática e que ainda não havia percebido. Entre essas questões, destacamos a dispersão de Caio durante a atividade, os seus pedidos de ajuda aos colegas, o longo tempo que levava para concluir atividades escritas a lápis e a possível desmotivação por não acompanhar o grupo, assim como a observação da professora sobre sua atuação, ao notar que não estava dando atenção a todos os alunos.

Durante a análise das ACS, apreendemos um movimento da professora a partir dos questionamentos acerca de como poderia fazer diferente a sua atividade: o da consciência de que a atividade poderia ter sido modificada para favorecer a aprendizagem de Caio. Vejamos o que aconteceu no episódio "Contando as Sílabas", utilizado na primeira ACS:

> A professora estava trabalhando uma sequência de atividades de base alfabética e, num determinado momento, solicitou que eles identificassem a letra inicial das palavras (V) e o número de sílabas de cada uma delas. Inicialmente Caio não compreendeu o comando e tentou copiar a palavra. A professora foi até a sua cadeira e explicou novamente os comandos, solicitando a ele que identificasse e pronunciasse a letra "V" e contasse o número de sílabas da primeira palavra — violão, por meio de palmas, no seu caso, de batidas na mesa.
>
> A partir de então, a professora começa a questionar quantas sílabas a palavra tem, sugerindo: Duas? Três? Caio não dá uma resposta satisfatória, mas ela admite que ele aceitou o três. Daí em diante, pede para que ele identifique o algarismo três na trilha numérica escrita no quadro, do outro lado da sala.
>
> A professora volta à carteira de Caio mais cinco vezes, tentando fazê-lo copiar o algarismo três, sem sucesso. Nesse meio-tempo, Caio pediu ajuda aos colegas, gesticulou, vocalizou e acabou se dispersando da atividade, não conseguindo concluí-la (Episódio "Contando as Sílabas", 18/7/2011).

Utilizamos esse episódio para a nossa primeira ACS, uma vez que ele evidenciava a dificuldade de comunicação entre Caio e a professora

A DIMENSÃO SUBJETIVA DO PROCESSO EDUCACIONAL

Ana, além de nos suscitar a necessidade de adaptar os objetivos e a própria atividade para sua execução.

Inicialmente, ao perguntarmos sobre as razões de ter ido tantas vezes à carteira de Caio para intervir, Ana afirmou que tinha a intenção de que ele cumprisse com todos os objetivos da atividade, que eram: o de formar as palavras e contar as sílabas para transcrever o algarismo que estava disposto na trilha numérica anotada no quadro--negro. A princípio, a professora afirma que o problema residia no fato de Caio não estar prestando atenção à trilha e não contar, sem considerar que precisaria ter realizado alguma intervenção diferente para auxiliá-lo.

No entanto, logo após ser questionada se faria alguma modificação na atividade, Ana, sem demora, começou a identificar situações diversas que poderiam ter facilitado o desempenho do aluno. Vejamos o diálogo a seguir:

> E (entrevistadora)— Teria alguma modificação que você faria nessa atividade? Com relação a ele, se você tivesse que fazer de novo?
>
> P (professora)— Sim. Sim. Talvez só com letras móveis, por exemplo, a letra "v", ele pegar já o "v" amarelo e construir a palavra, separar os pedacinhos e com os números também móveis. Não pegar lá [faz um gesto como se representasse o quadro-negro], no colo, escrever, não uma tarefa escrita, uma atividade com letras móveis, entendeu?
>
> E — Para facilitar essa parte motora?
>
> P — Exatamente. Em uma mesinha que não estivesse todo mundo junto. Talvez só ele e outro colega. Sem a turma toda junta na mesa, ficaria mais fácil, talvez dessa maneira. Em um quadro de ímã, com letras imantadas, uma coisa assim... Seria mais fácil. Com figuras também [...] (ACS "Contando as Sílabas", 6/10/2011).

E é exatamente a partir do momento em que deixou de buscar em Caio a explicação para a atividade impedida e procurou, em seu repertório de conhecimentos e recursos pedagógicos, alternativas para a superação da própria atividade, refletindo e elencando novas possibilidades, que identificamos um movimento em direção à constituição da consciência de Ana acerca do seu papel de mediadora da aprendizagem.

De acordo com Vigotski (1996), a ZDP sustenta a ideia de que o aluno precisa da mediação do professor, uma vez que o ensino não deve se limitar à etapa do desenvolvimento já realizado, sob pena de não promover o progresso geral da criança. A ZDP traz a compreensão de que o ensino deve adiantar-se ao desenvolvimento, de maneira a dirigir-se ao desenvolvimento potencial do aluno.

Vale aqui ressaltar o início do acesso à consciência desencadeado pela ACS. A consciência foi estudada pela Psicologia Sócio-histórica e reconhecida por Vigotski como um processo eminentemente social que segue secundariamente para o plano individual. O trecho a seguir ilustra o seu pensamento sobre essa dualidade:

> Temos consciência de nós mesmos porque a temos dos demais e pelo mesmo procedimento através do qual conhecemos os demais, porque nós mesmos com relação a nós mesmos somos o mesmo que os demais em relação a nós. *Tenho consciência de mim mesmo somente na medida em que para mim sou outro*, ou seja, porque posso perceber outra vez os reflexos próprios como novos excitantes (Vigotski, 2004, p. 82, grifos nossos).

A partir dessa relação dialógica entre o social e o individual, a consciência se situa como uma ascendência do comportamento humano na sua filogênese, caracterizando-se como o mais elevado componente psicológico do homem (Oliveira, 1992).

Nesse sentido, Rosa e Andriani (2006) recuperam a ideia da constituição do psiquismo por meio da transformação do interpsicológico em intrapsicológico e afirmam que a linguagem, por intermédio dos signos, é a matéria-prima da consciência. Dessa forma, a linguagem é definida como um instrumento de mediação apoiada nos signos que, por sua vez, têm significados, emergem das relações sociais e servem de substrato para o desenvolvimento do pensamento.

Nessa perspectiva, a linguagem é a responsável pela materialização das significações produzidas socialmente e que também irão significar as experiências particulares do homem constituindo a sua consciência, que por sua vez mediará a sua forma singular de sentir, pensar e agir no mundo (Rosa e Andriani, 2006). Desse modo, entendemos que o homem se apropria da produção social e, por meio da linguagem, transforma-a em novas significações.

A DIMENSÃO SUBJETIVA DO PROCESSO EDUCACIONAL

Apesar de termos identificado esse processo de apropriação e posterior externalização na fala de Ana, percebemos que, nesse momento, as sugestões apresentadas dirigiam-se essencialmente à modificação do material e da forma de executar a tarefa com a utilização de recursos comuns à sua rotina escolar, como as letras emborrachadas do alfabeto móvel, que já costumava utilizar em diversas atividades de alfabetização com todos os alunos.

Além disso, não parecia ainda estar evidente para Ana que as dificuldades de Caio não se restringiam ao manuseio dos materiais, mas relacionavam-se também à identificação dos algarismos e à relação número/numeral. Considerando essa questão, verificamos que essa primeira autoconfrontação suscitou a reflexão acerca dos recursos didáticos e alterações das demandas motoras da atividade, mas não sobre a modificação dos objetivos e da própria atividade.

Na sequência de análise do movimento de acesso à consciência, vimos na segunda ACS a professora Ana identificando que o objetivo proposto para a atividade pedagógica apresentada, a de interpretar texto, não foi alcançado por Caio. Nessa ocasião, Ana faz de imediato uma análise da sua própria atividade docente e sugeriu modificações mais elaboradas e com recursos não presentes previamente em sua prática. Vejamos os fragmentos a seguir:

[sugestão de adaptação para que o Caio pudesse participar da atividade de leitura de forma ativa] *Fazer um outro livro. Xerocar o livro trabalhado para ele, colocar na mesinha para ele enumerar as cenas; colocá-las em ordem; a parte que ele mais gostou... Desse jeito funciona! Até a gente representar três títulos, "Qual o que você gostou mais, desses; vamos mudar o título". Desse jeito funciona. E quando ele estiver dominando a escrita, ele pode criar títulos e digitar.*

[Sobre as prioridades a serem trabalhadas até o final do ano e a possibilidade de adaptações] *[...] a sequência numérica; o próprio alfabeto, para ele criar o repertório de palavras, juntar as letrinhas, formar os sons, palavrinhas simples, conseguir juntar sons para formar as palavrinhas. Isso tudo no computador...*

[...]

P — No papel... Escrever mesmo com o lápis, demora muito, ele pode se irritar, entendeu? Porque ele está vendo que os outros estão passando, então irrita, o aluno fica desmotivado. Então no computador, eu percebi que o Caio está evoluindo e para ele é muito mais fácil, muito melhor! O trabalho vai mais rápido, mais tranquilo (ACS "Com a Cabeça nas Nuvens", 30/11/2011).

Percebemos que nessa ACS foram evidenciadas novas estratégias de adaptação das atividades para Caio, fundamentadas não mais nos materiais comuns à rotina da escola, antigos conhecidos de Ana, mas baseadas, essencialmente, nos recursos de Tecnologia Assistiva com os quais trabalhamos na Consultoria.

O que apreendemos, entretanto, não foi uma mera reprodução das nossas propostas, mas uma apropriação pela professora dos conceitos da CAA e do uso do computador para a produção da escrita, que, a nosso ver, confirmam a ideia de que a Consultoria Colaborativa incidiu em sua ZDP para ajudá-la na diversificação de estratégias metodológicas e favorecer a aprendizagem de Caio.

Além disso, pudemos identificar nesse processo que a ACS, por ser um anteparo de autoanálise e diálogo entre a pesquisadora e a professora, foi um elemento de mediação para o seu desenvolvimento. Nesse sentido, resgatamos a ideia de mediação de Vigotski que pode ser entendida em duas dimensões: a interposição entre o homem e o social por meio de instrumentos e signos (o que pudemos observar nessa pesquisa) e a relação entre o universal e o singular, por intermédio das vivências particulares.

De acordo com Vigotski (1996), a primeira dimensão da mediação é a substituição do processo estímulo-resposta nas relações entre o indivíduo e o social, por um elo constituído por instrumentos e signos, tornando-as mais complexas. Os instrumentos (ferramentas e equipamentos, entre outros), segundo Vigotski (1996) têm como funções o controle e a modificação de objetos com um fim específico e consciente; dirigidos para o controle e domínio da natureza, sendo orientados externamente. Por sua vez, os signos (linguagem, escrita e sistemas mnemônicos, entre outros) são orientados internamente para o controle do próprio indivíduo, não modificam o objeto da operação psicológica, mas ao atuarem como intermediários entre a atividade do homem e o objeto externo servem como meio de controle do homem sobre si mesmo (Vigotski, 1996).

A DIMENSÃO SUBJETIVA DO PROCESSO EDUCACIONAL

Apesar de suas diferenças, a combinação de ambos constitui a chamada função psicológica superior, uma vez que "[...] o controle da natureza e o controle do comportamento estão mutuamente ligados, assim como a alteração provocada pelo homem sobre a natureza altera a própria natureza do homem" (Vigotski, 1996, p. 73).

Considerando que o uso da ação mediada provê meios para a ampliação da ação psicológica do homem, Vigotski (1996, p. 74) também considera a mediação como um elo para a internalização, ou seja, para a "reconstrução interna de uma operação externa". Para que isso aconteça, no entanto, é necessário que ocorram algumas transformações: que as operações que representavam uma realidade externa sejam reconstruídas e comecem a ocorrer internamente; que o processo interpessoal (dirigido para outra pessoa — nível social) seja transformado em intrapessoal (dirigido para a própria pessoa — nível individual); e, enfim, que todo esse processo de transformação ocorra em diversas situações ao longo do desenvolvimento do sujeito (Vigotski, 1996).

CONSIDERAÇÕES FINAIS

Identificamos com base na análise que a Consultoria Colaborativa pode ser mediadora do processo de formação em serviço, que necessita abarcar um conhecimento plural, envolvendo áreas de conhecimento da saúde e da educação, que fazem interface com o saber-fazer e saber-ser da professora e da pesquisadora.

Além disso, acreditamos que a partir da autoavaliação e da coanálise da sua atividade de trabalho, o professor evolui para uma transformação da sua própria atividade, que passa a ser, além de "atividade para si" uma "atividade para o outro". Nessa interlocução com o outro, mediada pela linguagem, a "atividade em si" se transforma em "atividade dirigida" e "[...] transforma a experiência vivida em meio de viver outra experiência", uma vez que a análise da atividade não a deixa no mesmo lugar, mas ajuda a desenvolvê-la (Clot, 2007, p. 140).

Com esse olhar, passamos a considerar a ACS como um procedimento rico a ser utilizado na perspectiva da formação continuada do docente, que, ao permitir a reflexão sobre a atividade, orienta-a em direção à mudança (Ibiapina e Ferreira, 2005).

Podemos ainda afirmar que a autoconfrontação tornou-se uma técnica de formação profissional continuada, que mediou a tomada de consciência da atividade docente e provocou a passagem de habilidades e competências antes situadas no nível de desenvolvimento potencial para o nível de desenvolvimento real, ou seja, após esse processo de formação continuada a professora foi capaz de, sozinha e com autonomia, organizar um ambiente de maior acessibilidade e propor atividades pedagógicas, com recursos materiais, mais adequadas a Caio. Além do mais, por incidir no desenvolvimento da atividade e não apenas no seu funcionamento, a autoconfrontação possibilitou ir além de compreender para transformar; seguiu na direção de transformar para compreender (Clot, 2007; 2010).

Com isso, ao adotarmos um processo mútuo, observamos que a percepção do professor acerca da sua atuação, após reflexões críticas nos âmbitos intra e interpessoais, pode interferir no olhar do pesquisador e vice-versa. Geramos a construção de novos saberes a respeito da atividade docente e pudemos vê-la em processo de desenvolvimento. Além disso, pudemos constatar que o processo da Consultoria Colaborativa e de Autoconfrontação Simples incidiram sobre a Zona de Desenvolvimento Proximal da professora, confirmando a possibilidade do uso de ambos os procedimentos como estratégias de formação docente para a educação inclusiva.

REFERÊNCIAS

ALPINO, A. M. S. *Consultoria colaborativa escolar do fisioterapeuta*: acessibilidade e participação do aluno com paralisia cerebral em questão. 2008. 191 p. Tese. (Doutorado em Educação Especial.) — UFSCAR, São Paulo.

BARDIN, L. *Análise de conteúdo*. São Paulo: Edições 70, 2011. 279 p.

CANDAU, V. M. F. Formação continuada de professores: tendências atuais. In: REALI, A. M. de M. R.; MIZUKAMI, M. da G. N. (Orgs.). *Formação de professores*: tendências atuais. São Carlos: EdUFSCar, 1996. p. 139-65.

CHURCHLEY, C. M. *Collaborative consultation in the context of inclusion*. 45 p. Coursework Project. (Master of Education — Special Education.) — School of Education, FlindersUniversity, Adelaide, South Australia, 2006. Disponível em: <http://www.flinders.edu.au/ehl/fms/projects_files/6_2006.pdf>. Acesso em: 29 out. 2012.

CLOT, Y. *A função psicológica do trabalho*. 2. ed. Petrópolis: Vozes, 2007. 222 p.

_____. *Trabalho e poder de agir*. Belo Horizonte: Fabrefactum, 2010. 368 p. (Série Trabalho e Sociedade.)

DOUNIS, A. B. *Atividade docente e inclusão*: as mediações da consultoria colaborativa. 2013. 282 f. Dissertação (Mestrado em Educação.) — Universidade Federal de Alagoas, Maceió.

FERNANDES, M. de L. C. N.; MAGALHÃES, R. de C. B. P.; BERNARDO, C. M. C. Formação docente para processos de educação inclusiva: descortinando concepções. In: MARTINS, L. de A. R.; SILVA, L. G. dos S. (Orgs.). *Múltiplos olhares sobre a inclusão*. João Pessoa: Editora Universitária da UFPB, 2009. p. 45-55.

FREITAS, M. T. de A. A abordagem sócio-histórica como orientadora da pesquisa qualitativa. *Cadernos de Pesquisa*, São Paulo, n. 116, p. 21-39, jul. 2002. Disponível em: <http://www.scielo.br/pdf/cp/n116/14397.pdf>. Acesso em: 28 out. 2012.

_____. Discutindo sentidos da palavra intervenção na pesquisa de abordagem histórico-cultural. In: _____; RAMOS, B. S. *Fazer pesquisa na abordagem histórico-cultural*: metodologias em construção. Juiz de Fora: Ed. da UFJF, 2010. p. 13- 24.

FREITAS, S. N. A formação docente sob a ótica da diversidade e da inclusão. In: MARTINS, L. de A. R.; PIRES, J.; PIRES, G. N. da L. *Políticas e práticas educacionais inclusivas*. Natal: EDUFRN, 2008. p. 93-115.

IBIAPINA, I. M. L. de M. *Pesquisa colaborativa*: investigação, formação e produção de conhecimentos. Brasília: Líber Livro Editora, 2008. (Série Pesquisa.)

_____; FERREIRA, M. S. A pesquisa colaborativa na perspectiva sócio-histórica. *Linguagens, Educação e Sociedade*, n. 12, p. 26-38, jan./jun. 2005. Disponível em: <http://www.ufpi.br/subsiteFiles/ppged/arquivos/files/Revista/N%2012/revista%2012.pdf>. Acesso em: 2 nov. 2012.

MANZINI, E. J. Formação continuada do professor para atender à educação inclusiva. In: MINISTÉRIO DA EDUCAÇÃO. Secretaria de Educação Especial. *Ensaios pedagógicos:* educação inclusiva: direito à diversidade. Brasília: Gráfica e Editora Ideal, 2007. p. 77-84.

MARTINS, L. de A. R. Política pública e formação docente para atuar com a diversidade. In: _____; PIRES, J.; PIRES, G. N. da L. *Políticas e práticas educacionais inclusivas*. Natal: EDUFRN, 2008. p. 73-92.

MELO, F. R. L. V.; MARTINS, L. de A. R.; PIRES, J. Experiências de Intervenção em prol da inclusão de alunos com paralisia cerebral: constatações a partir de uma pesquisa-ação. In: MARTINS, L. de A. R. et al. *Inclusão*: compartilhando saberes. São Paulo: Cortez, 2005. p. 141-8.

MENDES, E. G. Inclusão escolar com colaboração: unindo conhecimentos, perspectivas e habilidades profissionais. In: MARTINS, L. de A. R.; PIRES, J.; PIRES, G. N. da L. *Políticas e práticas educacionais inclusivas*. Natal: EDUFRN, 2008. p. 19-51.

_____; ALMEIDA, M. A.; TOYODA, C. Y. Inclusão escolar pela via da colaboração entre educação especial e educação escolar. *Educar em Revista*, Curitiba: Editora UFPR, n. 41, p. 81-93, jul./set. 2011. Disponível em: <http://ojs.c3sl.ufpr.br/ojs2/index.php/educar/article/view/25003/16750>. Acesso em: 1 maio 2012.

OLIVEIRA, M. K. de. O problema da afetividade em Vigotski. In: _____; LA TAILLE, Y. de; DANTAS, H. *Piaget, Vygotsky, Wallon*: teorias psicogenéticas em discussão. 23. ed. São Paulo: Summus, 1992. p. 75-84.

ROSA, E. Z.; ANDRIANI, A. G. P. Psicologia sócio-histórica: uma tentativa de sistematização epistemológica e metodológica. In: KATHALLE, E. M. P. (Org.). *A diversidade da psicologia*: uma construção teórica. 2. ed. São Paulo: Cortez, 2006. p. 259-88.

SOARES, J. R.; BARBOSA, S. M. C. O movimento do sujeito na pesquisa qualitativa de autoconfrontação simples e cruzada. In: ALVES-MAZZOTTI, A. J.; FUMES, N. de L. F.; AGUIAR, W. M. J. de (Orgs.). *Estudos sobre atividade docente*: aspectos teóricos e metodológicos em questão. São Paulo: EDUC; Maceió: EDUFAL, 2010. p. 41-54.

SOUZA, D. T. R. Formação continuada de professores e fracasso escolar: problematizando o argumento da incompetência. *Educação e Pesquisa*, v. 32, n. 3, São Paulo, p. 477-92, set./dez. 2006. Disponível em: <http://www.scielo.br/pdf/ep/v32n3/a04v32n3.pdf>. Acesso em: 6 jul. 2012.

VIGOTSKI, L. S. *A formação social da mente*: o desenvolvimento dos processos psicológicos superiores. 5. ed. São Paulo: Martins Fontes, 1996 (Col. Psicologia e Educação.)

_____. *Teoria e método em psicologia*. 3. ed. São Paulo: Martins Fontes, 2004.

_____. *A construção do pensamento e da linguagem*. 2. ed. São Paulo: Martins Fontes, 2010. (Col. Textos de Psicologia.)

SOBRE OS AUTORES

ALESSANDRA BONORANDI DOUNIS: graduada em Terapia Ocupacional pela Universidade Federal de Pernambuco. Especialista em Tecnologia Assistida e em Desenvolvimento Humano e Reabilitação na área de Saúde da Criança. Mestre em Educação na área de Processos Educativos — Inclusão e Diversidade. Doutoranda em Educação pela UFAL, na linha de pesquisa Educação e Inclusão de pessoas com deficiência ou sofrimento psíquico. Professora assistente do Núcleo de Saúde Materno Infantil e do Adolescente, do Centro de Ciências da Saúde, e assessora técnica da pró-reitoria de Ensino e Graduação Universidade Estadual de Ciências da Saúde de Alagoas.

ANA MERCÊS BAHIA BOCK: psicóloga, doutora em Psicologia Social pela PUC-SP. Professora na graduação do curso de Psicologia e no programa de Pós-Graduação em Educação: Psicologia da Educação. Coordenadora do Programa de Pós-Graduação de 2013-2017. Coordenadora do Núcleo de Pesquisa "A Dimensão Subjetiva da Desigualdade Social: suas diversas expressões". Autora, coautora e organizadora de livros em Psicologia Sócio--Histórica. Organizadora da coleção de livros: Construindo o compromisso social da Psicologia. Presidenta do Instituto Silvia Lane de Psicologia e Compromisso Social.

BRISA BEJARANO CAMPOS: graduada em Psicologia pela PUC-SP. Mestre em Educação: Psicologia da Educação pela mesma instituição (Bolsista CNPq) e integrante do grupo de pesquisa: "A dimensão subjetiva da Desigualdade Social: suas diversas expressões".

Clara Caroline Andrade da Silva e Tayna da Cunha Saraiva: discentes do curso de Pedagogia/UFPI e Orientandas da Iniciação Científica Voluntária (ICV) 2014-2015. Em 2015 integraram-se como bolsistas do Programa Nacional de Cooperação Acadêmica (Procad); participantes do Grupo Formar, estudam as temáticas necessidades e trabalho, assim como formação de professores iniciantes.

Elvira Maria Godinho Aranha: doutora em Educação: Psicologia da Educação pela PUC-SP. Coordena a implantação do projeto Pedagógico de uma Faculdade de Educação. Pesquisadora do Grupo Atividade Docente e Subjetividade — GADS, coordenado pela Prof. Dr. Wanda Maria Junqueira de Aguiar; e do Grupo de Pesquisa Contexto Escolar, Processos Identitários da Formação de Professores e Alunos da Educação Básica (CEPId), coordenado pela Prof. Dr. Vera Maria Nigro de Souza Placco, ambos certificados pela Capes.

Hilda Maria Martins Bandeira: doutora em Educação pela Universidade Federal do Piauí (UFPI). Professora Adjunta; pesquisadora do Grupo Formação de Professores na Perspectiva Histórico-Cultural (Formar). Investiga os seguintes temas: Necessidades formativas; formação de professores iniciantes; inserção à docência, práxis a partir dos pressupostos do Materialismo Histórico Dialético e da pesquisa colaborativa. Autora e organizadora de livros.

Isabela Rosália Lima de Araújo: graduada em Pedagogia pelo CEDU-UFAL (2008); mestre em Educação (2011) pelo PPGE; doutora em Educação pela Universidade Federal de Alagoas (com doutorado sanduíche na Universidade do Porto-Portugal em 2013 pela CAPES). Atualmente é professora de nível superior da Faculdade São Vicente dos cursos de Pedagogia e Educação Física; professora da Faculdade Mauricio de Nassau em Maceió e coordenadora do curso de Pedagogia da FAT, lecionando também nos cursos de Administração e Engenharia de Produção.

Ivana Maria Lopes de Melo Ibiapina: professora aposentada da Universidade Federal do Piauí. Professora Permanente do Programa de Pós-Graduação em Educação/UFPI. Especialização em Ensino Superior; Mestre em Educação pela UFPI e doutora em Educação pela UFRN. Pós-Doutorado em Linguística Aplicada e Estudos da Linguagem PUC-SP. Publicações diversas na área de Formação de Professores; Pesquisa Colaborativa e Psicologia Sócio-Histórica.

A DIMENSÃO SUBJETIVA DO PROCESSO EDUCACIONAL

Estudos e Pesquisas na área de Formação e desenvolvimento de conceitos científicos, sentidos e significados da docência. Formação docente e prática educativa.

Júlio Ribeiro Soares: licenciado em Pedagogia pela UFRN. Mestre e doutor em Educação (Psicologia da Educação) pela PUC-SP. Professor da Faculdade de Educação da UERN. Vice-coordenador do Programa de Pós-Graduação em Educação da UERN (2015-2016). Membro do projeto de pesquisa "Tecendo redes de colaboração no ensino e na pesquisa em educação", realizado com apoio do PROCAD/CAPES, em parceria pela PUC-SP, UFPI, UERN e UFAL. Membro dos Grupos de Pesquisa: Educação e Subjetividade (UERN/CNPq) e Atividade Docente e Subjetividade (PUC-SP/CNPq).

Laura Cristina Vieira Pizzi: professora titular do Centro de Educação da UFAL, atuando no curso de Pedagogia e no Mestrado e Doutorado do PPGE. Doutora em Educação: Currículo (PUC-SP) e pós-doutoramento na School of Education (UC-Berkeley) e na Universidade de Firenze/IT. Líder do grupo de pesquisa do CNPq "Currículo, atividade docente e subjetividades".

Luane Neves Santos: psicóloga e Mestre em Psicologia Social pela Universidade Federal da Bahia, doutoranda em Educação: Psicologia da Educação pela PUC-SP (Bolsista CNPq), integrante do grupo de pesquisa: "A dimensão subjetiva da desigualdade social: suas diversas expressões" e autora do livro *A Psicologia na Assistência Social*: convivendo com a desigualdade publicado pela Cortez Editora na Coleção "Construindo o compromisso social da Psicologia".

Maria da Graça Marchina Gonçalves: psicóloga, doutora em Psicologia Social pela PUC-SP. Professora do curso de graduação em Psicologia e do Programa de Estudos Pós-graduados em Psicologia Social da PUC-SP. Pesquisadora do Grupo CNPq "A dimensão subjetiva da desigualdade social e suas diversas expressões." Linhas de pesquisa: desigualdade social; psicologia e políticas públicas. Autora e co-organizadora de livros de psicologia sócio-histórica. Membro do Instituto Silvia Lane de Psicologia e Compromisso Social.

Maria Emiliana Lima Penteado: doutoranda (bolsista CAPES) e mestre em Educação: Psicologia da Educação (PUC-SP); graduada em Pedagogia (FICS), com especialização em Psicopedagogia — (COGEAE-PUC-SP). Integra o Grupo Atividade Docente e Subjetividade — GADS — (CNPq-PUC-SP). Professora no curso de Pedagogia nas Faculdades Integradas Campos Salles. Atua como docente convidada em cursos de pós-graduação *lato sensu* e como monitora e tutora dos cursos de mestrado profissional em Educação: Formação de Formadores e de Mestrado e Doutorado Acadêmico em Educação: Psicologia da Educação (PUC-SP).

MARIA VILANI COSME DE CARVALHO: pós-doutora (2011); doutora (2004) e mestre (1997) em Educação, com área de concentração em Psicologia da Educação, pela PUC-SP. É professora-pesquisadora da Universidade Federal do Piauí, atuando na área de Educação. Tem estudado e publicado sobre temáticas como: os processos constitutivos da (trans)formação humana; os processos de construção da identidade do educador; os processos de produção de significados e sentidos sobre a formação e a atividade docente, tendo como fundamentação teórico-metodológica o Materialismo Histórico Dialético e a Psicologia Sócio-Histórica.

NEIZA DE LOURDES FREDERICO FUMES: professora associada da Universidade Federal de Alagoas, atuando no Programa de Pós-graduação em Educação (Mestrado e Doutorado). Líder do Grupo de Pesquisa "Núcleo de Estudos em Educação e Diversidade (NEEDI)" e do Núcleo de Acessibilidade da Universidade Federal de Alagoas. Tem pesquisado as políticas públicas para a Educação Especial, principalmente as relacionadas à Educação Superior, e a formação de professores para a inclusão.

ODAIR FURTADO: psicólogo, doutor em Psicologia Social pela PUC-SP, professor associado da PUC-SP, do Programa de Estudos Pós-Graduados em Psicologia Social e da graduação do curso de Psicologia da FACHS/PUC-SP. Líder do grupo de pesquisa CNPq Estudos e Pesquisa em Trabalho e Ação Social — NUTAS. Autor, coautor e organizador de livros e artigos no campo da Psicologia Sócio-Histórica. Membro do Instituto Silvia Lane de Psicologia e Compromisso Social.

RAIZEL RECHTMAN: psicóloga, doutoranda e mestre em Educação: Psicologia da Educação na PUC-SP. Participante do grupo de pesquisa "A Dimensão subjetiva da Desigualdade Social: suas diversas expressões". Possui experiência em pesquisa, ensino e consultoria educacional na formação de jovens e adultos. Atualmente é coordenadora da ABEP-SP — Metropolitano e Especialista em Desenvolvimento Humano na ClearSale.

RAQUEL ANTONIO ALFREDO: pedagoga; pesquisadora bolsista PNPD/CAPES; professora credenciada do Programa de Pós-Graduação em Educação da UFPI. Doutora e mestre em Educação: Psicologia da Educação pela PUC-SP. Especialização em Psicopedagogia e em Educação para o Pensar — COGEAE/ PUC-SP. Membro do grupo de pesquisa cadastrado no CNPq sob a denominação Núcleo de Estudos e Pesquisas em Educação na Psicologia Sócio-Histórica — NEPSH/UFPI e do grupo de pesquisa cadastrado no CNPq sob a denominação Atividade Docente e Subjetividade — GADS/ PUC-SP.

RITA DE CÁSSIA MITLEG KULNIG: doutoranda do programa de estudos pós-graduados em Educação: Psicologia da Educação da PUC-SP. Mestre em Educação: Psicologia da Educação pelo mesmo programa; especialista em Alfabetização pela Pontifícia Universidade Católica de Minas Gerais (PUC-MG) e especialista em Infância e Educação Inclusiva pela Universidade Federal do Espírito Santo (UFES). Professora do curso de Pedagogia das Faculdades Integradas de Aracruz (FAACZ). Integrante do grupo de pesquisa "A Dimensão Subjetiva da Desigualdade Social: suas diversas expressões".

RODRIGO TOLEDO: psicólogo; especialista em Gestão Acadêmica e Universitária. Mestre em Educação. Doutorando em Educação: Psicologia da Educação pela PUC-SP (Bolsista CNPq). Professor e supervisor de estágio do curso de Psicologia das universidades UNIP e UNIB. Integrante do grupo de pesquisa: "A dimensão subjetiva da Desigualdade Social: suas diversas expressões".

SÍLVIA MARIA COSTA BARBOSA: licenciada em Pedagogia pela UERN. Mestre em Educação pela Universidade Metodista de São Paulo. Doutora em Educação (Psicologia da Educação) pela PUC-SP. Professora da Faculdade de Educação da UERN, atuando em cursos de licenciatura e no Mestrado em Educação. Na UERN, coordena a equipe do projeto de pesquisa "Tecendo redes de colaboração no ensino e na pesquisa em educação", realizado, com apoio do PROCAD/CAPES, em parceria com a PUC-SP, UFPI, UERN e UFAL. É líder do Grupo de Pesquisa Educação e Subjetividade (UERN/ CNPq).

SOLANGE ALVES PERDIGÃO: psicóloga e docente no Instituto Federal de Educação, Ciência e Tecnologia da Bahia (IFBA) — Campus de Barreiras. Atuou como docente da área de Psicologia na Universidade do Estado da Bahia de 1993 a 2012. Doutoranda do programa de estudos pós-graduados em Educação: Psicologia da Educação da PUC-SP. Integrante do grupo de pesquisa "A Dimensão Subjetiva da Desigualdade Social: suas diversas expressões" (Bolsista CAPES). Mestre em Ciências da Educação pela Universidade Internacional de Lisboa (UIL). Especialista em Psicologia Educacional pela PUC-MG. Graduada em Psicologia pela UFRJ.

WANDA MARIA JUNQUEIRA DE AGUIAR: psicóloga; mestre e doutora em Psicologia Social pela PUC-SP. Professora titular no programa de Pós-Graduação em Educação: Psicologia da Educação e no Mestrado Profissional em Educação: formação de formadores.Vice-coordenadora do Programa de Pós-Graduação de 2013-2017. Coordenadora do PROCAD/CAPES 2013-2017. Autora, coautora e organizadora de livros sobre Educação/Formação de Professores na Perspectiva Sócio-Histórica. Membro do Instituto Silvia Lane de Psicologia e Compromisso Social.